PLOTIN

SUR LE CIEL

HISTOIRE DES DOCTRINES DE L'ANTIQUITÉ CLASSIQUE

Directeurs : Jean Pépin et Luc Brisson

29

PLOTIN

SUR LE CIEL

[*Ennéade* II, 1 (40)]

INTRODUCTION, TEXTE GREC, TRADUCTION
ET COMMENTAIRE
PAR

Richard DUFOUR

Paris
LIBRAIRIE PHILOSOPHIQUE J. VRIN
6, Place de la Sorbonne, Ve
—
2003

Imprimé en France
ISSN 0153-0828
ISBN 2-7116-1594-4

REMERCIEMENTS

Ce livre constitue la version finale d'une thèse de doctorat réalisée sous la direction de M. Luc Brisson et qui a été soutenue à l'Université de Paris I, Panthéon-Sorbonne, le 23 mai 2001.

Nous tenons avant tout à remercier M. Luc Brisson pour avoir dirigé nos études doctorales. Sa disponibilité, son support et ses conseils judicieux furent déterminants dans l'avancement de notre travail. Nous exprimons également toute notre gratitude à M. Philippe Hoffmann, qui, après nous avoir chaleureusement accueilli à l'École Normale Supérieure, rue d'Ulm, n'a pas compté les heures afin de nous communiquer sa passion pour le grec ancien et la paléographie. Notre reconnaissance s'étend finalement à M. Jean-Marc Narbonne, qui appuya notre projet d'un doctorat à Paris et qui nous mit en contact avec le milieu néoplatonicien français.

Nos études doctorales ont été généreusement financées par deux organismes. Nous remercions le *Fonds pour la Formation de Chercheurs et l'Aide à la Recherche* (FCAR) et le *Conseil de recherches en sciences humaines du Canada* (CRSH) pour les bourses qu'ils nous ont décernées.

PROLOGUE

LE CONTEXTE COSMOLOGIQUE

L'étude du traité 40 de Plotin présuppose une certaine connaissance des diverses étapes qui marquèrent le développement de la cosmologie ancienne. Lorsqu'il aborde l'étude du monde et de la nature du ciel, Plotin se réfère au contexte scientifique de son époque, dont les influences sont principalement platoniciennes et stoïciennes, mais qu'il élargit parfois aux considérations des présocratiques et des aristotéliciens. C'est pourquoi notre étude se doit de commencer par un exposé qui résumera les conceptions du monde qui furent en vigueur de Thalès à Plotin. Ce survol rapide tentera de rafraîchir la mémoire des experts et de donner aux néophytes en matière de cosmologie les notions nécessaires afin d'aborder l'étude du traité 40. Loin de prétendre à une exhaustivité aussi ennuyante qu'inutile dans le présent contexte, nous nous concentrerons surtout sur les doctrines impliquant la terre et les corps célestes, à savoir leur composition, la place qu'ils occupent dans l'univers et les formes qu'ils adoptent.

Thalès de Milet (VI e av. J.-C.) [1]

Thalès aurait eu un très grand intérêt pour les questions cosmologiques et surtout astronomiques. Il aurait étudié la marche des saisons, le cours des vents, le mouvement des étoiles, le grondement de la foudre, les orbites des astres, la période annuelle du soleil, les phases de la lune, les éclipses, etc (fr. A19 DK). Il a peut-être même écrit une *Astronomie nautique* dont aucun fragment n'a subsisté (fr. B1 DK). Plusieurs témoignages à son égard lui attribue la doctrine selon laquelle la terre reposerait sur l'eau à la manière d'un morceau de bois (fr. A14, 15). Beaucoup moins nombreux sont ceux qui nous livrent quelques indices sur

1. En ce qui concerne les présocratiques, les repères chronologiques sont donnés à titre indicatif.

sa description des astres. Seul Aétius affirme que Thalès constituait les astres de terre embrasée et donnait au soleil une forme terrestre (fr. A17a). L'unicité de ce témoignage doit nous inviter à la prudence.

Anaximandre de Milet (600-545)

Anaximandre était un esprit très ouvert qui s'est attaqué à toute la gamme des questions physiques. Sa théorie astronomique est particulièrement curieuse. Il décrit la terre sous la forme d'un cylindre dont la largeur est trois fois plus grande que ne l'est sa profondeur ; la surface habitée sur laquelle nous marchons se trouve sur l'une de ses surfaces planes (fr. A10, 11, 25 DK). La terre se trouve au milieu de l'univers et, parce qu'elle repose en équilibre au centre de toutes choses (A26), elle y demeure immobile.

Les corps célestes tournent d'après lui autour de la terre. Ce sont des cercles solides, faits de feu entouré d'air. Chacun de ces cercles opaques présente une ouverture afin de laisser sortir du feu. Les éclipses ou les phases lunaires se produisent donc lorsqu'une de ces ouvertures est partiellement ou totalement obstruée. Le cercle des étoiles fixes, c'est-à-dire celui contenant les astres qui ne se déplacent pas les uns par rapport aux autres et qui dessinent les constellations, est le plus près de la terre, la lune et le soleil venant à sa suite (fr. A11, 18, 22 DK).

Anaximène de Milet (586-526)

Anaximène, qui fut l'élève d'Anaximandre, nous présente une physique beaucoup moins innovatrice que son maître. Il conçoit la terre comme une large surface plate de peu d'épaisseur et qu'il fait reposer sur l'air (fr. A20 DK). À l'instar de Thalès, il considère en effet que la terre a besoin d'un support matériel afin de conserver sa position et son équilibre. Alors que Thalès avait opté pour l'eau, Anaximène choisit l'air.

Il soutient que les astres sont ignés et circulent dans le ciel sous la poussée du vent (Aétius, *Opinions*, II, 13, 10 ; 23, 1 ; Hippolyte, *Réfutations de toutes les hérésies*, I, 7, 4). Eux aussi semblent être plats (Aétius, *ibid.* II, 22, 1). Ils ne se meuvent cependant pas autour de la terre, en passant sous celle-ci, mais ils tournent au-dessus à la manière d'un bonnet de feutre que l'on fait pivoter sur sa tête (Hippolyte, *ibid.*, I, 7, 6)[1].

1. Comme le fait remarquer M.-P. Lerner, la reconstitution de la cosmologie d'Anaximène est hasardeuse, car la plupart des témoignages qui nous sont parvenus à ce sujet sont contradictoires (cf. *Le monde des sphères*, Paris, Belles Lettres, L'âne d'or, 1996, p. 13-14). Nous nous en sommes donc tenu à une interprétation prudente de sa pensée cosmologique. Les incohérences de nos sources sur Anaximène, eu égard à son astronomie, sont bien discutées par Kirk-Raven-Schofield, dans *Les philosophes présocratiques*, traduit de l'anglais par Hélène-Alix de Weck, Suisse, Les Éditions Universitaires de Fribourg/Paris, Les Éditions du Cerf, 1995, p. 163-166.

Héraclite d'Éphèse (567-480) [1]

Héraclite, dit l'Obscur, est d'autant plus mystérieux que nous ne possédons plus qu'une petite centaine de fragments et de témoignages à son sujet[2]. Cela implique évidemment que nous n'avons presque aucun renseignement précis sur sa cosmologie. L'une des seules sources à laquelle nous pouvons puiser est le compte-rendu de sa philosophie par Diogène Laërce dans sa *Vies et doctrines des philosophes illustres* (IX, 1-17; fr. A1 DK). Les paragraphes 9 à 11 sont consacrés aux doctrines cosmologiques d'Héraclite[3].

Les astres sont pour Héraclite des cuvettes qui reçoivent des exhalaisons qui montent de la terre et de la mer. Les exhalaisons brillantes (car il en existe des ténébreuses) les remplissent de feux et rendent ces corps brillants. Les éclipses et les changements de formes présentés par la lune se produisent lorsque ces cuvettes tournent sur elles-mêmes, montrant aux habitants de la terre plus ou moins du feu qu'elles contiennent. La lune est plus proche de la terre que le soleil, qui vient ensuite, et que les autres astres, qui sont plus éloignés. Quant à la configuration de la terre, Héraclite n'aurait rien dit à ce sujet.

Parménide d'Élée (515-440)

Parménide n'a écrit qu'une seule œuvre, qui consiste en un poème d'environ deux cents lignes composées en hexamètres. Divisé en trois partie, ce poème commence par un proème allégorique relatant le voyage de Parménide lors duquel la déesse lui aurait fait don de sa pensée philosophique; il se poursuit en une partie métaphysique décrivant la « Voie de la vérité », c'est-à-dire le cœur de la philosophie parménidienne; et il se conclut sur une « physique » exposant une théorie de la nature. Cette ultime partie a malheureusement très mal survécue à l'épreuve des siècles, car il n'en reste plus aujourd'hui que quelques fragments qui rendent très difficile une reconstitution cohérente des théories astronomiques de Parménide. Les quelques fragments dont nous disposons sont si ambigus qu'ils ont nourris une foule d'exégèses plus contradictoires les unes que les autres. Nous retiendrons seulement que Parménide semble placer la terre au centre d'une série de cercles concentriques qui contiennent les astres, et que les corps célestes sont surtout composés de feu (fr. B10, 12 DK).

1. Nous ne consacrons aucune rubrique à Pythagore de Samos, Alcméon de Crotone, et Xénophane de Colophon, ceux-ci n'ayant à toute fin pratique aucune conception cosmologique digne d'être mentionnée en ces pages.

2. Une toute nouvelle étude des fragments d'Héraclite vient d'être publiée par J.-F. Pradeau, *Héraclite, Fragments [Citations et témoignages]*, Paris, Flammarion, 2002.

3. Aétius présente lui aussi quelques opinions cosmologiques d'Héraclite (DK 22 A 11-12), mais il n'apporte rien de nouveau à l'exposé de Diogène Laërce.

Empédocle d'Agrigente (490-435) [1]

Nous possédons un assez grand nombre de fragments d'Empédocle, dont certains nous permettent de cerner la nature de ses opinions cosmologiques et astronomiques. Suivant les témoignages qui nous sont parvenus, la terre se trouve pour Empédocle au centre de l'univers et elle est entourée de deux hémisphères (fr. A30, 51, 56 DK). Le premier se compose de feu ; le second, d'air et d'un peu de feu. Lors de leur rotation, ces hémisphères produisent l'alternance du jour et de la nuit (fr. A30). Le soleil n'est pas lui-même fait de feu, mais il provient de la réflexion du feu céleste sur la terre (fr. A30, 56). La lune est de l'air solidifié et reçoit sa lumière du soleil (fr. A30, 60). La sphère de l'univers, produite par l'union de l'hémisphère du jour et de celui de la nuit, est solide et se trouve, avec le soleil, à la limite extérieure du ciel (fr. A50, 51 ; B27, 29, 31). Les étoiles fixes sont attachées sur cette sphère, alors que les astres errants, qui sont de feu, circulent librement au-dessous d'elle (fr. A53, 54).

Philolaos de Crotone (470-400)

Nous abordons, avec Philolaos, l'une des cosmologies les plus audacieuses parmi celles proposées par les présocratiques. C'est en effet la seule qui ne situe pas la terre au centre de l'univers.

Philolaos affirme que le centre du monde est occupé par un feu, auquel il donne les titres de « foyer de l'univers », « maison de Zeus », « mère des dieux » et « autel, lien et mesure de la nature ». Dix corps célestes se meuvent circulairement autour de ce feu. La sphère des étoiles fixes se trouve à la limite extérieure et elle est précédée, dans l'ordre, par les cinq planètes, le soleil, la lune, la terre et l'anti-terre (fr. A16 DK ; B37). La rotation effectuée par la terre autour du feu central explique la succession du jour et de la nuit (fr. B37). En ce qui concerne l'anti-terre, puisqu'elle se trouve toujours à l'opposée de la terre, de l'autre côté du foyer de l'univers, nous ne pourrons jamais la voir (fr. A17).

La composition des corps célestes ne semble pas avoir été déterminée avec précision par Philolaos. Puisqu'il y a du feu à la fois au centre et à l'extrémité de l'univers (fr. A16 DK), les astres ne sont pas nécessairement constitués de feu. La terre ne présente certainement pas une nature ignée, et il en va probablement de même pour l'anti-terre. D'aucuns ont également prétendu que pour Philolaos le soleil est fait de cristal ; et la lune, de terre (fr. A19, 20).

1. Nous omettons aussi Mélissos et Zénon, pour qui la cosmologie n'était pas une préoccupation première.

Anaxagore de Clazomène (500-428)

Anaxagore étudia à fond les questions naturelles, mais peu de choses nous sont restées de son œuvre. Nous tenons par contre d'Hippolyte une longue description des théories cosmologiques anaxagoréennes (*Réfutations de toutes les hérésies* I, 8, 3-10; fr. A42 DK), dont nous rappellerons ici les points principaux.

À l'image d'Anaximène, Anaxagore donne non seulement à la terre une forme plate, mais il la fait aussi demeurer immobile au centre de l'univers parce qu'elle flotte sur l'air. Il prétend en revanche, à l'encontre d'Anaximène, que la lune, le soleil et tous les astres sont des pierres incandescentes qui se meuvent en vertu du mouvement que leur imprime l'éther. Ils tournent autour de la terre et passent au-dessous d'elle. Au milieu de ces astres circulent d'autres corps, invisibles, qui servent à expliquer certains types d'éclipses. La lune est plus proche de la terre que ne l'est le soleil et elle reçoit de lui sa lumière.

Leucippe de Milet et Démocrite d'Abdère (460-370)

Nous possédons à ce jour plus de trois cents fragments des ouvrages de Démocrite, alors que son maître Leucippe nous est à peu près inconnu, une seule et unique phrase ayant été conservée de ses écrits. Quoique les fragments démocritéens concernent surtout la morale et l'atomisme, nous pouvons tout de même nous faire une idée de la pensée cosmologique de cet auteur (et d'une certaine manière de son maître Leucippe). Les philosophes dits « atomistes » ont eux aussi donné à la terre une forme plate ou semblable à celle d'un tambour (fr. A1, 26 DK). Celle-ci repose au milieu d'un univers sphérique (fr. A1, 22, 23). En raison de leurs mouvements, les astres s'enflamment et deviennent ignés. Le soleil parcourt le cercle le plus éloigné de la terre; la lune se meut sur le cercle le plus rapproché; les autres astres évoluent entre ces deux-là; et la sphère des fixes les enveloppe tous (fr. A1, 40, 68).

Platon (428-348)

L'étude de Platon est déjà grandement facilitée par le fait que nous possédons un grand nombre de ses dialogues. Le défi n'est plus de recoller des bouts de texte afin de trouver une signification d'ensemble, mais d'embrasser la phénoménale étendue de sa pensée. En matière de cosmologie platonicienne, le dialogue de référence est bien sûr le *Timée*, qui élabore une présentation systématique de l'univers sensible[1]. Cet ouvrage est absolument capital dans l'histoire de la

1. La *République* (livre X) et les *Lois* (livre X) donnent eux aussi des descriptions cosmologiques, mais nous nous en tiendrons au *Timée*, qui doit être considéré comme l'œuvre cosmologique par excellence de Platon.

pensée et son influence se fera sentir des siècles durant. La vision de l'univers qui y est présentée deviendra la norme pour bien des penseurs qui suivront.

Platon donne au monde la figure d'une sphère, dont la terre, elle aussi sphérique, constitue le centre. Il déclare que la terre reste immobile au centre de l'univers et que les astres possèdent un mouvement circulaire autour de celle-ci (*Timée* 33 b, 34 a, 38 c-39 d). Les corps célestes se composent de plusieurs éléments, mais ils contiennent une plus grande proportion de feu (40 a).

Les astres sont disposés dans l'univers de la manière suivante : d'une part, les sept planètes dites errantes[1] reposent chacune sur un cercle, chaque cercle contenant celui qui le précède (38 c-d) ; d'autre part, au-delà de cette série de sept cercles concentriques se trouve la sphère des étoiles fixes (40 a-b). Cette sphère ultime se meut également en cercle, mais en sens inverse du mouvement des planètes (36 c-d). À l'extérieur de cette sphère, précise le *Timée*, rien ne saurait exister. L'univers contient en effet la totalité de la matière et rien, pas même du vide, ne peut subsister au dehors de la sphère des fixes (32 c-33 a).

Sans le savoir, Platon pose ainsi les bases du système géocentrique qui règnera sans partage jusqu'à l'époque de Copernic, au XVIe siècle. D'après la documentation qui nous est parvenue, il semble du moins être le premier à défendre une telle conception de l'univers, conception dont les éléments, épars ou inexistants chez ses prédécesseurs, n'avaient encore jamais été rassemblés. Même si la plupart des présocratiques croient que la terre se situe au centre de l'univers et que les astres circulent en cercle tout autour, bien peu étaient prêts à donner à la terre la forme d'une sphère ou à admettre la présence de plusieurs corps élémentaires dans le ciel.

Alors que les théories cosmologiques se modifiaient fréquemment à l'époque des présocratiques, un véritable consensus s'établira à partir de Platon sur la configuration générale de notre univers. On ne contestera plus le fait que la terre soit ronde et repose au centre de l'univers, que cet univers soit sphérique, ou que les astres se meuvent suivant des orbites qui les font passer sous la terre. Les disputes s'élèveront surtout sur la composition des astres, le nombre de cercles ou de sphères qui les meuvent, et l'ordre de distribution des planètes.

Aristote (385-322)

Une bonne partie des traités d'Aristote a également survécu jusqu'à notre époque. Il s'agit après Platon du second corpus d'œuvres philosophiques qui présente une ampleur digne de ce nom. Et parmi les traités conservés se trouve le *De Caelo*, qui est un ouvrage consacré à la cosmologie. S'il est difficile de juger lequel, du *Timée* ou du *De Caelo*, aura l'influence la plus profonde sur la pensée cosmologique des siècles subséquents, il semble indéniable que le *De Caelo* eut un impact

1. Ces planètes se distribuent, du centre vers la périphérie, dans l'ordre suivant : Lune, Soleil, Mercure, Vénus, Mars, Jupiter et Saturne.

prodigieux. Le *Timée* et le *De Caelo* sont incontestablement les deux ouvrages de cosmologie les plus importants de l'Antiquité, qui éclipsèrent tous les autres.

Même s'il ne se prive pas de critiquer son maître, Aristote adopte pour l'essentiel le système cosmologique élaboré par Platon. C'est-à-dire qu'il est le premier à présenter une série d'arguments en faveur de la sphéricité du monde et de la terre (*De Caelo* II, 4 ; 14) ; de l'immobilité de la terre et de sa position au centre de l'univers (II, 14) ; 3) ; de la révolution d'est en ouest de la sphère des fixes (II, 5). Il adopte aussi l'idée que les astres tournent autour de la terre en étant fixés sur des sphères qui les meuvent (II, 8)[1]. Et ces astres sont aussi de formes sphériques (II, 11)[2].

La principale innovation aristotélicienne en matière de cosmologie consiste sans nul doute à diviser l'univers en deux régions distinctes, à savoir en région sublunaire et en région supralunaire. Sous la lune, qui est la planète la plus proche de la terre, les corps se composent des quatre éléments traditionnels (terre, eau, air, feu), alors qu'au-dessus, les corps célestes se composent d'un cinquième élément, l'éther (I, 2-3). C'est la première fois de l'histoire que quelqu'un refuse de constituer le ciel à partir d'un ou de plusieurs des quatre éléments traditionnels.

Aristote introduit un cinquième corps dans le but de justifier la nature particulière du ciel. C'est en effet à cause de son corps que le ciel se meut en cercle, qu'il ne connaît ni dépérissement ni accroissement, et qu'il persiste éternellement, inaltérable et impassible (*De Caelo* I, 3, 270 b 1-4). On comprend aisément que cette théorie causa bien des remous et suscita bien des réactions. Une opposition générale s'élèvera à son endroit et l'éther sera massivement rejeté. Il n'en demeure pas moins que la postérité, tout en condamnant Aristote pour avoir introduit un nouveau type de corps, conservera l'idée que l'univers se répartit en deux régions hétérogènes.

Épicure (341-271)

Le fondateur du Jardin aurait écrit une quantité impressionnante d'ouvrages, dont un *Sur la nature* en 37 livres. De cette abondante littérature ne nous sont restés que trois lettres, la *Lettre à Hérodote* qui résume sa physique, la *Lettre à Pythoclès* qui présente sa théorie sur les phénomènes météorologiques, et la *Lettre à Ménécée* qui porte sur la morale ; ainsi qu'un ensemble de maximes intitulé *Doctrines maîtresses*. Tous ces témoins de l'activité littéraire d'Épicure ont été préservés par Diogène Laërce dans le dixième livre de son œuvre doxographique *Vies et opinions des philosophes célèbres*.

L'une des particularités les plus frappantes de la cosmologie d'Épicure est sans doute son admission d'une infinité de monde. Il existe au sein d'un vide

1. Aristote compliquera à un tel point la théorie des sphères qu'il passera des 26 sphères d'Eudoxe à un total de 55 sphères (*Métaphysique* Λ8, 1073b17-1074 a 18).

2. L'ordre de succession des astres, de la terre jusqu'à la sphère des fixes, n'est pas déterminé par Aristote, qui renvoie son lecteur à l'avis autorisé des astronomes (*De Caelo* II, 10, 291 a 30-32).

infini une multitude de monde fini. Car puisque les atomes sont eux-mêmes en nombre infini, rien ne les empêche, lorsqu'ils le peuvent, de pouvoir constituer un nouveau monde (*Lettre à Hérodote* 45). Un monde se définit par le fait qu'il contient une terre, des corps célestes et des phénomènes atmosphériques, le tout enveloppé dans des limites définies. Mais au-delà de ces caractéristiques, le monde peut adopter n'importe quelle forme (rond ou triangulaire) et il peut être stationnaire ou présenter un mouvement de rotation. Toutes les possibilités restent ouvertes (*Lettre à Pythoclès* 88). Ces mondes naissent de façons diverses et peuvent aussi être corrompus (*Lettre à Hérodote* 73-74). Les astres se composent d'air, de feu, ou de ces deux éléments (*Lettre à Pythoclès* 90).

La cosmologie épicurienne est relativement difficile à exposer, car Épicure adopte une position assez particulière, qu'il appelle « méthode des explications multiples » (*Lettre à Pythoclès* 95) et qui consiste à poser de la manière la plus stricte qui soit les principes de l'atomisme, tout en laissant une immense latitude dans les explications cosmologiques. Loin de vouloir pousser son disciple vers l'admission d'une théorie unique, Épicure lui accorde le droit de rendre compte des choses célestes selon une pluralité de causes, refusant d'accorder aux astres un seul type de genèse, de composition, etc. (*Lettre à Pythoclès* 86-87). Adopter une explication au détriment d'une autre qui s'adapte aussi bien aux faits, c'est tomber dans le mythe (*Ibid.* 87). La *Lettre à Pythoclès* présente ainsi plusieurs justifications pour les mêmes phénomènes, que ce soit les levers et les couchers des astres (92), la course oblique du soleil (93), les phases de la lune (94) ou la lumière émise par celle-ci (95). Il va sans dire qu'une telle position ne débordera pas le cercle des philosophes épicuriens, dont l'atomisme et le relativisme cosmologique ne gagneront pas la faveur générale.

Chrysippe (280-200)

La figure de Chrysippe domine sans conteste l'histoire du stoïcisme ancien. Ne serait-ce que par l'ampleur presque inégalée de sa production littéraire, Chrysippe éclipse aisément Zénon et Cléanthe qui furent pourtant les fondateurs de cette nouvelle école philosophique. Mais en dépit de la place de choix qu'occupa le stoïcisme dans la période hellénistique et jusqu'à Plotin, pratiquement aucun ouvrage des stoïciens anciens n'a été conservé. Les seuls traités stoïciens que nous possédons sont ceux du stoïcisme impérial, représenté par Épictète (50-125), Sénèque (4 av. J.-C.-65 apr. J.-C.) et Marc-Aurèle (121-180). Nous pouvons malgré tout consulter un impressionnant nombre de fragments et de témoignages sur Chrysippe. Le *Stoicorum Veterum Fragmenta* (t. II) de Von Arnim ne recense pas moins de 1216 fragments sur Chrysippe[1]. De sorte que nous pouvons tout de même nous faire une opinion sur la teneur de sa doctrine cosmologique.

1. *Stoicorum Veterum Fragmenta*, 4 vols. 1903-1905, 1924 ; abrégé par la suite en *SVF*.

Chrysippe croit en un monde unique qui repose au milieu d'un vide infini (*SVF* II, 522, 523, 524, 530, 531, 535, 538, 539). Tous les corps se trouvent dans le monde et aucun vide ne se trouve en lui (II, 528, 542, 543). Ce monde est sphérique et repose au milieu du vide infini (II, 547, 551). La terre se trouve au centre du monde, étant entourée par l'eau et ensuite par l'air, qui adoptent également une forme sphérique (II, 558, 560, 646, 648). La région supralunaire est remplie de feu, que les stoïciens désignent aussi sous le nom d'« éther » (II, 580). Les étoiles fixes se meuvent toutes ensemble sur la même sphère, alors que les planètes ont des mouvements propres. À l'instar de tous les astres, le soleil se compose de feu et il est sphérique. Tous les astres sont donc ignés et se nourrissent des exhalaisons qui émanent de la terre et de la mer (II, 650, 652, 653, 654, 655, 656, 658, 663, 681, 690).

La configuration actuelle du monde n'est pas éternelle, car, suivant des cycles périodiques, le monde subit une conflagration qui fait en sorte que tout est absorbé dans un grand feu (II 528, 581). Si ce feu et la matière sont immortels, il n'en va donc pas de même pour le monde tel que nous le connaissons. Il est corruptible selon la conflagration (II, 585, 589), se résorbant périodiquement dans le feu (II 600, 605, 606, 614) qui se répand dans le vide entourant le monde (II, 537, 609). Notre univers revient cependant à la vie, c'est-à-dire qu'il est engendré de nouveau (II, 574, 575), avec cette particularité que tout reviendra absolument identique à ce qu'il était auparavant (II, 597, 624, 625, 626). De sorte que chaque individu, chaque homme, chaque plante, chaque astre réapparaîtront afin de revivre exactement la même vie qu'ils avaient menée lors du cycle précédent.

Les traditions aristotéliciennes, platoniciennes et stoïciennes

Il ne semble pas y avoir lieu de nous attarder outre mesure sur les développements subséquents des philosophies aristotéliciennes, platoniciennes et stoïciennes. La présentation des doctrines de leurs fondateurs suffit amplement pour comprendre les enjeux du traité 40 de Plotin. Ce sera lors de notre commentaire que nous aurons à préciser les influences particulières que certains auteurs, non-mentionnés ici, ont pu exercer sur la pensée plotinienne. Et puis il faut se rappeler quel fut le sort de ces écoles dans les siècles qui suivirent leurs fondations.

L'aristotélisme connu un véritable déclin dans la période hellénistique, qui s'étend de Pyrrhon d'Élis (365-275) jusqu'à l'empire romain (31 av. J.-C.). Après la mort de Straton de Lampsaque, qui fut le successeur de Théophraste de 287 à 269, le Lycée perd toute vigueur. La philosophie aristotélicienne ne reprendra une certaine importance qu'au premier siècle av. J.-C., lorsqu'une lignée de commentateurs d'Aristote fera son apparition, dont la figure dominante sera, au milieu du troisième siècle de notre ère, Alexandre d'Aphrodise.

Le platonisme resta en revanche plein d'énergie durant la période hellénistique, pour se dissoudre finalement vers la fin du Iᵉʳ siècle av. J.-C. Cette période comprend ce que l'on appelle l'Ancienne Académie et la Nouvelle Académie. L'Ancienne Académie, de tendance dogmatique, s'étend de Speusippe (chef de

347 à 339) à Cratès (chef au début du IIIe siècle). La Nouvelle Académie, de tendance sceptique, s'étend d'Arcésilas (chef de 273 à 242) à Philon (chef de 110 à 79). Nous n'avons conservé d'eux que peu de choses. Pis encore, Arcésilas et Carnéade n'ont rien écrit. Mais il semble bien que les préoccupations de cette période étaient d'ordre métaphysique et morale plus que cosmologique.

Même si une école platonicienne proprement dite n'existe plus, les siècles suivants continueront à produire des platoniciens plus ou moins isolés. Ce sont ceux que l'on désigne par commodité sous le titre générique de médioplatoniciens. Si certains d'entre eux nous ont légué un héritage littéraire impressionnant, tels Philon d'Alexandrie (20 av. J.-C.-50 apr. J.-C.) et Plutarque (46-125), ceux que Plotin utilisait dans ses cours ne sont plus maintenant connus que par l'entremise de quelques fragments : Sevère, Cronius, Numénius, Gaius, Atticus (*Vie de Plotin* 14, 10-13). Et ces quelques bouts de texte ne permettent pas de reconstituer avec suffisamment de certitude la vision cosmologique de ces auteurs.

Nous avons déjà noté le naufrage qu'a subi la littérature stoïcienne. Malgré la vigueur de cette école, qui eut des chefs tout au long de la période hellénistique, presque rien n'a subsisté. Du stoïcisme ancien, celui de Zénon, Cléanthe et Chrysippe, nous avons présenté la doctrine de son principal représentant, à savoir Chrysippe. Du stoïcisme moyen, qu'incarne plus particulièrement Panétius (185-109) et Posidonius (135-50), nous ne pouvons rien reconstituer de fiable. Quant au stoïcisme impérial, ses représentants se consacrent uniquement à des questions morales. C'est dire à quel point le développement de la cosmologie stoïcienne après Chrysippe nous est obscure.

INTRODUCTION

Le titre

Dès que nous commençons à nous familiariser avec les œuvres anciennes, nous avons tôt fait de réaliser qu'il faut nous départir du concept moderne de « titre ». Même si nous avons de la peine à l'imaginer, le titre n'était pas autrefois un élément absolument nécessaire à la diffusion d'un ouvrage, beaucoup d'entre eux circulant sans avoir reçu de dénomination. À l'époque grecque, même les plus grands auteurs, tels qu'Héraclite, Aristote, Hérodote ou Thucydide, n'ont pas jugé bon de donner de titres à leurs écrits.

Cette absence de titre dans les livres antiques s'explique par le processus même qui présidait à la diffusion d'une œuvre en ce temps-là. L'auteur commençait généralement par faire circuler des copies de ses ouvrages parmi ses proches. Il en distribuait à ses amis ou à ses élèves, faisant des lectures privées ou publiques d'un texte dont le titre n'est pas encore fixé. Peu à peu, un certain nombre d'exemplaires d'un manuscrit étaient mis en circulation et passaient de mains en mains, jusqu'à atteindre un public beaucoup plus large qu'il n'était initialement prévu. Au fil de cette transmission du texte, les lecteurs finissaient, pour des raisons de commodité, par attribuer un ou plusieurs titres à l'œuvre en question, sans que l'auteur y joue le moindre rôle [1].

Porphyre nous apprend que c'est exactement ce qui se produisit avec les traités de Plotin. Celui-ci ne mis que tardivement sa pensée par écrit et il ne visait alors qu'une diffusion qui n'excèderait pas les limites de son école. C'est pourquoi il n'a pas donné de titres à ses traités. Mais puisqu'ils seront copiés et distribués à une plus grande échelle que le cercle restreint de l'école néoplatonicienne de Rome, ses traités recevront un ou plusieurs titres, suite à l'intervention des

1. Louis Holtz décrit bien ce processus dans sa communication intitulée « Titre et incipit », publiée dans *Titres et articulations du texte dans les œuvres antiques. Actes du Colloque International de Chantilly 13-15 décembre 1994*, édités par J.-C. Fredouille, M.-O. Goulet-Cazé, Ph. Hoffmann, P. Petitmengin, Collection des Études Augustiniennes, Série Antiquité, 152, Paris, Institut d'Études Augustiniennes, 1997, 469-489, p. 469-470.

lecteurs. Comme le note Porphyre, « Puisqu'il ne leur avait pas donné lui-même de titres, chacun donnait des titres différents à chaque traité »[1]. Ainsi s'explique que trente et un des cinquante-quatre traités contenus dans les *Ennéades* possèdent plusieurs titres.

P. Henry, dans son remarquable ouvrage intitulé *Les états du texte de Plotin*, consacre un chapitre entier à la question des titres des traités plotiniens[2]. Il relève notamment les quatre sources d'où ceux-ci sont tirés :

(1) Les *Ennéades* elles-mêmes fournissent un intitulé par le biais de l'en-tête de chaque traité, d'une table particulière au début de chaque ennéade, et d'une table générale en tête du corpus.

(2-3) La *Vie de Plotin* par Porphyre présente deux tables énumérant les divers titres des traités. Il y a d'abord une table chronologique (*VP* 4-6), puis une table systématique (*VP* 24-26).

(4) Des auteurs comme Porphyre, Macrobe, Olympiodore, Simplicius et Philopon citent parfois dans leurs écrits les titres de quelques traités plotiniens.

Ces diverses sources, dans plus de la moitié des cas, ne s'accordent pas les unes avec les autres. Sur les 54 traités composant les *Ennéades*, seuls 23 d'entre eux reçoivent un titre admis à l'unanimité. Tous les autres en possèdent deux ou trois. En ce qui les concerne, il semble difficile de trancher en faveur d'un seul titre parmi ceux disponibles. Porphyre lui-même, dans sa *Vie de Plotin*, propose des titres différents d'une table à l'autre. Et puis, au fil des siècles, les copistes ont pu modifier certaines dénominations par maladresse ou par conviction personnelle. Puisque Plotin n'a pas lui-même accordé de titres à ses traités, nous manquons de critères objectifs pour résoudre ce dilemme. Les commentateurs, semble-t-il, n'ont donc pas d'autres choix que de présenter aux lecteurs les variantes historiquement attestées, ce qui ne les empêche nullement d'adopter par la suite le titre qui leur semble mieux correspondre au contenu doctrinal du traité étudié.

Le traité 40, qui fait l'objet de notre présent examen, reçoit deux titres : Περὶ τοῦ κόσμου et Περὶ οὐρανοῦ. La *Vie de Plotin* retient Περὶ τοῦ κόσμου à la fois dans sa table chronologique (5, 47) et dans sa table systématique (24, 40). C'est, dit Porphyre, le titre le plus souvent utilisé (*VP* 4, 19). Il sera confirmé par deux auteurs du sixième siècle, Simplicius et Jean Philopon, qui désignent le traité 40 par Περὶ τοῦ κόσμου[3]. Les manuscrits que nous possédons maintenant des *Ennéades* utilisent quant à eux Περὶ οὐρανοῦ dans l'en-tête de chaque traité, dans la table particulière au début de chaque ennéade et dans la table générale en tête du corpus. Du point de vue de l'histoire du texte, le titre en vigueur jusqu'au sixième

1. *Vie de Plotin*, 4, 17-20. Cet ouvrage sera désigné par l'abréviation *VP* dans la suite de notre étude. Toutes les traductions du grec au français, ici et pour le reste de notre étude, sont les nôtres.

2. *Les états du texte de Plotin*, Études plotiniennes I, Paris/Louvain, Desclée de Brouwer, 1938; seconde édition sans changement en 1961, chapitre 1 : « Les titres des traités ».

3. Simplicius, *Commentaire sur le* De Caelo, 12, 12; J. Philopon, *De Aeternitate Mundi*, XIII, 14, p. 524, 26-27.

siècle paraît donc être Περὶ τοῦ κόσμου. De la *Vie de Plotin* jusqu'à Simplicius et à Jean Philopon, au sixième siècle, le traité 40 était désigné par Περὶ τοῦ κόσμου. Ce ne fut vraisemblablement que par la suite qu'il a été modifié en Περὶ οὐρανοῦ.

Cette modification apportée au titre du traité 40 a vraisemblablement eu lieu entre le sixième siècle et le neuvième ou douzième siècle. P. Henry décrit avec minutie, dans *Les états du texte de Plotin*, la tradition directe des *Ennéades* et l'état des manuscrits sources. Parmi les manuscrits servant à reconstituer avec certitude l'état de l'archétype des *Ennéades*, les deux plus anciens sont le *Laurentianus 87, 3* et le *Parisinus gr. 1976*, qui sont tous deux datés du XIIIe siècle (*Op. cit.*, p. 32-33). L'archétype, c'est-à-dire le premier ancêtre commun de tous les manuscrits du Moyen âge et de la Renaissance contenant les *Ennéades*, aurait existé entre les IXe et XIIe siècles (p. 30). Certains croient même que cet archétype aurait appartenu à ce qu'on appelle « la collection philosophique »[1]. Il s'agit d'une bibliothèque philosophique ayant appartenu à un savant inconnu du troisième quart du IXe siècle et dont au moins une dizaine de manuscrits sont parvenus jusqu'à nous. Nous croyons donc que du troisième au sixième siècle, de Porphyre à Simplicius et Philopon, le traité 40 porta le titre de Περὶ τοῦ κόσμου, mais qu'un éditeur ou un copiste le changea ensuite pour Περὶ οὐρανοῦ. Ce changement affecta de manière durable la tradition manuscrite des *Ennéades*, si bien qu'il s'introduisit dans l'archétype qui donna naissance aux exemplaires médiévaux de l'œuvre de Plotin, ceux que nous possédons encore de nos jours.

Le titre Περὶ τοῦ κόσμου, il vaut la peine de le noter, est sans doute celui qui bénéficia de l'approbation générale. Cette dénomination reprend en effet les premiers mots du traité, qui sont Τὸν κόσμον. Il est très fréquent, dans l'Antiquité, qu'un écrit qui ne porte pas de nom soit désigné par son *incipit*, c'est-à-dire les mots par lesquels un texte commence. Galien, par exemple, témoigne de cette pratique : « Aussi ai-je jugé bon, pour les ouvrages que certains m'ont rapportés afin que je les corrige, de leur donner un titre à partir de leurs premiers mots »[2]. C'est ainsi que plusieurs traités des *Ennéades* calquent leur titre sur leur *incipit*. Tel est le cas pour les traités *Du Beau* (I, 6 [1]), *Pourquoi les objets éloignés paraissent-ils petits* (II, 8 [35]) ?, *De l'amour* (III, 5 [50]), *De l'éternité et du temps* (III, 7 [45]), *De l'essence de l'âme* (IV, 2 [4]), *De l'âme* (IV, 3 [27]). Le traité 40 obéirait donc à la même règle que bien d'autres traités, son titre le plus courant étant tiré de ses mots introductifs.

Il ne faut pas sous-estimer l'importance de cet argument, car le rôle de l'*incipit* dans la désignation d'une œuvre reste absolument fondamental dans l'Antiquité. Nous avons déjà rappelé que les écrits anciens reçoivent souvent leurs titres par l'entremise de leurs lecteurs, plutôt que par un choix médité de leurs auteurs.

1. Pour une description détaillée des œuvres contenues dans la collection philosophique, voir l'introduction à *Damascius, traité des premiers principes*, *De l'ineffable et de l'Un*, v. 1, texte établi par L.G. Westerink et traduit par J. Combès, Paris, Belles Lettres, 1986, p. 75.

2. *De libris propriis*, *Prooemium*, p. 93, 11-15.

C'est ainsi qu'un même ouvrage se trouve dans la situation ambiguë de posséder plusieurs titres. L'*incipit* présente dans ces conditions une valeur plus sûre que le titre afin d'identifier une œuvre. Alors qu'un grand nombre de livres peuvent présenter le même titre, il y a peu de chance que deux d'entre eux présentent exactement les mêmes mots introductifs. C'est pourquoi, lorsqu'il ne possède pas de titre, un texte est généralement désigné par ses premiers mots [1]. L'*incipit* fait alors office de titre de substitution. Il semblerait donc tout à fait normal que, du vivant de Plotin et dans les premiers siècles qui suivirent sa mort, ses traités reçurent souvent comme titre les mots qui les introduisaient.

Au-delà de ces considérations sur l'histoire du texte des *Ennéades* et sur les *incipit*, nous sommes toujours confronté aux deux mêmes titres, Περὶ οὐρανοῦ et Περὶ τοῦ κόσμου. Si, à un moment ou à un autre de son histoire, le traité 40 a changé d'appellation, nous devons à notre tour décider du titre qui lui convient le mieux. En tant que commentateur moderne, nous n'irons certes pas jusqu'à inventer un nouveau titre, mais nous avons l'obligation de choisir, parmi ceux qui ont été utilisés jusqu'ici, le titre qui semble le plus approprié. Trois possibilités s'offrent ainsi à nous : (1) choisir Περὶ κόσμου, à l'exemple de Porphyre, de Simplicius et de Philopon ; (2) Περὶ οὐρανοῦ, comme le font Henry-Schwyzer et A.H. Armstrong ; (3) Περὶ τοῦ κόσμου et Περὶ οὐρανοῦ, à l'instar de É. Bréhier et de M.N. Bouillet.

La toute première question qu'il paraît important de régler est celle de savoir s'il existe une réelle différence de signification entre les deux titres en litige. M.N. Bouillet prétend en effet, dans une note à sa traduction du traité 40 (p. 143, n. 1), que les termes οὐρανός et κόσμος sont synonymes. Une telle position rend immédiatement nul tout questionnement sur la préséance d'un titre sur un autre, car ils signifieraient exactement la même chose. Bouillet aplanit ainsi, pour ne pas dire annihile, toute difficulté : puisque les deux titres sont équivalents, choisissons celui qui nous plaît.

Aussi drastique soit-elle, cette solution n'est pas dénuée de fondement. Elle s'appuie sur une ambiguïté bien réelle chez les auteurs anciens. Nous pouvons, pour fin d'illustration, en donner trois exemples :

(1) Platon écrit dans le *Timée* : « Considérons donc le ciel (οὐρανός) dans sa totalité ou le monde (κόσμος) – et si par hasard il peut être désigné par un autre nom qui lui convienne mieux, donnons-lui ce nom » (28 b). Il faut comprendre ici que l'univers, c'est-à-dire la totalité des corps sensibles, peut être appelé de plusieurs noms différents, dont ceux, équivalents dans ce contexte, de « monde » et de « ciel ».

1. L. Holtz explique avec clarté que l'*incipit*, dans les catalogues de bibliothèques, accompagne systématiquement la notice d'un ouvrage, même s'il possède un titre authentique (la bibliothèque d'Alexandrie eut, à cet égard, une influence immense) (*op. cit.*, p. 470, 473-476). C'est une méthode toute similaire que Porphyre appliqua aux traités de Plotin lorsqu'il en dressa les listes complètes (*VP* 4, 22-6, 25 ; 24, 26-26, 19). Après avoir donné le titre d'un traité, Porphyre indique toujours quels sont ses premiers mots, afin d'en faciliter l'identification et d'en assurer l'authenticité (*VP* 4, 19-21).

(2) Aristote distingue, dans le *De Caelo*, trois sens possibles du mot « ciel » : 1) La circonférence la plus extérieure et le corps qui y réside ; 2) Le corps continu à cette circonférence, là où nous plaçons la lune, le soleil et les autres astres ; 3) Le tout qui est enveloppé par la circonférence la plus extérieure (I, 9, 278 b 10-22). À y regarder de près, la troisième définition du mot « ciel » correspond ici à celle que l'on donne généralement à propos du monde, à savoir la totalité du monde sensible comprise à l'intérieur de la sphère des étoiles fixes.

(3) Philon d'Alexandrie, dans son *De Aeternitate Mundi*, donne trois sens au mot « monde » : 1) « … l'ensemble du ciel, des astres qui nous entourent, de la terre et de ce qu'elle porte : animaux et plantes (…) » ; 2) Le ciel en lui-même, seul ; 3) « … celui des Stoïciens – c'est ce qui se maintient jusqu'à la conflagration finale (…) » (§ 4). La seconde acception du mot « monde » correspond cette fois à la définition usuelle de la région supralunaire, c'est-à-dire à la définition du ciel.

Ces quelques exemples montrent à quel point il faut prêter attention à la polysémie des mots οὐρανός et κόσμος. Ils désignent parfois la même chose, mais ce n'est pas toujours le cas. Même dans l'Antiquité les lecteurs avouent être déroutés devant la multitude des emplois que l'on fait de ces termes. Proclus nous livre un intéressant témoignage à ce sujet : « … ces noms ont comporté chez les Anciens beaucoup d'amphibolie, car les uns nommaient seulement « monde » la partie sublunaire et « ciel » la partie au-dessus de la lune, tandis que les autres faisaient du ciel une partie du monde, et d'autre part les uns ne faisaient aller le ciel que jusqu'à la lune, tandis que les autres nommaient aussi ciel la plus haute région de la partie qui a eu naissance (…) » (*Commentaire sur le* Timée I, 272, 17-23, Diehl).

À la lecture de ces passages, nous voyons bien que d'un texte à l'autre οὐρανός et κόσμος ne sont pas nécessairement des termes synonymes. Faute d'un examen préalable des diverses occurrences d'οὐρανός et de κόσμος dans le traité 40, l'hypothèse de Bouillet reste donc sans fondement. Sa position est peut-être légitime, mais nous ne pourrons en décider qu'après avoir procédé à un examen des sens que revêtent ces mots dans le présent traité.

Le mot οὐρανός apparaît dix-neuf fois[1] dans le traité 40. En toutes ces occurrences, il possède une seule acception et désigne la région supralunaire, celle où se meuvent les astres : « Il n'y aura donc pas une partie de l'univers qui subsiste toujours, par exemple le ciel (οὐρανός), alors que sur terre les choses seraient soumises à la corruption » (1, 27-28) ; « Si donc nous acceptons cette opinion, et si nous disons que le ciel (οὐρανὸν) et toutes les choses qui sont en lui ont une permanence individuelle, tandis que les choses qui se trouvent sous la sphère de la lune ont une permanence selon l'espèce (…) » (2, 2-3) ; « … mais pour ceux qui ne font pas cette hypothèse [*i.e.* l'éther], si le corps du ciel (οὐρανοῦ) est fait de ces éléments dont les vivants d'ici-bas sont aussi constitués, la question se pose : comment possèdera-t-il l'individualité ? Et plus encore, comment le soleil et les autres astres qui sont dans le ciel (οὐρανῷ) le pourront-

1. En 1, 11 ; 12 ; 28 ; 31 ; 39 ; 2, 2 ; 15 ; 17 ; 18 ; 4, 11 ; 5, 14 ; 16 ; 17 (2x) ; 19 (2x) ; 6, 56 ; 7, 46 ; 8, 16.

ils, puisqu'ils en sont des parties ? » (2, 14-18) ; « Et si le ciel (οὐρανὸν) en son entier doit subsister, ses parties, les astres qui sont en lui, le doivent elles aussi. » (5, 14-15) ; « On le dira des vivants qui sont sur la terre, mais élever la terre jusqu'au ciel (οὐρανὸν) est contre nature » (6, 56-57). Plotin utilise donc, tout au long du traité, le mot *ciel* dans le sens de *région supralunaire*, celle qui s'étend de la lune jusqu'à la sphère des étoiles fixes.

Le mot κόσμος apparaît six fois[1] et désigne la totalité des êtres sensibles, c'est-à-dire l'ensemble formé par l'union de la région sublunaire et de la région supralunaire. Citons d'abord quelques passages que nous expliquerons ensuite : « Comment donc la matière, c'est-à-dire le corps de l'univers (τοῦ παντὸς) qui s'écoule toujours, pourrait-il contribuer à l'immortalité du monde (τοῦ κόσμου) ? » (3, 1-2) ; « … lorsqu'il [Platon] affirme que dans le monde (κόσμῳ) entier doit se trouver ce genre de solidité qu'est la résistance : c'est afin que la terre, qui se situe au milieu, soit un support (…) » (7, 2-3) ; « La terre ne se mélange toutefois pas au feu céleste dans la constitution des astres, mais, puisque c'est dans le monde (κόσμῳ) que chaque élément est engendré, le feu aussi tire quelque profit de la terre (…) » (7, 10-11).

Dans le premier passage, κόσμος est synonyme de τὸ πᾶν, qui désigne toujours l'ensemble de la réalité sensible : « Mais si nous attribuons la cause de sa non-corruptibilité au fait qu'il renferme toutes choses (…) nous attribuerons l'incorruptibilité à l'ensemble, c'est-à-dire à l'univers (παντὶ), en vertu de ce raisonnement » (1, 12-16). Le monde et l'univers sont donc une seule et même chose, à savoir la totalité qui englobe tous les corps.

Dans le deuxième passage, la terre est dite être au repos au centre du monde (κόσμος). Cela signifie, dans le contexte du système géocentrique qui est encore en vigueur à l'époque de Plotin, que la terre se trouve au milieu de l'univers. Le monde correspond par conséquent à l'ensemble des corps sensibles existant dans l'univers.

Dans le troisième passage, Plotin affirme que même s'il n'entre pas en contact avec la terre de la région sublunaire, le feu céleste réussit à soutirer quelques propriétés à l'élément terrestre. Ce feu y parvient grâce à la « communauté qui règne dans le monde » (7, 15) et qui s'explique par le fait que tous les éléments sont engendrés dans le même monde. Ainsi, puisque le feu céleste et la terre font partie du même monde, le monde doit contenir en lui la région supralunaire et la région sublunaire.

Ces trois exemples montrent que le traité 40 utilise le mot κόσμος, monde, de manière univoque. Ce terme désigne la totalité des choses contenues à l'intérieur de la sphère des étoiles fixes, c'est-à-dire l'ensemble des corps sensibles.

Le traité 40 n'accorde donc pas la même signification aux mots οὐρανός et κόσμος. Οὐρανός équivaut à la région supralunaire, alors que κόσμος équivaut à la totalité ordonnée des êtres sensibles. Discuter l'immortalité du ciel n'est donc pas la même chose que discuter l'immortalité du monde. Il nous faudra donc

1. En 1, 1 ; 21 ; 3, 2 ; 7, 2 ; 11 ; 15.

nécessairement adopter un seul titre et effectuer un choix entre Περὶ οὐρανοῦ et Περὶ τοῦ κόσμου. Un tel choix n'est toutefois pas aisé, car le traité 40 s'intéresse à la fois à la permanence du ciel et à la permanence du monde. Quelques exemples suffiront à illustrer ce point.

Plotin s'intéresse d'une part à l'immortalité de l'univers : « ... nous attribuerons l'incorruptibilité à l'ensemble, c'est-à-dire à l'univers, en vertu de ce raisonnement » (1, 16) ; « Si donc nous sommes d'accord avec cette manière de concevoir la perpétuité de l'univers et celle de ses parties (...) » (1, 32) ; « ... puisque les éléments subsistent toujours, l'univers subsiste aussi » (4, 29). Mais il étudie d'autre part l'immortalité du ciel : « Si donc nous acceptons cette opinion, et si nous disons que le ciel et toutes les choses qui sont en lui ont une permanence individuelle (...) » (2, 1) ; « ... on parviendrait à une ferme conviction quant à l'immortalité du ciel » (4, 10) ; « Comment se fait-il donc que les parties du ciel subsistent (...) » (5, 1).

Le sujet du traité oscille ainsi entre la permanence du ciel et la permanence du monde. Mais est-ce là une raison suffisante pour adopter les deux titres sur un pied d'égalité ? Il ne semble pas qu'il faille en arriver là. Il convient avant tout de déterminer le but principal du traité. Celui-ci est clairement établi dès le premier chapitre et il est répété au début du second. De manière négative, d'abord, Plotin s'en prend à la conclusion qui affirme qu' « il n'y aura donc pas une partie de l'univers qui subsiste toujours, par exemple le ciel, alors que sur terre les choses seraient soumises à la corruption » (1, 28-29). Suivant cette hypothèse, toutes choses se comportent de la même manière, car les astres ne font que vivre plus longtemps et ils ne sont pas immortels (1, 29-31). De manière positive, ensuite, Plotin se range à l'avis de ceux pour qui « le ciel et toutes les choses qui sont en lui ont une permanence individuelle, tandis que les choses qui se trouvent sous la sphère de la lune ont une permanence selon l'espèce (...) » (2, 2-3).

Plotin tente donc de sauvegarder, dans le traité 40, une certaine vision du monde, celle qui oppose le sublunaire au supralunaire, tel le corruptible à l'incorruptible. Puisque Plotin considère, en accord avec la plupart des philosophes antiques, que le sublunaire subit une incessante corruption, son examen porte principalement sur le ciel, dont certains ont contesté la permanence. Il lui faut démontrer « de quelle manière le ciel, même s'il a un corps, aura véritablement une individualité propre, de telle sorte qu'il conservera sa particularité et son identité » (2, 4-5). Le titre de Περὶ οὐρανοῦ nous semble pour cette raison mieux convenir au traité 40, car il décrit avec plus de précision le but que Plotin s'y est fixé et qui porte avant tout sur l'immortalité du ciel.

Même si le titre de Περὶ οὐρανοῦ obtient notre préférence au détriment du titre de Περὶ τοῦ κόσμου, cette dernière appelation n'est pas pour autant complètement erronée. Gardons en mémoire que le traité 40 évoque la permanence du monde à plusieurs reprises. Ces passages s'expliquent par le rapport étroit qu'entretient la permanence du monde avec la permanence du ciel. Plotin note par exemple que certains des arguments démontrant l'immortalité de l'univers ne sont d'aucun secours eu égard à la question de l'immortalité du ciel. Tel est le cas de la démonstration qui s'appuie sur le fait qu'un vivant est immortel s'il contient tous les corps sensibles (1, 12-20). Cette preuve est certes valide en ce qui concerne le monde, puisqu'il contient tout, mais elle ne l'est pas pour le soleil et pour les autres astres, qui ne sont que des parties de l'univers et non l'univers entier (1, 16-19). On voit que de cette manière l'immortalité du monde s'immisce alors dans une discussion qui s'intéresse au premier chef à la permanence du ciel. Il en va de même lorsque, après avoir mis en doute l'immutabilité des astres à cause de leur nature matérielle (2, 5-10), Plotin doit légitimement se demander dans quelle mesure cette objection affecte aussi la totalité du monde sensible (3, 1-2). Si les astres ne peuvent être immuables parce qu'ils ont un corps, comment le monde entier, qui est lui aussi corporel, le pourrait-il ?

En d'autres termes, nous ne pouvons discuter de la permanence du ciel sans nous interroger au même moment sur la permanence du monde. Dès lors qu'une difficulté est soulevée à propos de l'immortalité du ciel, il faut vérifier si l'immortalité du monde est également remise en cause. Même si c'est la description du ciel qui intéresse Plotin en premier lieu, il est tout à fait normal qu'il développe des arguments qui portent les uns, sur la permanence du ciel, et les autres, sur la permanence du monde.

PLACE DU TRAITÉ 40 DANS L'ORDRE SYSTÉMATIQUE ET DANS L'ORDRE CHRONOLOGIQUE DES ŒUVRES DE PLOTIN

Toute lecture d'un traité de Plotin nécessite au préalable un examen de la place qu'il occupe dans le corpus des *Ennéades* et dans la carrière littéraire de Plotin. Il existe en effet une double classification des écrits de Plotin, que nous désignons sous le titre d' « ordre systématique » et d' « ordre chronologique ».

L'ordre systématique est un classement thématique des traités de Plotin. Il fut institué par Porphyre une trentaine d'années après la mort de son maître, lorsqu'il édita les *Ennéades*. C'est Plotin lui-même, semble-t-il, qui aurait demandé à son disciple d'établir ce classement (*VP* 24, 2-5). Porphyre a ainsi réparti la production de son maître en cinquante-quatre traités, qu'il a rassemblé en six groupes de neuf. Comme il l'explique dans sa *Vie de Plotin* (24, 26-26, 19), les six ennéades se distribuent alors suivant une parenté thématique : l'éthique, la physique, les choses relatives au monde, l'Âme, l'Intellect et l'Un.

L'ordre chronologique, lui aussi consigné dans la *Vie de Plotin* [1] (4, 22-6, 25), correspond à la séquence selon laquelle Plotin aurait rédigé ses traités.

1. Le titre complet de la *Vie de Plotin* est d'ailleurs *Sur la Vie de Plotin et sur l'ordre de ses traités*.

L'ordre systématique

Suivant l'ordre systématique, le traité *Sur le ciel* ouvre la seconde *Ennéade* (II, 1). Il fait corps avec II, 2, *Sur le mouvement circulaire*, et il entretient des affinités avec le traité II, 9, *Contre les gnostiques*. Il se distingue en revanche assez clairement des autres écrits regroupés dans la même *Ennéade*.

Les deux premiers traités de la seconde *Ennéade* concernent le ciel (II, 1) et son mouvement circulaire (II, 2). Ils ont un objectif commun, celui de décrire l'organisation, la composition et les propriétés du ciel. Cette tâche les apparente ainsi au *Timée* de Platon et au *De Caelo* d'Aristote, deux ouvrages qui ont pour but de dresser un bilan de l'état de l'univers. Les traités II, 1 et II, 2 appartiennent donc à une classe à part, car, en dehors d'eux, Plotin n'a pas composé d'autres traités qui soient strictement réservés à des questions cosmologiques. En effet, II, 1 et II, 2 décrivent la région supralunaire et la région sublunaire, les astres et les vivants terrestres, l'âme du monde et les âmes humaines, sans jamais laisser poindre la moindre considération métaphysique. En aucun moment l'Intellect ou l'Un ne sont même mentionnés, et l'âme n'y est pas considérée en tant qu'hypostase, mais en tant qu'âme particulière, comme l'âme du monde ou nos âmes individuelles.

Il n'en va plus de même pour les traités qui suivent II, 1 et II, 2. Même si le monde est toujours en cause dans le traité II, 3, *Sur l'influence des astres*, Plotin ne s'attarde plus à le décrire, mais il s'attaque plutôt aux principes de l'astrologie afin d'en réfréner les excès. L'astrologie est critiquée en raison du pouvoir qu'elle accorde aux corps célestes sur la région sublunaire. À ce titre, l'intention de Plotin en II, 3 se rapproche davantage des propos du traité III, 1, *Sur le destin*, que de ceux du traité II, 1.

Les traités II, 4, *Sur les deux matières* ; II, 5, *Sur la puissance et l'acte* ; et II, 6, *De la qualité et de la forme*, examinent ensuite des difficultés de plus en plus éloignées de la cosmologie. Ils se penchent sur des problèmes métaphysiques, telle que l'hypothèse d'une matière intelligible, les notions d'acte et de puissance, et la critique de la théorie aristotélicienne des catégories. Tous ces thèmes, nous l'avons fait remarquer, sont parfaitement étrangers au traité II, 1.

En ce qui concerne les traités II, 7, *Sur le mélange total*, et II, 8, *Pourquoi les objets vus de loin paraissent-ils petit ?,* même s'ils renouent avec des questions d'ordre physique, ils n'ont guère de point commun avec le traité *Sur le ciel*. Leur examen porte sur des questions très pointues, à savoir sur la doctrine du mélange total des stoïciens et sur une difficulté d'optique. Ces traités ne contiennent aucune discussion sur le monde sensible dans son ensemble, sur le mouvement des astres ou sur la longévité des parties de l'univers.

Le traité II, 9, *Contre les gnostiques*, défend la dignité du monde sensible contre les conceptions pessimistes des gnostiques. Cet écrit constitue un important retour à la cosmologie, car il tente de démontrer que le monde n'est pas mauvais et qu'il n'est pas issu d'un mauvais démiurge. Plusieurs thèmes chers au traité II, 1 appartiennent donc également au *Contre les gnostiques*. Citons par exemple la question de la permanence du monde, de sa production par la puissance de l'âme, de la pureté des corps célestes, etc. Même si les points de doctrine rapprochant les traités II, 1 et II, 9 seront exposés plus loin dans un tableau récapitulatif (§ 4), on peut garder en mémoire pour l'instant que les traités II, 1, II, 2 et II, 9 revêtent une importance particulière, puisqu'ils sont les rares témoins de la cosmologie plotinienne. Ils forment ainsi un groupe à part au sein de la seconde *Ennéade*.

L'ordre chronologique

Il faut maintenant s'attarder au classement chronologique des traités de Plotin. Cette classification permet, entre autres, de déterminer la date de composition du traité II, 1, ainsi que les principaux sujets de recherche qui occupaient Plotin à cette époque.

D'après la liste donnée dans la *Vie de Plotin* (*VP* 4-6), le traité II, 1 occupe la quarantième position (II, 1 [40]). Vingt-et-un traités étaient vraisemblablement complétés au moment où Porphyre rejoignit l'école de Plotin en l'an 263 de notre ère (*VP* 4, 66-68). Pendant les six années de Porphyre à Rome, de 263 à 268, vingt-quatre nouveaux traités virent le jour. Puisqu'il porte le numéro 40, le traité *Sur le ciel* a donc été rédigé durant cette période. Sa date précise de composition reste cependant difficile à déterminer. Étant donné qu'il appartient aux cinq dernières productions de cette époque, il fut sans doute composé en 267 ou 268.

Le traité 40 fait ainsi partie des œuvres qualifiées « de la maturité » et que Porphyre juge être « presque parfaites » (*VP* 6, 34-35). Porphyre distingue en effet trois phases dans la carrière littéraire de son maître (*VP* 6, 27-37). À la première correspondent des traités de jeunesse, légers de substance, qui précèdent l'arrivée de Porphyre à l'école; à la seconde correspondent des traités matures, témoins d'une pensée ferme qui s'exprime de manière quasi parfaite, et qui coïncident avec la présence de Porphyre à Rome; à la troisième période correspondent finalement des traités qui trahissent des forces intellectuelles déclinantes, reflets d'un corps lui aussi exténué, et qui sont composés après le départ de Porphyre. En d'autres termes, Porphyre se choisit comme *le* point de référence dans la carrière littéraire de Plotin. Il y a le Plotin pré-porphyrien, porphyrien et post-porphyrien. Le hasard faisant bien les choses, l'*acmé* du maître correspond à la présence de son disciple à ses côtés...

La table chronologique permet également de déterminer quelle était la teneur des recherches de Plotin à l'époque où il a écrit le traité 40. La réponse est sur ce point sans équivoque : Plotin s'occupait à ce moment de questions hautement métaphysiques. Cinq des traités de la sixième *Ennéade*, celle consacrée à l'Un, appartiennent en effet à la même période que le traité *Sur le ciel*. Il s'agit des traités VI, 7 [38], *Sur le Bien* ; VI, 8 [39], *Sur la liberté et la volonté de l'Un* ; VI, 1 [42], *Sur les genres de l'être I* ; VI, 2 [43], *Sur les genres de l'être II* ; et VI, 3 [44], *Sur les genres de l'être III*.

Cette constatation appelle deux remarques. En premier lieu, Plotin s'intéresse surtout à des problèmes d'ordre métaphysique et logique quand il compose le traité 40. Il établit la nature du Bien et la volonté de l'Un, puis il critique longuement les théories aristotéliciennes, platoniciennes et stoïciennes sur les genres de l'être. Les considérations cosmologiques sont donc loin d'être à l'honneur. En second lieu, les traités de cette période se distinguent par leur longueur. Ce sont tous de très longs écrits, notamment l'ensemble formé par VI, 1-3.

Force est de constater que les traités 40 et 41 ne présentent aucune de ces deux caractéristiques. Ils se démarquent tout d'abord par leur contenu. Plotin s'intéresse au monde et au ciel en II, 1 [40], alors qu'il discute *De la sensation et de la mémoire* en IV, 6 [41]. Parmi des considérations d'ordre logique et métaphysique, s'insèrent donc deux traités qui s'occupent de cosmologie et de psychologie. Les traités 40 et 41 s'illustrent ensuite par leur brièveté, car le premier compte onze pages de l'*editio minor* d'Henry-Schwyzer, tandis que le second n'en compte que six. Ils n'ont donc rien hérité de la verve déployée dans les autres productions de la même époque.

LES TRAITÉS CONNEXES

Une lecture éclairée du traité II, 1 [40] implique également le rappel de quelques-uns des points de doctrine qui ont été présentés dans d'autres traités plotiniens. Nous concentrerons nos propos sur les *Ennéades* II, 2 [14] ; II, 9 [33] ; III, 7 [45] et VI, 8 [39].

Le traité II, 2 [14]

Le traité II, 2 explique le mouvement circulaire du ciel. Puisque cet écrit se trouve au quatorzième rang dans l'ordre chronologique, c'est-à-dire avant l'arrivée de Porphyre à Rome, Plotin s'est donc occupé assez tôt de cosmologie. Même si vingt-six traités les séparent, II, 1 [40] et II, 2 [14] partagent un certain nombre de points communs. L'ensemble du premier chapitre de II, 2 est à vrai dire crucial pour la compréhension de II, 1. Le passage de II, 1, 3, 13-22 résume en effet les acquis de II, 2, 1, 16-31 ; 43-51. Ils tiennent à peu près en ceci : le feu s'élève en ligne droite, à partir de la terre, jusqu'à ce qu'il atteigne l'extrémité du ciel, c'est-à-dire la sphère des étoiles fixes. Il ne peut aller plus haut, car rien n'est plus élevé. Le feu s'arrête alors à cet endroit comme dans le lieu qui lui convient, reposant dans son lieu propre. Son mouvement ayant pris fin, il laisse ensuite l'âme l'entraîner en cercle autour du centre de l'univers. La rotation des corps célestes résulte donc du mouvement de l'âme et de l'immobilité du feu. Le mouvement du ciel dépend ainsi du mouvement de l'âme, car si cette dernière s'immobilisait, le ciel s'immobiliserait lui aussi [1].

1. Telle est, soit dit en passant, la théorie professée par le *Phèdre* en 245 d-e.

Le traité II, 9 [33]

L'*Ennéade* dirigée contre les gnostiques partage également plusieurs thèmes avec le traité 40. Le second titre du traité II, 9 présente d'ailleurs une forte connotation cosmmologique et se lit comme suit : *Contre ceux qui disent que le Démiurge du monde est méchant et que le monde est mauvais* (*VP* 24, 56-57). Puisqu'il veut réfuter la conception gnostique du monde, Plotin oriente donc en II, 9 sa discussion vers la cosmologie. Voici un tableau résumant les points de convergence entre les traités II, 1 [40] et II, 9 [33] :

Points de doctrine communs	Traité 40	Traité 33
1) le monde contient tout	1, 12-16	17, 54
2) le corps du ciel est plus pur	4, 7	5, 11
3) l'âme est mue par une extraordinaire puissance	4, 14-15	2, 15
4) le monde n'a pas commencé et ne finira jamais	4, 25-26	7, 1-2
5) le repentir de l'âme est une notion vide de sens	4, 31	6, 1-5
6) le ciel se compose de feu	7, 43-46 ; 8, 8-15	13, 11

Un examen attentif du tableau qui précède révèle deux choses. En premier lieu, Plotin utilise II, 9 de façon très ponctuelle dans le traité II, 1, n'en reprenant que des points très précis et qui tiennent souvent en une simple phrase ou en quelques mots. Un certain nombre d'acquis importants sont récupérés, puis intégrés à une nouvelle argumentation. Il ne s'agit plus de répéter une explication toute faite, comme celle du traité II, 2 [14], mais de produire une nouvelle démonstration à partir de matériaux préexistants. En second lieu, quatre des six emprunts faits au traité II, 9 [33] se trouvent dans le chapitre 4 du traité 40. En moins de vingt-cinq lignes, Plotin regroupe la majorité de ses références à II, 9. Tout se passe comme si, à ce point de sa rédaction, il s'était subitement inspiré de II, 9 et qu'il avait regroupé les principales doctrines qui, dans ce traité, venaient appuyer l'argumentation de II, 1.

Le traité III, 7 [45]

Avant de considérer les traités qui suivent II, 1 [40], il faut prendre garde à la division artificielle instituée par Porphyre entre VI, 1-3 [42-44] dans son édition des *Ennéades*. Ces traités n'en formaient qu'un seul à l'origine. C'est pourquoi, n'eut été l'intervention de Porphyre, III, 7 [45], *Sur l'éternité et le temps*, porterait en réalité le numéro 43 dans l'ordre chronologique. Et on peut de ce fait le considérer comme un traité contemporain du traité 40.

Suite aux difficultés que pose la permanence du ciel, le traité 40 attira l'attention de Plotin sur la différence qui existe entre l'éternité des intelligibles et la vie inextinguible, mais temporelle, des astres. Plotin précise en effet, à la toute fin du traité, que même s'ils sont permanents, les corps célestes ne restent pas en tout point identiques comme le font les intelligibles (8, 27-28). Il existe donc une différence non négligeable entre l'identité individuelle présentée par les astres et celle possédée par les réalités intelligibles. Le traité 40 n'en dit malheureusement pas davantage sur le sujet. Il faut patienter jusqu'au traité 45 avant d'obtenir des explications supplémentaires.

Toujours fidèle à Platon (*Timée* 37 e, 38 c), Plotin admet une distinction entre l'éternité et le temps : « L'éternité (αἰῶνα) et le temps sont deux choses différentes ; l'éternité (ἀΐδιον) est dans la nature qui dure toujours, et le temps, dans ce qui naît et dans notre univers » (III, 7 [45], 1, 1-3). Deux sortes de permanence existent donc, celle qui correspond à l'immortalité intemporelle des intelligibles et celle qui implique l'immortalité temporelle des astres. Parce qu'elle se déroule dans le temps, la permanence des corps célestes est moins parfaite que celle des intelligibles. Ces derniers reposent en effet au-delà de toute temporalité, dans l'immuabilité la plus complète.

Les traités 40 et 45 sont ainsi complémentaires, car le premier discute de la permanence sensible, alors que le second s'occupe de l'éternité intelligible. Telles sont pour Plotin les deux seules manières de concevoir la permanence. Mais l'une demeure cependant subordonnée à l'autre, étant donné que la permanence du monde sensible n'est qu'une image de l'éternité intelligible, qui lui sert de modèle. Reprenant la célèbre formule de Platon (*Timée* 37 d), Plotin affirme que « le temps est une image de l'éternité »[1] (III, 7 [45], 1, 21 ; 11, 20 ; 47). Cette relation entre un modèle et son image implique d'emblée, d'un point de vue plotinien, la dépendance de l'image par rapport à son modèle, entre l'archétype et son reflet dégradé. C'est ainsi que les êtres véritables n'ont simplement pas d'avenir (III, 7 [45], 4, 33-34), alors que les corps sensibles s'avancent inexorablement vers lui, jusqu'à en atteindre le terme (4, 25-26). Inverser les rôles serait catastrophique, car « Si vous enleviez l'avenir aux choses engendrées, vous les priveriez immédiatement de leur être, (...) mais si vous donniez un avenir aux choses non engendrées, vous les verriez déchoir de leur rang d'êtres véritables (...) » (4, 19-22). Parce qu'il progresse sans arrêt vers son avenir, accomplissant un acte après l'autre, l'univers sensible est donc permanent à sa manière (4, 28-31). Ce type de permanence restera toutefois sans cesse inférieur à l'éternité intelligible, puisqu'il n'échappera jamais à la temporalité.

Le traité 45 nous éclaire également sur la terminologie utilisée par Plotin lorsqu'il veut désigner la permanence intelligible ou la permanence sensible. Ce traité utilise constamment les termes αἰῶνα et ἀΐδιον afin de désigner la permanence intelligible. Plotin écrit par exemple : « Quel est donc ce caractère d'après lequel le monde intelligible tout entier est appelé éternel (αἰώνιον) et perpétuel (ἀΐδιον) ? » (3, 1). L'expression τὸ ἀεί désigne en revanche la permanence qui se déroule dans le temps : « Mais je ne parle pas de la perpétuité (τὸ ἀεί) dans le temps, mais de celle à laquelle nous pensons lorsque nous parlons de l'éternité (τὸ ἀΐδιον) » (2, 28-29).

1. Il faut remarquer que cette citation est tronquée, car le *Timée* décrit en réalité le temps comme « une image *mobile* de l'éternité » (37 d).

Plotin utilise ainsi un vocabulaire rigoureux et presque technique lorsqu'il réfère aux concepts d'éternité ou de permanence sensible. L'intelligible est éternel (αἰώνιον / ἀΐδιον), alors que le sensible est permanent ou sempiternel (τὸ ἀεί). Cette règle demeure assez stricte, car, dans les rares cas où elle est transgressée, c'est-à-dire lorsque τὸ ἀεί est prédiqué des intelligibles, Plotin s'empresse de préciser que « nous ne parlons ainsi que pour éclaircir les idées » (III, 7 [45], 6, 22-23). Les intelligibles se contentent en effet du simple verbe « être » (6, 26-27), mais, afin de bien distinguer la substance intelligible de la prétendue substance sensible, il faut souvent joindre un *toujours*, τὸ ἀεί, à cette expression (6, 27-29). Même si cet ajout n'est pas nécessaire (6, 32-34), l'être véritable est alors désigné par l'expression « ce qui est toujours ».

Plotin, semble-t-il, utilise déjà de telles nuances de vocabulaire dans le traité 40. Il établit dès les premières lignes que la permanence du monde doit être conçue sur une base temporelle : « Lorsque nous disons que le monde a toujours existé dans le passé et qu'il existera toujours dans l'avenir (...) » (1, 1-2). De plus, l'ensemble du traité 40 discute les implications d'une permanence temporelle (τὸ ἀεί) et non pas d'une éternité intemporelle (αἰώνιον / ἀΐδιον). L'adverbe substantivé τὸ ἀεί, par exemple, apparaît cinq fois dans le premier chapitre (1, 10; 11; 12; 31; 37). Mais le mot ἀΐδιος apparaît en 3, 6 pour la seule et unique fois de tout le traité. Plotin affirme en cet endroit que la terre conserve à jamais (ἐξ ἀιδίου) la même figure et la même masse. Cette formule étant stéréotypée, elle ne contredit toutefois pas la distinction établie dans le traité 45.

L'accord qui règne entre les traités 40 et 45 relativement à l'emploi des vocables décrivant l'éternité intelligible et la permanence sensible ne résulte sans doute pas d'un hasard. Une même idée directrice préside à la composition des deux traités. Notre traduction française devra ainsi respecter la distinction établie par Plotin entre l'éternité intelligible et la permanence sensible. Nous avons par conséquent adopté certaines conventions, qui consistent à traduire αἰώνιος / ἀΐδιος par *éternité* ; et τὸ ἀεί par *permanence*.

Le traité VI, 8 [39]

Il faut prendre garde de ne pas confondre la « volonté de dieu » dont il est question dans le premier chapitre du traité 40, avec celle présentée dans le traité VI, 8 [39], *Sur la liberté et la volonté de l'Un*. Il ne s'agit, dans les deux cas, ni du même dieu, ni du même genre de volonté.

Le dieu du traité 39 n'est nul autre que l'Un [1]. Plotin évoque en effet la volonté divine dans le but d'expliquer la production de l'Un par lui-même. Il écrit par exemple : « Or, il faut que même la production de lui-même [*i.e.* de l'Un], dont nous parlons, existe une fois pour toutes, car elle est belle. Et qui détournerait

1. Pour toutes les questions relatives à la volonté de l'Un, voir l'excellente introduction de G. Leroux au traité VI, 8 : *Plotin. Traité sur la liberté et la volonté de l'Un (VI, 8 [39])*, Introduction, traduction, commentaire et notes, Paris, Vrin, 1990.

cette production, puisqu'elle vient de la volonté de dieu et qu'elle est sa volonté ? » (VI, 8 [39], 21, 7-10). Le type de volonté qui est en cause ici se révèle être très particulier, puisque Plotin met de l'avant une toute nouvelle conception de la notion de volonté et que nous pouvons qualifier, faute de mieux, comme une volonté *intransitive*. Il faut entendre par là que cette volonté ne s'applique pas sur autre chose que l'agent, c'est-à-dire qu'elle n'implique pas le passage d'un agent à un patient. L'agent agit sur lui-même. Une telle doctrine de la volonté divine est révolutionnaire et sans antécédents connus, car les penseurs antérieurs à Plotin identifiaient la volonté divine à une providence, à une action de dieu sur le monde extérieur[1]. Mais la volonté de dieu n'implique aucun passage d'un sujet à un objet dans le traité VI, 8 [39]. L'Un se veut lui-même, non pas selon une relation de sujet à objet, mais en tant qu'il est lui-même sa volonté : « Tout entier, donc, il est une volonté, et il n'y a pas en lui une partie qui ne soit pas volitive, ni qui viendrait avant sa volonté. Ainsi, dès l'abord, sa volonté s'identifie à lui-même » (21, 14-16). La volonté de l'Un ne concerne donc que lui et ne s'applique à aucune entité du monde intelligible ou du monde sensible. Elle reste interne à l'Un et n'agit sur rien qui soit différent de lui.

La volonté de dieu, dans le traité 40, renvoie par contre à la volonté du Démiurge, cet artisan qui fabrique l'univers dans le *Timée*[2]. Dans un contexte plotinien, cette volonté n'est donc plus celle de l'Un, mais celle de l'Âme[3]. Et puisqu'elle comprend une composante démiurgique, cette volonté divine ne peut plus être *intransitive*, mais elle devient obligatoirement *transitive*, car elle s'applique à un objet différent d'elle et qui est l'univers. Platon considère en effet que le Démiurge ne se produit pas lui-même, mais qu'il façonne le monde sensible en imposant un certain ordre à un substrat chaotique (*Timée* 29 d-30 a). Il en va de même pour Plotin, pour qui l'Âme hypostase organise la réalité sensible et lui donne une forme, contraignant la matière à obéir à certaines règles. L'activité de l'Âme vis-à-vis des corps se produit donc toujours en relation avec un objet extérieur, avec un patient différent d'elle-même.

Il faut donc éviter de confondre la volonté divine telle qu'elle a été présentée dans le traité VI, 8 [39], avec celle évoquée en II, 1 [40]. Même si les deux traités se suivent dans l'ordre chronologique, les développements du premier ne s'appliquent pas au second. La volonté de l'Un n'a pratiquement rien de commun avec la volonté du Démiurge. Moins innovateur, le traité 40 s'inscrit dans la perspective plus traditionnelle du *Timée*.

1. Cf. Leroux, *op. cit.*, p. 31.

2. À propos de l'utilisation que fait Plotin de la figure du Démiurge platonicien, voir notre commentaire à 1, 1-12.

3. Sur la correspondance entre le Démiurge et l'Âme chez Plotin, voir notre commentaire au chapitre 5.

L'INFLUENCE STOÏCIENNE

Une lecture même superficielle des *Ennéades* nous révèle l'importance considérable qu'exercèrent les doctrines stoïciennes sur le développement de la pensée plotinienne, ne serait-ce que par l'opposition constante que Plotin leur manifeste. Bien qu'il ne se prive pas de critiquer les stoïciens, Plotin adopte quand même à plusieurs reprises certains de leurs enseignements. Nous en avons un exemple assez évident avec le traité 40, dans lequel Plotin s'approprie trois points majeurs de la théorie stoïcienne relativement à la composition du ciel : le ciel est fait de feu ; grâce à la perception de la lumière et de la chaleur produite par le soleil, la vue et le toucher apportent la preuve de la nature ignée des astres ; le feu céleste n'est pas identique à celui de la région sublunaire.

Le ciel se compose de feu

Plotin soutient que le ciel est igné et qu'il se compose uniquement du feu le plus pur (II, 1 [40], 7, 20-30 ; 43-49). Les stoïciens, s'il faut en croire Diogène Laërce, professent exactement la même opinion : « Dans le haut de l'univers se trouve donc le feu, appelé éther, dans lequel est engendrée en premier lieu la sphère des étoiles fixes, puis celle des planètes (...) » (*Vies*, livre VII, § 137) ; « ... le soleil est un feu pur, comme le dit Posidonius, (...) il est de feu, parce qu'il fait tout ce que fait le feu (...) » (§ 144) [1].

La vue et le toucher

Plotin affirme également que la vue et le toucher apportent la preuve de la nature ignée des astres (II, 1 [40], 6, 8-10). Nous trouvons un parallèle frappant de cet argument dans le *De Natura Deorum* de Cicéron, lequel argument est attribué à Cléanthe :

> Cléanthe pense que la nature entièrement ignée des astres est confirmée par le témoignage de deux sens, celui du toucher et celui de la vue, car la chaleur et l'éclat du soleil ont des effets plus manifestes que ceux d'aucun autre feu. De fait, le soleil resplendit en tout lieu du vaste monde et son toucher est tel que non seulement il réchauffe, mais que souvent aussi il consume. Il ne ferait aucune de ces deux actions, s'il n'était composé de feu. (*De Natura Deorum*, II, XV, 40).

1. Sur la nature ignée du ciel chez les stoïciens, voir également le paragraphe 145 dans les *Vies des Philosophes* de Diogène Laërce, ainsi que *SVF* I, 116 ; II, 579, 686 et plusieurs passages dans le second livre du *De Natura Deorum* de Cicéron : § 15, 24, 40, 45, 46.

Le feu sublunaire et le feu supralunaire

Plotin montre finalement que le ciel en son entier se compose d'un feu spécial (II, 1 [40], 7, 43-49). Le ciel est fait d'une lumière qui ne s'apparente en rien aux autres types de feu, surtout pas à la flamme sublunaire (7, 24-25). La lumière céleste est corporelle (7, 26), chauffe avec douceur (7, 25-26) et elle ne se mélange pas au feu d'ici-bas (7, 35-36). Au lieu de faire rage avec démesure, elle est calme et douce, convenant ainsi parfaitement à la nature des astres (4, 12-13).

Une telle distinction entre le feu sublunaire et le feu supralunaire se trouve déjà chez les stoïciens. Zénon aurait lui aussi composé les astres d'un type particulier de feu : « Zénon affirme que le soleil, la lune et chacun des autres astres sont intelligents, sages et ignés, se composant d'un feu artiste. Il y a en effet deux sortes de feu : l'un qui est sans art et qui change sa nourriture en lui-même, et un autre, artiste, qui est propre à la croissance et à la préservation, comme il s'en trouve dans les plantes et les animaux (…) » (*SVF* I, 120). Un autre fragment nous livre la même doctrine : « Les stoïciens affirment que les astres sont composés de feu, mais d'un feu divin, éternel et qui n'est pas semblable à celui qui se trouve auprès de nous. Ce dernier est en effet cause de destruction et il n'est pas très brillant » (*SVF* II, 682).

La différence qui existe entre le feu sublunaire et le feu céleste chez les stoïciens est à nouveau mis en parfaite lumière par Cicéron dans son *De Natura Deorum* :

> … puisque le soleil est de feu (…) il est nécessaire qu'il soit semblable à ce feu que nous employons pour notre usage et notre subsistance, ou bien à celui qui est contenu dans les corps animés. Or, notre feu, celui que l'usage de la vie exige, détruit et consume tout. Partout où il s'avance, il bouleverse et dissout absolument tout. Au contraire, le feu du corps, qui entretient la vie et qui est profitable, conserve, nourrit, fait croître, supporte tout et procure la sensation. Cléanthe prétend donc qu'il ne faut pas se demander auxquels de ces deux feux le soleil est semblable, puisqu'il a soin de tout fleurir et de tout mener à maturité, chacun selon son espèce. C'est pourquoi, puisque le feu du soleil est semblable aux feux qui sont dans les corps animés, il faut que le soleil lui aussi soit animé et qu'il en aille de même pour les autres astres qui naissent de l'embrasement céleste qu'on nomme éther ou ciel. (*De Natura Deorum*, II, XV, 40-41).

La correspondance qui s'établit entre ces trois points de doctrine, à la fois chez les stoïciens et chez Plotin, semblait trop importante pour être passée sous silence. Il semble bien que Plotin se soit directement inspiré des membres du Portique lorsqu'il élabora sa propre théorie sur les corps célestes. Nous ne pouvons toutefois le taxer d'être un simple plagiaire, car même s'il s'inspire ici de conceptions stoïciennes, Plotin les adapte systématiquement aux enseignements du *Timée*. Il tente en effet, au moyen d'une exégèse de *Timée* 39 b, de montrer que Platon lui-même compose le ciel uniquement de feu (7, 20-21 ; 23-24). Lorsqu'il introduit l'argument sur le sens de la vue et sur celui du toucher, Plotin donne comme référence *Timée* 31 b (6, 2-4 ; 7). Et lorsqu'il divise le feu en plusieurs espèces, Plotin ne parle pas d'un feu artiste et d'un feu destructeur, mais il évoque les types de feu énumérés en *Timée* 58 c (7, 24-25). En chacune de ces occasions, Platon est donc appelé à la défense de la théorie stoïcienne du feu céleste. Il en résulte alors une doctrine nouvelle, ni platonicienne, ni stoïcienne, mais proprement plotinienne.

LE GENRE LITTÉRAIRE, LE STYLE ET LA COHÉRENCE DU TRAITÉ

Le traité 40 se présente sous une forme littéraire qui s'apparente à celle des *problèmes* (προβλήματα) et à celle des *apories et résolutions* (ἀπορίαι καὶ λύσεις).

Le genre littéraire des *problèmes* est magistralement représenté par le recueil de problèmes appartenant au corpus aristotélicien[1]. Un ouvrage de ce type obéit à certaines règles de présentation dans l'ordre des matières exposées. L'auteur commence généralement par poser le titre de la section, tel que « Sur la médecine », puis il énonce la question proprement dite, telle que « Pourquoi une liqueur sucrée fait-elle transpirer? », et il répond finalement à la question sans plus tarder. Ce schéma de base se prête bien sûr à de multiples variations, mais l'essentiel reste une question bien précise qui entraîne une réponse circonstanciée. Une simple question dialectique suivie d'une réponse laconique ne suffit pas à qualifier un écrit de *problèmes*. Il faut qu'une interrogation directrice engendre tout un traité ou un paragraphe entier. Cette condition respectée, l'auteur est alors libre d'adopter les variations de style qui lui plaisent. Plutarque, par exemple, dans ses *Propos de tables*, introduit sa série de problèmes dans le cadre d'un banquet lors duquel les convives discutent de sujet très divers. Il contourne ainsi avec beaucoup d'habileté la formule très scolaire et abrupte des recueils traditionnels de problèmes.

Un bel exemple d'un écrit qualifié d'*apories et résolutions* est le *Traité des premiers principes* par Damascius. La différence qui sépare ce genre littéraire de celui des *problèmes* n'est pas très claire. Pour autant qu'on puisse en juger, les *apories et résolutions* se distinguent par une succession moins stricte dans l'enchaînement des questions étudiées. Dans un recueil de problème, l'ordre de présentation est quasi immuable, une question et sa réponse étant toujours suivies d'une autre question et de sa réponse. Dans les *apories et résolutions*, en revanche, la suite des apories est souvent interrompue par des exposés thématiques. L'auteur se permet de longs développements, souvent entrecoupés d'autres considérations, et il ne revient aux questions suivantes que lorsque bon

1. Une grande partie de ce recueil n'est sans doute pas du Stagirite. Il est toutefois apparu très tôt dans l'Antiquité, et on le considérait généralement comme authentique. À en croire les divers catalogues contenus dans la *Vie des Philosophes* par Diogène Laërce, Aristote aurait écrit plusieurs recueils de ce type : *Des Problèmes I* (V, 23, 19), *Problèmes réexaminés* (V, 26, 10), *Problèmes généraux* (V, 26, 11), *Problèmes tirés des doctrines de Démocrite II* (V, 26, 13).

lui semble. L'articulation générale de l'œuvre, il faut y insister, demeure toutefois une série d'interrogations qui appellent une solution. Le *Traité des premiers principes*, par exemple, même s'il présente plusieurs chapitres thématiques, revient toujours ensuite à la résolution de certaines apories, tel que « Y a-t-il une procession à partir de l'un ? », « L'un est-il connaissable ? », « L'unifié est-il inconnaissable ou connaissable ? ».

Plotin aussi donne souvent à ses traités une forme qui ressemble au genre littéraire des *problèmes* ou des *apories et résolutions*. Les traités IV, 3-4, intitulés *Apories sur l'âme I, II*, en donnent un bon exemple. Après une introduction sommaire, Plotin y accumule plus d'une trentaine de questions précises sur l'âme, chacune étant immédiatement suivie d'une réponse. D'autres traités de moindre envergure adoptent également le même mode d'exposition. Celui qui s'intitule *Du premier bien et des autres biens* (I, 7 [54]) énonce trois questions, qui sont immédiatement résolues : 1) pour chaque être, le bien est-il autre chose que l'activité d'une vie conforme à la nature ? ; 2) quel rapport les choses ont-elles au Bien ? ; 3) la vie est-elle un bien ?

Il semble cependant nécessaire de préciser que Plotin ne se plie à aucun genre littéraire strict. Certains de ses traités s'apparentent de toute évidence aux *problèmes* et aux *apories et résolutions*, mais Plotin ne prend pas toujours le soin d'expliquer clairement et tout de suite quelle est la question en litige, et quelle est la réponse qu'il convient d'y apporter. Plusieurs de ses traités contiennent également une seule aporie par traité et ne constituent donc pas des recueils d'apories. Malgré toutes ces variantes, une caractéristique fondamentale ne leur fait pourtant jamais défaut. Tout comme les *problèmes* ou les *apories et résolutions*, une vingtaine de traités plotiniens se développent autour d'une ou de plusieurs interrogations, qui dirigent l'ensemble de l'examen[1]. C'est pourquoi nous pouvons considérer que Plotin, pour une grande part de sa production littéraire, a écrit des traités relevant du genre des *problèmes* ou des *apories et résolutions*.

Le traité 40 fait précisément partie de cette classe. Après une dizaine de lignes, Plotin énonce sans ambiguïté la question qui se trouve au cœur même de tout le traité : « Pourquoi en effet les vivants d'ici-bas auraient-ils uniquement une permanence par l'espèce, alors que les choses contenues dans le ciel et le ciel lui-même auraient une permanence individuelle ? » (1, 10-12). L'ensemble de ce traité a donc pour seul et unique but de répondre à la question « comment le ciel peut-il être immortel ? »

Cette tendance de Plotin à rédiger ses traités sous la forme de *problèmes* ou d'*apories et résolutions* s'explique assez aisément. Plusieurs caractéristiques essentielles des *Ennéades* découlent en vérité du fait que Plotin a une prose de

1. Les traités suivant appartiennent à la classe des *problèmes* ou des *apories et résolutions* : I, 1 [53] ; I, 3 [20] ; I, 5 [36] ; I, 7 [54] ; II, 1 [40] ; II, 2 [14] ; II, 4 [12] ; II, 5 [25] ; II, 6 [17] ; II, 7 [37] ; II, 8 [35] ; III, 5 [50] ; IV, 2 [4] ; IV, 3 [27] ; IV, 4 [28] ; IV, 9 [8] ; V, 2 [11] ; V, 3 [49] ; VI, 4 [22] ; VI, 6 [34] ; VI, 8 [39].

professeur. L'enseignement dans son école consistait à faire lire[1] un texte, à le commenter (*VP* 14, 10-11 ; 16-18), puis à répondre aux questions de ses auditeurs (13, 15-17). Ainsi s'explique que ses traités adoptent souvent la forme de *problèmes* ou d'*apories et résolutions*. Son genre littéraire correspond à la manière qu'il avait d'enseigner. On lui posait des questions auxquelles il s'efforçait de répondre.

Le parallèle qui s'établit entre l'enseignement de Plotin et sa prose justifie également l'apparition, dans ses écrits, de nombreux commentaires de texte et à la mise en place de joutes dialectiques de questions-réponses.

Au chapitre du commentaire de texte, Plotin rappelle que la présente difficulté à propos de l'immortalité du ciel, dans le traité 40, avait déjà été exposée par Platon : « ... [le véritable astronome] ne jugera-t-il pas insensé, à ton avis, celui qui croit que les astres se comportent toujours de la même façon et qu'en aucune manière en rien ils ne changent, même s'ils ont un corps et sont visibles (...) » (*République* VII, 530 b). En citant ce passage de la *République* (II, 1 [40], 2, 8-10), Plotin laisse donc entendre qu'il fera l'exégèse de la théorie platonicienne de l'immortalité des astres. Il examine en effet plusieurs passages du *Timée* et, au fil de son interprétation personnelle, il prétend reconstituer l'enseignement véritable de Platon. Le traité *Sur le ciel* devient ainsi un bref commentaire sur le *Timée*.

Le traité 40 laisse parfois la rhétorique prendre le pas sur la dialectique, mettant en jeu une suite de questions-réponses. Cela est particulièrement évident dans un passage du chapitre 6 : « Mais si nous disions : « c'est que les autres éléments sont eux aussi déjà contenus dans la terre et dans l'eau », nous semblerions sans doute dire quelque chose de pertinent. On répondrait toutefois : « Allons donc ! ils ne sont pas là en vue de lier les deux éléments qui s'unissent ». Mais nous dirons néanmoins qu'ils sont déjà liés, parce que chaque élément contient tous les autres » (6, 17-21). Cette fréquente utilisation du procédé dialectique explique l'usage abondant de la particule ἤ chez Plotin. Elle signale généralement un changement d'interlocuteur et elle a été rendue dans notre traduction par le symbole « — ». Nous l'utilisons, par exemple, en 6, 54-57 : « Allons donc ! nous remettrons en cause l'opinion selon laquelle le Vivant-Total se compose de tous les éléments. – On le dira des vivants qui sont sur la terre, mais élever la terre jusqu'au ciel est contre nature et contraire à l'ordre qu'elle a établi ».

Trois des caractéristiques littéraires les plus fréquentes dans les *Ennéades* sont donc illustrées par le traité 40, à savoir la forme littéraire des *problèmes* ou des *apories et résolutions* ; les commentaires de textes ; les échanges dialectiques. Tous ces points, croyons-nous, dérivent de l'activité professorale de Plotin.

Nous pouvons ajouter à tout cela que le rôle de professeur tenu par Plotin éclaire sans doute la transition entre les traités 39 et 40. Nous avons fait remarquer, au début de notre introduction, que le traité 40 s'insère dans un ensemble d'écrits consacrés à la métaphysique. Pourquoi Plotin a-t-il interrompu ses recherches

1. Il est peu probable que Plotin faisait lui-même la lecture, car sa vue ne lui permettait même pas de relire ses propres écrits (*VP* 8, 1-4).

métaphysiques afin de se consacrer à un problème de cosmologie ? La clef de l'énigme réside dans le fait que les traités VI, 8 [39] et II, 1 [40] s'occupent tous deux de la même partie de la *République*. Le premier met à profit le sixième livre de la *République*, alors que le second cite un passage du septième livre. Lorsqu'il reprend l'expression « il est au-delà de l'essence » (VI, 8 [39], 19, 13), dans le traité *Sur la liberté et la volonté de l'Un*, et qu'il décrit la volonté divine comme Platon le fait pour le Bien, Plotin utilise la page 509 b de la *République* [1]. Ce fait prend toute son importance lorsque nous constatons que Plotin cite *République* 530 b dans le traité 40 : « Car comment, dit Platon, puisqu'ils ont un corps et qu'ils sont visibles, les astres possèderont-ils l'immutabilité et l'identité ? » (II, 1 [40], 2, 8-10). Nous pouvons alors conjecturer qu'après avoir lu le sixième livre de la *République*, Plotin et ses auditeurs ont sans doute continué leur lecture jusqu'au livre sept, qui suscita les difficultés auxquelles se consacre le traité 40.

Cette question ayant été éclaircie, il faut ajouter que le style littéraire des *Ennéades* présente d'autres particularités qui ne sont pas liées à l'enseignement de Plotin. Porphyre dit de son maître qu'il « avait un style concis, plein, bref; ses écrits surabondent de pensées plutôt que de mots » (*VP*, 14, 1-2). Cette remarque s'applique bien à II, 1 [40] qui offre plusieurs passages où l'argumentation est si serrée qu'elle en devient parfois obscure. Les traités plotiniens donnent aussi très souvent à leurs lecteurs l'impression qu'ils sont un ramassis d'arguments désordonnés, voire inintelligibles. Lorsqu'il affirme que Plotin « n'aurait jamais voulu s'y reprendre à deux fois pour écrire, qu'il ne se relisait pas même une fois et qu'il ne revoyait pas ses écrits (...) » (*VP* 8, 1-3), Porphyre laisse justement planer le doute sur la qualité des ouvrages de son maître. S'il ne relit pas ce qu'il a écrit, Plotin peut avoir mal ordonné ses arguments, en avoir omis ou avoir fait des digressions malséantes. C'est du moins le sentiment provoqué par une première lecture du traité 40, et auquel G.H. Clark succombe lorsqu'il écrit : « Ennead II, 1 is not the most orderly of Plotinus' tractates » [2]. Une analyse minutieuse de ce traité révèle toutefois une très grande cohérence dans l'agencement de ses parties. Le commentaire suivant de J.-M. Narbonne au sujet du traité 25, *Sur ce qui est en puissance et ce qui est en acte*, s'applique tout aussi bien au traité 40 : « ... la succession apparemment désordonnée des thèmes du traité est en réalité trompeuse. L'écrit obéit en fait à un schéma qui, une fois dégagé, laisse apprécier la cohérence profonde de l'exposé de Plotin » [3].

1. Cf. Leroux, *op. cit.*, p. 30, 36 *sq*.
2. « Plotinus on the eternity of the world », *Philosophical Review* (58), 1949, 130-140, p. 132.
3. *Plotin, Traité 25 (II, 5)*, introduction, traduction, commentaire et notes par J.-M. Narbonne, Paris, Les Éditions du Cerf, 1998, p. 23.

Le tableau qui suit résume la progression générale du traité *Sur le ciel* :

SCHÉMA DU TRAITÉ 40

PARTIES	SECTIONS	CHAPITRES
1) Thèse à défendre	1) Introduction	1) Les insuffisances des deux arguments du *Timée* en faveur de la permanence : ils ne justifient pas l'immortalité du ciel
	2) Doxographie et énoncé de principe	2) L'objection de l'écoulement et l'énoncé général de la solution : le corps et l'âme coopèrent dans la formation d'un vivant immortel
2) Défense de la thèse	3) Au niveau du corps	3) Le corps du monde et le corps du ciel
	4) Au niveau de l'âme	4) L'âme du monde
		5) L'âme du ciel, notre âme intellective, notre âme inférieure
3) Composition matérielle du ciel	5) Justification de la nature purement ignée du ciel	6) Il n'y a que du feu là-haut
		7) Reprise et amélioration du chapitre précédent
4) Conclusion	6) Conclusion	8) C'est la différence d'âme et de corps entre le sublunaire et le supralunaire qui explique la corruption de l'un, et la persistance de l'autre

Ce tableau met en évidence les étapes qui scandent le développement du traité 40. Plotin commence par exposer les deux arguments du *Timée* sur la permanence du monde et la permanence du ciel. Platon affirme en effet que le ciel est permanent, tout d'abord, parce que la volonté divine en a décidé ainsi et refuse de le voir périr, et ensuite, parce que le monde contient tout. Aussi convaincantes que soient ces explications, Plotin fait alors remarquer que l'écoulement perpétuel des corps compromet l'immortalité des parties du monde (chap. 1). Et de fait, Platon et Héraclite eux-mêmes semblent admettre que le corps des astres ne permettrait pas aux corps célestes de subsister. Seul Aristote échappe à cette difficulté, mais au prix d'une innovation inacceptable, celle qui pose l'existence d'un cinquième corps, à savoir l'éther. Le problème reste cependant entier pour ceux qui, comme Plotin, n'admettent pas cet élément surnuméraire. La seule solution à l'immortalité du ciel réside donc dans la coopération de son âme et de son corps. En bon platonicien, Plotin admet que l'âme est responsable de l'immortalité d'un être, mais, ajoute-t-il, elle n'y parviendra jamais si le corps ne collabore pas du tout (chap. 2).

Ainsi se dessine le plan de la deuxième partie du traité (chap. 3-5), dans laquelle Plotin applique au monde et au ciel le principe énoncé plus haut. Il explique alors que ni le corps du monde, ni le corps du ciel ne s'opposent à la permanence. Ces corps se soumettent à l'action de leurs âmes afin d'atteindre une vie indéfectible. Tel n'est pas le cas, en revanche, pour les vivants sublunaires. Leur âme de nature inférieure ne possède pas la puissance nécessaire pour maintenir indéfiniment dans l'existence le corps auquel elle s'unit. Leur corps lui aussi inférieur s'écoule sans cesse et les empêche de subsister indéfiniment.

Arrivé à la fin des chapitres 3 à 5, Plotin a démontré la permanence du monde et du ciel, puis il a justifié la nature mortelle des vivants sublunaires. La thèse initiale a donc d'ores et déjà été défendue sous tous ses aspects. Une obscurité demeure cependant, puisque le chapitre 3 a arbitrairement accepté, sans aucun examen préalable, l'idée selon laquelle le ciel est purement igné. Le *Timée* affirme pourtant que le monde entier et les corps qu'il contient se composent des quatre éléments (31 b-32 b). C'est pourquoi Plotin tentera de prouver que le ciel se compose uniquement de feu (chap. 6) et, de surcroît, que tel est en vérité l'avis de Platon (chap. 7).

Le traité 40 se clôt sur un rappel de la solution générale (chap. 8). Les vivants célestes sont permanents à cause de l'excellence de leur âme et de leur corps, alors que les vivants sublunaires périssent par suite de l'infériorité de leur âme et de leur corps.

PLOTIN

***ENNÉADE* II, 1 [40]**

SUR LE CIEL

Texte grec de l'édition de
Paul HENRY et Hans-Rudolf SCHWYZER
Editio Minor, Oxford, 1964
Scriptorum Classicorum Bibliotheca Oxoniensis

PLAN DÉTAILLÉ DU TRAITÉ

Première partie. La thèse à défendre : le ciel est incorruptible (chapitres 1 et 2).

Première section. Introduction (chapitre 1).

1. Si le monde est incorruptible à cause de la volonté de dieu (1, 1-12).
2. Si le monde est incorruptible parce qu'il contient tout (1, 12-21).
3. Rappel des difficultés inhérentes aux deux arguments précédents (1, 22-31).
4. Il faut choisir : soit tout est corruptible, soit certaines choses sont immortelles (1, 31-40).

Deuxième section. Doxographie et axiome de base (chapitre 2).

1. Platon et Héraclite affirment que les corps sont en perpétuel écoulement (2, 1-17).
2. L'axiome de base : un vivant sera immortel à cause de son âme, de son corps, ou de l'interaction des deux (2, 17-28).

Deuxième partie. Défense de la thèse : l'âme et le corps participent à l'immortalité du vivant (chapitres 3 à 5).

Première section. Au niveau du corps (chapitre 3).

1. Le corps du monde, en ne s'écoulant pas au-dehors, contribue à l'immortalité du monde (3, 1-12).
2. Le corps du ciel, en ne s'écoulant pas en-dehors du ciel, contribue à l'immortalité de la région supralunaire (3, 13-23).
3. Si rien ne s'écoule du ciel, les astres n'auront besoin d'aucune nourriture (3, 23-30).

Deuxième section. Au niveau de l'âme (chapitres 4 et 5).

1. La composition du ciel comprend-elle uniquement du feu (4, 1-13) ?
2. La puissance de l'âme peut octroyer au ciel l'immortalité (4, 14-25).
3. Plusieurs arguments démontrent que le monde n'aura pas de fin (4, 25-33).

4. L'âme des astres vient directement du Démiurge, alors que celles des vivants sublunaires viennent des dieux inférieurs (5, 1-8).
5. Les vivants sublunaires sont inférieurs tant par leurs âmes, que par leurs corps (5, 8-14).
6. Le ciel en son ensemble est immortel et ne s'étend que jusqu'à la lune (5, 14-17).
7. L'homme est associé à son corps par son âme inférieure, son âme supérieure lui apportant par la suite le bien-être et la raison (5, 18-23).

Troisième partie. La composition matérielle du ciel (chapitres 6 et 7).

Première section. Justification de la nature purement ignée du ciel (chapitre 6)

1. Timée soutient que les astres se composent de feu et de terre (6, 1-12).
2. Les astres n'ont pas besoin d'eau ni d'air dans leur constitution (6, 12-21)
3. Chaque élément existe en lui-même, indépendamment des autres (6, 21-54).
4. Il n'y a pas de terre dans le ciel (6, 54-60).

Deuxième section. Seconde version de la thèse (chapitre 7)

1. Nouvelle lecture de *Timée* 31 b, sur les éléments et leurs interrelations (7, 1-9).
2. De la terre ne se trouve pas dans le ciel, mais, à cause la communauté qui règne entre les éléments dans l'univers, le feu céleste s'approprie la solidité de la terre (7, 9-19).
3. Telle le serait également la doctrine platonicienne (7, 20-33).
4. Le feu sublunaire ne monte pas jusqu'au ciel, puisqu'il ne peut franchir la sphère de la lune (7, 33-43).
5. Le feu supralunaire emplit le ciel entier et explique les différences de grandeurs et de couleurs dans les astres (7, 43-49).

Quatrième partie. L'écoulement et la nourriture des astres (chapitre 8).

Conclusion (chapitre 8)

1. La lumière céleste ne s'écoule pas en-dehors du ciel et aucun élément sublunaire ne l'affecte (8, 1-15).
2. Le feu céleste n'a pas besoin de nourriture, ni de quoi que ce soit afin de se mouvoir en cercle (8, 15-19).
3. Les corps célestes se distinguent de ceux d'ici-bas par le fait qu'ils n'ont besoin d'aucune nourriture, que leur âme est plus puissante, et que leur corps ne s'écoule pas (8, 19-28).

REMARQUES SUR LA TRADUCTION

Notre traduction se base sur le texte grec établi par Henry-Schwyzer dans l'*editio minor* (H.-S.[2]) et sur les addenda qui se trouvent au troisième tome de cette même édition (H.-S.[3]). Nous en avons reproduit ici le texte, en y insérant directement les modifications que nous jugeons indispensables d'apporter aux leçons choisies par ces éditeurs. De telles interventions dans le texte sont très rares et ne concernent que le chapitre 7. Les passages que nous avons modifiés sont indiqués par des notes en bas de page, dans lesquelles nous précisons à chaque fois les différentes versions proposées par Henry-Schwyzer et celles qui constituent un retour au texte de l'*editio maior* (H.-S.[1]).

Cette traduction tente de rester la plus fidèle possible au texte grec. Même si nous n'avons accordé aucune force contraignante à la ponctuation moderne, qui n'est que convention d'éditeur, nous avons en revanche tenu à rendre chaque particule avec soin. La qualité du style s'en ressent certainement, mais la précision de notre traduction s'en trouve rehaussée. Nous avons également cru bon de donner au texte une certaine mise en forme, qui consiste à diviser les chapitres en paragraphes suivant l'enchaînement des idées, et il a semblé nécessaire d'insérer des tirets afin de mettre en relief les passages qui impliquent une sorte de dialogue, ou une succession de questions et de réponses.

Lors de notre travail, nous avons fréquemment consulté les traductions d'Armstrong et de Igal, qui sont à notre avis les meilleures et les plus précises à ce jour. Celle de Bréhier, même en faisant abstraction du fait qu'elle s'appuie sur un texte grec souvent fautif, donne tellement préséance à l'esprit sur la lettre, qu'on retrouve souvent avec peine l'original grec. D'où l'intérêt de présenter en ces pages une nouvelle traduction française du traité II, 1 [40].

II 1 (40)
ΠΕΡΙ ΟΥΡΑΝΟΥ

1. Τὸν κόσμον ἀεὶ λέγοντες καὶ πρόσθεν εἶναι καὶ ἔσεσθαι σῶμα ἔχοντα εἰ μὲν ἐπὶ τὴν βούλησιν τοῦ θεοῦ ἀνάγοιμεν τὴν αἰτίαν, πρῶτον μὲν ἀληθὲς μὲν ἂν ἴσως λέγοιμεν, σαφήνειαν δὲ οὐδεμίαν ἂν παρεχοίμεθα. Ἔπειτα τῶν στοιχείων ἡ μεταβολὴ καὶ τῶν ζῴων τῶν περὶ γῆν ἡ φθορὰ τὸ εἶδος σῴζουσα μήποτε οὕτω καὶ ἐπὶ τοῦ παντὸς ἀξιώσει γίγνεσθαι ὡς τῆς βουλήσεως τοῦτο δυναμένης ἀεὶ ὑπεκφεύγοντος καὶ ῥέοντος τοῦ σώματος ἐπιτιθέναι τὸ εἶδος τὸ αὐτὸ ἄλλοτε ἄλλῳ, ὡς μὴ σῴζεσθαι τὸ ἓν ἀριθμῷ εἰς τὸ ἀεί, ἀλλὰ τὸ ἓν τῷ εἴδει· ἐπεὶ διὰ τί τὰ μὲν οὕτω κατὰ τὸ εἶδος μόνον τὸ ἀεὶ ἕξει, τὰ δ' ἐν οὐρανῷ καὶ αὐτὸς ὁ οὐρανὸς κατὰ τὸ τόδε ἕξει τὸ ἀεί; Εἰ δὲ τῷ πάντα συνειληφέναι καὶ μὴ εἶναι εἰς ὃ τὴν μεταβολὴν ποιήσεται μηδέ τι ἔξωθεν ἂν προσπεσὸν φθεῖραι δύνασθαι τούτῳ δώσομεν τὴν αἰτίαν τῆς οὐ φθορᾶς, τῷ μὲν ὅλῳ καὶ παντὶ δώσομεν ἐκ τοῦ λόγου τὸ μὴ ἂν φθαρῆναι, ὁ δὲ ἥλιος ἡμῖν καὶ τῶν ἄλλων ἄστρων ἡ οὐσία τῷ μέρη καὶ μὴ ὅλον ἕκαστον εἶναι καὶ πᾶν, οὐχ ἕξει τὴν πίστιν παρὰ τοῦ λόγου, ὅτι εἰς ἅπαντα μένει τὸν χρόνον, τὸ δὲ κατ' εἶδος τὴν μονὴν αὐτοῖς εἶναι, ὥσπερ καὶ πυρὶ καὶ τοῖς τοιούτοις μόνον ἂν δόξειε παρεῖναι καὶ αὐτῷ δὲ παντὶ τῷ κόσμῳ. Οὐδὲν γὰρ κωλύει ὑπ' ἄλλου ἔξωθεν μὴ φθειρόμενον, ὑπ' αὐτοῦ, τῶν μερῶν ἄλληλα φθειρόντων, τὴν φθορὰν ἀεὶ ἔχοντα, τῷ εἴδει μόνον μένειν, καὶ ῥεούσης ἀεὶ τῆς φύσεως τοῦ ὑποκειμένου, τὸ εἶδος ἄλλου διδόντος, γίγνεσθαι τὸ αὐτὸ ἐπὶ τοῦ παντὸς ζῴου, ὅπερ καὶ ἐπὶ ἀνθρώπου καὶ ἵππου καὶ τῶν ἄλλων· ἀεὶ γὰρ ἄνθρωπος καὶ ἵππος, ἀλλ' οὐχ ὁ αὐτός. Οὐ τοίνυν ἔσται τὸ μὲν μένον αὐτοῦ ἀεί, ὥσπερ ὁ οὐρανός,

SUR LE CIEL

1. Lorsque nous disons que le monde a toujours existé dans le passé et qu'il existera toujours dans l'avenir, même s'il a un corps, si nous rapportions la cause de cette permanence à la volonté de dieu, tout d'abord nous dirions sans doute la vérité, mais nous ne fournirions aucune explication claire. Ensuite, comme la transformation des éléments et la corruption des vivants qui peuplent la terre ne préservent que leur forme, peut-être jugera-t-on qu'il en va également de cette façon pour tout, car la volonté de dieu, puisque le corps s'échappe et s'écoule toujours, ne peut que faire ceci : appliquer la même forme tantôt à une chose, tantôt à une autre. De cette manière, ce n'est pas l'unité par le nombre qui est conservée pour toujours, mais l'unité par l'espèce. Pourquoi en effet les vivants d'ici-bas auraient-ils uniquement une permanence par l'espèce, alors que les choses contenues dans le ciel et le ciel lui-même auraient une permanence individuelle ?

Mais si nous attribuons la cause de sa non-corruptibilité au fait qu'il renferme toutes choses, c'est-à-dire qu'il n'existe rien avec quoi il pourra faire un échange et qu'il n'existe rien d'extérieur qui pourra le corrompre en tombant sur lui, nous attribuerons l'incorruptibilité à l'ensemble, c'est-à-dire à l'univers, en vertu de ce raisonnement. Et notre soleil et les autres astres, étant donné qu'ils sont des parties et que chacun n'est pas l'ensemble des choses sensibles ou l'univers, rien ne garantit, d'après ce raisonnement, qu'ils persisteront pour la totalité du temps. Et il semblerait que la permanence soit à eux selon l'espèce, comme c'est le cas du feu, et que cette permanence soit seule présente en des choses de cette sorte, et également au monde entier lui-même. Car rien n'empêche que le monde, même s'il n'est pas corrompu par une autre chose qui viendrait de l'extérieur, ne le soit par lui-même, parce que ses parties se corrompent les unes les autres : subissant toujours ce type de corruption, le monde subsiste par l'espèce seulement. Et puisque son substrat s'écoule toujours et que sa forme lui vient de quelque chose d'autre, il arrivera la même chose au Vivant-Total que celle qui se produit pour l'homme, le cheval et les autres vivants : il existera toujours des hommes et des chevaux, mais ce ne seront pas les mêmes. Il n'y aura donc pas une partie de l'univers qui subsiste toujours, par exemple le ciel, alors que sur terre les choses

τὰ δὲ περὶ γῆν φθειρόμενα, ἀλλ' ὁμοίως ἅπαντα, τὴν διαφορὰν ἔχοντα μόνον τῷ χρόνῳ· ἔστω γὰρ πολυχρονιώτερα τὰ ἐν οὐρανῷ. Εἰ μὲν οὖν οὕτω συγχωρησόμεθα τὸ ἀεὶ ἐπὶ τοῦ παντὸς καὶ ἐπὶ τῶν μερῶν εἶναι, ἧττον ἂν τὸ ἄπορον τῇ δόξῃ προσείη· μᾶλλον δὲ παντάπασιν ἔξω ἀπορίας ἂν γιγνοίμεθα, εἰ τὸ τῆς βουλήσεως τοῦ θεοῦ ἱκανὸν εἶναι δεικνύοιτο κἂν οὕτω καὶ τοῦτον τὸν τρόπον συνέχειν τὸ πᾶν. Εἰ δὲ καὶ τὸ τόδε τι αὐτοῦ ὁποσονοῦν λέγοιμεν ἔχειν τὸ ἀεί, ἥ τε βούλησις δεικτέα εἰ ἱκανὴ ποιεῖν τοῦτο, τό τε ἄπορον μένει διὰ τί τὰ μὲν οὕτω, τὰ δὲ οὐχ οὕτως, ἀλλὰ τῷ εἴδει μόνον, τά τε μέρη τὰ ἐν οὐρανῷ πῶς καὶ αὐτά· ἐπειδὴ οὕτω καὶ αὐτὰ τὰ πάντα εἶναι.

2. Εἰ οὖν ταύτην παραδεχόμεθα τὴν δόξαν καί φαμεν τὸν μὲν οὐρανὸν καὶ πάντα τὰ ἐν αὐτῷ κατὰ τὸ τόδε ἔχειν τὸ ἀεί, τὰ δὲ ὑπὸ τῇ τῆς σελήνης σφαίρᾳ τὸ κατ' εἶδος, δεικτέον πῶς σῶμα ἔχων ἕξει τὸ τόδε ἐπὶ τοῦ αὐτοῦ κυρίως, ὡς τὸ καθ' ἕκαστον καὶ τὸ ὡσαύτως, τῆς φύσεως τοῦ σώματος ῥεούσης ἀεί. Τοῦτο γὰρ δοκεῖ τοῖς τε ἄλλοις τοῖς περὶ φύσεως εἰρηκόσι καὶ αὐτῷ τῷ Πλάτωνι οὐ μόνον περὶ τῶν ἄλλων σωμάτων, ἀλλὰ καὶ περὶ τῶν οὐρανίων αὐτῶν. Πῶς γὰρ ἄν, φησι, σώματα ἔχοντα καὶ ὁρώμενα τὸ ἀπαραλλάκτως ἕξει καὶ τὸ ὡσαύτως; Συγχωρῶν καὶ ἐπὶ τούτων δηλονότι τῷ Ἡρακλείτῳ, ὃς ἔφη ἀεὶ καινὸν ἥλιον γίνεσθαι. Ἀριστοτέλει μὲν γὰρ οὐδὲν ἂν πρᾶγμα εἴη, εἴ τις αὐτοῦ τὰς ὑποθέσεις τοῦ πέμπτου παραδέξαιτο σώματος. Τοῖς δὲ μὴ τοῦτο τιθεμένοις, τοῦ σώματος δὲ ἐκ τούτων ὄντος τοῦ οὐρανοῦ, ἐξ ὧνπερ καὶ τὰ τῇδε ζῷα, πῶς τὸ τόδε ἂν ἔχοι; Ἔτι δὲ μᾶλλον πῶς ἥλιος καὶ τὰ ἄλλα τὰ ἐν τῷ οὐρανῷ μόρια ὄντα; Συγκειμένου δὴ παντὸς ζῴου ἐκ ψυχῆς καὶ τῆς σώματος φύσεως ἀνάγκη τὸν οὐρανόν, εἴπερ ἀεὶ κατ' ἀριθμὸν ἔσται, ἢ δι' ἄμφω ἔσεσθαι, ἢ διὰ θάτερον τῶν ἐνόντων, οἷον ψυχὴν ἢ σῶμα. Ὁ μὲν δὴ τῷ σώματι διδοὺς τὸ ἄφθαρτον οὐδὲν ἂν εἰς τοῦτο τῆς ψυχῆς δέοιτο ἢ τοῦ ὁμοῦ ἀεὶ εἶναι πρὸς ζῴου σύστασιν· τῷ δὲ τὸ σῶμα παρ' αὐτοῦ φθαρτὸν εἶναι λέγοντι καὶ τῇ ψυχῇ διδόντι τὴν αἰτίαν πειρατέον καὶ τὴν τοῦ σώματος ἕξιν μηδ' αὐτὴν ἐναντιουμένην τῇ συστάσει καὶ τῇ διαμονῇ δεικνύναι, ὅτι μηδὲν ἀσύμφωνον ἐν τοῖς συνεστηκόσιν ἐστὶ κατὰ φύσιν, ἀλλὰ πρόσφορον καὶ τὴν ὕλην πρὸς τὸ βούλημα τοῦ ἀποτελέσαντος ὑπάρχειν προσήκει.

seraient soumises à la corruption. En fait, tout se passe de la même manière pour toutes, puisque les choses ne se distinguent que par leur durée. Admettons en effet que les êtres célestes vivent beaucoup plus longtemps.

Si donc nous sommes d'accord avec cette manière de concevoir la perpétuité de l'univers et celle de ses parties, notre opinion présentera moins de difficultés. Et surtout, nous parviendrions à nous tirer complètement d'embarras, si nous arrivions aussi à démontrer que la volonté de dieu est assez puissante pour maintenir l'univers de cette manière et de cette façon. Mais si nous disions aussi qu'une partie individuelle de l'univers, quelle que soit sa grandeur, possède la permanence, il faudrait démontrer que la volonté de dieu est assez puissante pour accomplir une telle chose, et la difficulté demeure : pourquoi certaines choses persistent-elles de cette manière, et les autres non, mais que ces dernières persistent seulement par l'espèce ? Et comment est-il possible que les parties du ciel se comportent ainsi, prises en elles-mêmes, étant donné que l'univers lui-même se comportera aussi de cette manière-là ?

2. Si donc nous acceptons cette opinion, et si nous disons que le ciel et toutes les choses qui sont en lui ont une permanence individuelle, tandis que les choses qui se trouvent sous la sphère de la lune ont une permanence selon l'espèce, il faut montrer de quelle manière le ciel, même s'il a un corps, aura véritablement une individualité propre, de telle sorte qu'il conservera sa particularité et son identité, bien que le corps s'écoule toujours. Il semble en effet à tous les auteurs qui ont parlé de la nature, et à Platon lui-même, que cela concerne non seulement les autres corps, mais aussi les corps célestes eux-mêmes. « Car comment », dit-il, « puisqu'ils ont un corps et qu'ils sont visibles, les astres posséderont-ils l'immutabilité et l'identité ? ». Il tombe aussi manifestement d'accord, en ces matières, avec Héraclite, qui disait qu'« un nouveau soleil naît sans cesse ». C'est que pour Aristote, il n'y aurait là aucune difficulté, si on approuvait les hypothèses qu'il a faites sur le cinquième corps, mais que pour ceux qui ne font pas cette hypothèse, si le corps du ciel est fait de ces éléments dont les vivants d'ici-bas sont aussi constitués, la question se pose : comment possèdera-t-il l'individualité ? Et plus encore, comment le soleil et les autres astres qui sont dans le ciel le pourront-ils, puisqu'ils en sont des parties ?

Puis donc que tout vivant est composé d'une âme et d'un corps, il faut que le ciel, s'il doit être permanent par le nombre, le soit à cause de ses deux constituants ou à cause de l'un d'entre eux : soit l'âme soit le corps. Par conséquent, celui qui donne au corps l'incorruptibilité n'aura aucun besoin d'admettre une âme à cette fin, même s'il aura besoin que l'âme et le corps soient toujours ensemble afin de constituer un être vivant. Quant à celui qui affirme que le corps est corruptible en lui-même et qui présente l'âme comme la cause de l'incorruptibilité, il doit aussi tenter de démontrer que la manière d'être du corps n'est pas elle-même opposée à sa combinaison avec l'âme et à la permanence de cette combinaison, qu'il n'y a aucun désaccord dans les choses combinées naturellement, mais qu'il faut que même la matière soit adaptée à la volonté de celui qui produit.

3. Πῶς οὖν ἡ ὕλη καὶ τὸ σῶμα τοῦ παντὸς συνεργὸν ἂν εἴη πρὸς τὴν τοῦ κόσμου ἀθανασίαν ἀεὶ ῥέον; Ἢ ὅτι, φαῖμεν ἄν, <ῥεῖ ἐν αὐτῷ·> ῥεῖ γὰρ οὐκ ἔξω. Εἰ οὖν ἐν αὐτῷ καὶ οὐκ ἀπ' αὐτοῦ, μένον τὸ αὐτὸ οὔτ' ἂν αὔξοιτο οὔτε φθίνοι· οὐ τοίνυν οὐδὲ γηράσκει. Ὁρᾶν δὲ δεῖ καὶ γῆν μένουσαν ἀεὶ ἐν σχήματι τῷ αὐτῷ ἐξ ἀιδίου καὶ ὄγκῳ, καὶ ἀὴρ οὐ μήποτε ἐπιλείπῃ οὐδὲ ἡ ὕδατος φύσις· καὶ τοίνυν ὅσον μεταβάλλει αὐτῶν οὐκ ἠλλοίωσε τὴν τοῦ ὅλου ζῴου φύσιν. Καὶ γὰρ ἡμῖν ἀεὶ μεταβαλλόντων μορίων καὶ εἰς τὸ ἔξω ἀπιόντων μένει ἕκαστος εἰς πολύ· ᾧ δὲ ἔξω μηδέν, οὐκ ἀσύμφωνος ἂν τούτων ἡ σώματος φύσις πρὸς ψυχὴν πρὸς τὸ τὸ αὐτὸ εἶναι ζῷον καὶ ἀεὶ μένον. Πῦρ δὲ ὀξὺ μὲν καὶ ταχὺ τῷ μὴ ὧδε μένειν, ὥσπερ καὶ γῆ τῷ μὴ ἄνω· γενόμενον δὲ ἐκεῖ, οὗ στῆναι δεῖ, οὔτοι δεῖν νομίζειν οὕτως ἔχειν ἐν τῷ οἰκείῳ ἱδρυμένον, ὡς μὴ καὶ αὐτὸ ὥσπερ καὶ τὰ ἄλλα στάσιν ἐπ' ἄμφω ζητεῖν. Ἀνωτέρω μὲν γὰρ οὐκ ἂν φέροιτο· οὐδὲν γὰρ ἔτι· κάτω δ' οὐ πέφυκε. Λείπεται δὲ αὐτῷ εὐαγώγῳ τε εἶναι καὶ κατὰ φυσικὴν ὁλκὴν ἑλκομένῳ ὑπὸ ψυχῆς πρὸς τὸ ζῆν εὖ μάλα ἐν καλῷ τόπῳ κινεῖσθαι ἐν τῇ ψυχῇ. Καὶ γάρ, εἴ τῳ φόβος μὴ πέσῃ, θαρρεῖν δεῖ· φθάνει γὰρ ἡ τῆς ψυχῆς περιαγωγὴ πᾶσαν νεῦσιν, ὡς κρατοῦσαν ἀνέχειν. Εἰ δὲ μηδὲ ῥοπὴν πρὸς τὸ κάτω ἔχει παρ' αὐτοῦ, οὐκ ἀντιτεῖνον μένει. Τὰ μὲν οὖν ἡμέτερα μέρη ἐν μορφῇ γενόμενα οὐ στέγοντα αὐτῶν τὴν σύστασιν ἀπαιτεῖ ἀπ' ἄλλων μόρια, ἵνα μένοι· εἰ δ' ἐκεῖθεν μὴ ἀπορρέοι, οὐδὲν δεῖ τρέφεσθαι. Εἰ δὲ ἀπορρέοι ἀποσβεννύμενον ἐκεῖθεν, πῦρ δεῖ ἕτερον ἐξάπτεσθαι καί, εἰ ἄλλου τινὸς ἔχοι καὶ ἐκεῖθεν ἀπορρέοι, δεῖ καὶ ἀντ' ἐκείνου ἄλλου. Ἀλλὰ διὰ τοῦτο οὐ μένοι ἂν τὸ πᾶν ζῷον τὸ αὐτό, εἰ καὶ οὕτως.

4. Ἀλλ' αὐτό γε ἐφ' ἑαυτοῦ, οὐχ ὡς πρὸς τὸ ζητούμενον, σκεπτέον εἴτε τι ἀπορρεῖ ἐκεῖθεν, ὥστε δεῖσθαι κἀκεῖνα τῆς λεγομένης οὐ κυρίως τροφῆς, ἢ ἅπαξ τὰ ἐκεῖ ταχθέντα κατὰ φύσιν μένοντα οὐδεμίαν πάσχει ἀπορροήν· καὶ πότερον πῦρ μόνον ἢ πλέον τὸ πῦρ καὶ ἔστι τοῖς ἄλλοις αἰωρεῖσθαι καὶ μετεωρίζεσθαι ὑπὸ τοῦ κρατοῦντος; Εἰ γάρ τις προσθείη καὶ τὴν κυριωτάτην αἰτίαν, τὴν ψυχήν, μετὰ τῶν οὕτω σωμάτων καθαρῶν καὶ πάντως ἀμεινόνων ἐπεὶ καὶ ἐν τοῖς ἄλλοις ζῴοις ἐν τοῖς κυρίοις αὐτῶν τὰ

3. — Comment donc la matière, c'est-à-dire le corps de l'univers qui s'écoule toujours, pourrait-il contribuer à l'immortalité du monde ?

— Parce que, dirions-nous, <il s'écoule en lui-même>, car il ne s'écoule pas au-dehors. Si donc il s'écoule en lui-même, et non pas hors de lui-même, demeurant le même, le monde ne croîtra pas ni ne dépérira. Par suite, il ne vieillit absolument pas. Et il faut aussi observer que la terre conserve toujours la même figure et la même masse de toute éternité, et que l'air ne fait jamais défaut, ni l'eau non plus. Et ainsi, qu'une quantité déterminée de ces éléments se transforme ne modifie pas la nature du Vivant-Entier. Et en effet, même si les parties de notre corps changent continuellement et partent vers l'extérieur, chacun de nous subsiste longtemps. Or, pour celui qui n'a aucune partie qui part vers l'extérieur, la nature de son corps ne saurait être en désaccord avec son âme pour constituer un vivant qui reste identique et subsiste toujours.

Le feu est prompt et rapide, parce qu'il ne reste pas en bas (comme l'est aussi la terre, parce qu'elle ne reste pas en haut), mais lorsqu'il est arrivé dans le ciel, là où il doit s'arrêter, il ne faut certes pas penser qu'il se comporte de cette manière parce qu'il s'est établi dans son lieu propre, puisque le feu aussi ne cherche pas, tout comme les autres éléments, le repos dans les deux directions. Il ne saurait en effet monter plus haut, car rien n'est plus haut. Quant à aller vers le bas, telle n'est pas sa nature. Et il ne lui reste qu'à être docile et à être entraîné d'une attraction naturelle par l'âme pour vivre bien, à être mû dans un beau lieu, dans l'âme. Et en effet, si quelqu'un craint que le feu tombe du ciel, il doit se rassurer, car le mouvement circulaire de l'âme empêche toute inclinaison du feu vers la terre, de telle sorte que dominant le feu, elle le retient là-haut. Et s'il n'a pas en lui-même d'impulsion vers le bas, s'il ne résiste pas, le feu y demeure.

Ainsi, les parties de notre corps, même si elles se présentent dans une forme définie, nécessitent, parce qu'elles ne conservent pas leur constitution, des parties venant d'autres êtres afin de subsister. Si toutefois les parties des astres ne s'écoulaient pas de là-haut, elles n'auraient besoin d'aucune nourriture, mais si du feu s'écoulait de là-haut en s'éteignant, il faudrait qu'un autre feu s'y allume. Et s'il contenait un autre élément et que ce dernier s'écoulait de là-haut, le feu en aurait également besoin d'un autre pour remplacer ce qui s'est écoulé. Mais pour cette raison, le Vivant-Total ne resterait pas identique, même s'il restait ce qu'il est.

4. En fait, il faut examiner la question suivante en elle-même, et non pas en fonction de l'objet de notre recherche : est-ce que quelque chose s'écoule de là-haut, de telle sorte que même les êtres célestes auront besoin de ce qui est improprement appelé de la nourriture, ou est-ce qu'une fois que ces êtres ont été placés là-haut, ils ne subissent aucun écoulement, parce qu'ils y demeurent par nature ? Il faut aussi se demander si le ciel contient seulement du feu ou si le feu y prédomine, et s'il est possible aux autres éléments d'être élevés et maintenus en l'air par ce qui domine ? Car si on faisait aussi intervenir la cause la plus importante, l'âme, avec ces corps vraiment purs et en tout point les meilleurs

ἀμείνω ἐκλέγεται ἡ φύσις – πάγιον ἂν τὴν δόξαν περὶ τοῦ οὐρανοῦ τῆς ἀθανασίας λάβοι. Ὀρθῶς γὰρ καὶ Ἀριστοτέλης τὴν φλόγα ζέσιν τινὰ καὶ πῦρ οἷον διὰ κόρον ὑβρίζον· τὸ δὲ ἐκεῖ ὁμαλὸν καὶ ἠρεμαῖον καὶ τῇ τῶν ἄστρων πρόσφορον φύσει. Τὸ δὲ δὴ μέγιστον, τὴν ψυχὴν ἐφεξῆς τοῖς ἀρίστοις κειμένην δυνάμει θαυμαστῇ κινουμένην, πῶς ἐκφεύξεταί τι αὐτὴν εἰς τὸ μὴ εἶναι τῶν ἅπαξ ἐν αὐτῇ τεθέντων; Μὴ παντὸς δὲ δεσμοῦ οἴεσθαι κρείττονα εἶναι ἐκ θεοῦ ὡρμημένην, ἀνθρώπων ἀπείρων ἐστὶν αἰτίας τῆς συνεχούσης τὰ πάντα. Ἄτοπον γὰρ τὴν καὶ ὁποσονοῦν χρόνον δυνηθεῖσαν συνέχειν μὴ καὶ ἀεὶ ποιεῖν τοῦτο, ὥσπερ βίᾳ τοῦ συνέχειν γεγονότος καὶ τοῦ κατὰ φύσιν ἄλλου ἢ τούτου ὄντος, ὃ ἐν τῇ τοῦ παντός ἐστι φύσει καὶ ἐν τοῖς καλῶς τεθεῖσιν, ἢ ὄντος τινὸς τοῦ βιασομένου καὶ διαλύσοντος τὴν σύστασιν καὶ οἷον βασιλείας τινὸς καὶ ἀρχῆς καταλύσοντος τὴν ψυχῆς φύσιν. Τό τε μήποτε ἄρξασθαι – ἄτοπον γὰρ καὶ ἤδη εἴρηται – πίστιν καὶ περὶ τοῦ μέλλοντος ἔχει. Διὰ τί γὰρ ἔσται, ὅτε καὶ οὐκ ἤδη; Οὐ γὰρ ἐκτέτριπται τὰ στοιχεῖα, ὥσπερ ξύλα καὶ τὰ τοιαῦτα· μενόντων δ' ἀεὶ καὶ τὸ πᾶν μένει. Καὶ εἰ μεταβάλλει ἀεί, τὸ πᾶν μένει· μένει γὰρ καὶ ἡ τῆς μεταβολῆς αἰτία. Ἡ δὲ μετάνοια τῆς ψυχῆς ὅτι κενόν ἐστι δέδεικται, ὅτι ἄπονος καὶ ἀβλαβὴς ἡ διοίκησις· καὶ εἰ πᾶν οἷόν τε σῶμα ἀπολέσθαι, οὐδὲν ἂν ἀλλοιότερον αὐτῇ γίγνοιτο.

5. Πῶς οὖν τὰ ἐκεῖ μέρη μένει, τὰ δ' ἐνταῦθα στοιχεῖα τε καὶ ζῷα οὐ μένει; Ἤ, φησὶν ὁ Πλάτων, τὰ μὲν παρὰ θεοῦ γεγένηται, τὰ δ' ἐνταῦθα ζῷα παρὰ τῶν γενομένων παρ' αὐτοῦ θεῶν· γενόμενα δὲ παρ' ἐκείνου οὐ θεμιτὸν φθείρεσθαι. Τοῦτο δὲ ταὐτὸν τῷ ἐφεξῆς μὲν τῷ δημιουργῷ εἶναι τὴν ψυχὴν τὴν οὐρανίαν, καὶ τὰς ἡμετέρας δέ· ἀπὸ δὲ τῆς οὐρανίας ἴνδαλμα αὐτῆς ἰὸν καὶ οἷον ἀπορρέον ἀπὸ τῶν ἄνω τὰ ἐπὶ γῆς ζῷα ποιεῖν. Ψυχῆς οὖν μιμουμένης τοιαύτης τὴν ἐκεῖ, ἀδυνατούσης δὲ τῷ καὶ χείροσι σώμασι χρῆσθαι πρὸς τὴν ποίησιν καὶ ἐν τόπῳ χείρονι καὶ τῶν εἰς τὴν σύστασιν ληφθέντων οὐκ ἐθελόντων μένειν, τά τε ζῷα ἐνταῦθα οὐκ ἀεὶ δύναται μένειν, τά τε σώματα οὐχ ὁμοίως κρατοῖτο ἄν, ὡς ἂν ἄλλης ψυχῆς αὐτῶν προσεχῶς ἀρχούσης. Τὸν δὲ ὅλον οὐρανὸν εἴπερ ἔδει μένειν, καὶ τὰ

– puisque chez les autres vivants aussi la nature choisit les corps les meilleurs pour les placer dans leurs parties les plus importantes – on parviendrait à une ferme conviction quant à l'immortalité du ciel. Aristote aussi dit en effet, avec justesse, que la flamme est une sorte d'ébullition, c'est-à-dire qu'elle est un feu qui fait rage avec violence, comme par excès. Or, le feu céleste est constant, modéré et adapté à la nature des astres.

Mais l'argument le plus important est certainement le suivant : puisque l'âme qui se trouve immédiatement à la suite des réalités les plus éminentes est dotée d'une puissance merveilleuse, comment serait-il possible qu'une fois qu'elle y a été placée l'une des choses qui ont été placées en elle lui échappe pour s'évanouir dans le non-être ? Ne pas croire que l'âme qui jaillit de dieu est plus forte que tout lien, c'est le fait d'hommes ignorants de la cause qui retient toutes les choses ensemble. Il est en effet absurde de penser que cette âme, si elle est capable de les retenir ne serait-ce qu'un certain temps, ne puisse aussi le faire à tout jamais : comme si retenir toutes choses impliquait de la violence, et comme si leur disposition naturelle était autre que celle-ci, qui est conforme à la nature de l'univers et à l'exigence des choses bellement disposées, ou comme s'il existait un être qui allait user de violence, dissoudre cette composition et, comme on le fait d'un royaume et d'un empire, renverser l'âme !

Le fait que le monde n'ait jamais commencé – car le contraire est absurde, et on l'a déjà dit – donne aussi foi en son avenir. Pourquoi y aurait-il en effet un moment à partir duquel il n'existerait plus ? Car les éléments ne se détériorent pas comme des morceaux de bois et des choses de cette sorte, mais, puisque les éléments subsistent toujours, l'univers subsiste lui aussi. Même s'il se transforme continuellement, l'univers subsiste, car la cause de sa transformation subsiste également. Et quant à la possibilité que l'âme change d'idée, on a démontré que cette conception est vide de sens, parce que le gouvernement de l'âme s'exerce sans fatigue et sans dommage. Même s'il arrivait que tout corps périsse, aucune altération ne pourrait advenir à l'âme.

5. — Comment se fait-il donc que les parties du ciel subsistent, tandis que les éléments et les vivants d'ici-bas ne subsistent pas ?

— Platon affirme que les vivants célestes furent engendrés par le dieu, alors que les vivants d'ici-bas furent engendrés par les dieux issus de lui. Or, il n'est pas permis aux êtres qui sont engendrés par ce dieu-là d'être corrompus.

Cela revient à dire que l'âme céleste et les nôtres également viennent immédiatement à la suite du Démiurge, alors que de l'âme céleste vient une image de celle-ci qui, après s'être éloignée et s'être comme écoulée des êtres d'en haut, produit les vivants qui peuplent la terre. Puis donc qu'une telle âme cherche à imiter l'âme céleste, mais qu'elle en est incapable – parce qu'elle utilise des corps de qualité inférieure pour accomplir son œuvre, qu'elle est dans un lieu inférieur, et que les matériaux dont elle se sert dans son travail de composition ne désirent pas subsister – les vivants d'ici-bas ne peuvent subsister toujours, et leurs corps ne sauraient être dominés de la même manière, parce qu'une autre âme les commande directement. Et si le ciel en son entier doit subsister,

μόρια αὐτοῦ, τὰ ἄστρα τὰ ἐν αὐτῷ, ἔδει· ἢ πῶς ἂν ἔμεινε μὴ ὁμοίως καὶ τούτων μενόντων; Τὰ γὰρ ὑπὸ τὸν οὐρανὸν οὐκέτι οὐρανοῦ μέρη· ἢ οὐ μέχρι σελήνης ὁ οὐρανός. Ἡμεῖς δὲ πλασθέντες ὑπὸ τῆς διδομένης παρὰ τῶν ἐν οὐρανῷ θεῶν ψυχῆς καὶ αὐτοῦ τοῦ οὐρανοῦ κατ' ἐκείνην καὶ σύνεσμεν τοῖς σώμασιν· ἡ γὰρ ἄλλη ψυχή, καθ' ἣν ἡμεῖς, τοῦ εὖ εἶναι, οὐ τοῦ εἶναι αἰτία. Ἤδη γοῦν τοῦ σώματος ἔρχεται γενομένου μικρὰ ἐκ λογισμοῦ πρὸς τὸ εἶναι συλλαμβανομένη.

6. Ἀλλὰ πότερον πῦρ μόνον καὶ εἰ ἀπορρεῖ ἐκεῖθεν καὶ δεῖται τροφῆς νῦν σκεπτέον. Τῷ μὲν οὖν Τιμαίῳ τὸ τοῦ παντὸς σῶμα πεποιηκότι πρῶτον ἐκ γῆς καὶ πυρός, ἵνα ὁρατόν τε ᾖ διὰ τὸ πῦρ, στερρὸν δὲ διὰ τὴν γῆν, ἀκολουθεῖν ἔδοξε καὶ τὰ ἄστρα ποιεῖν οὐ πᾶν, ἀλλὰ τὸ πλεῖστον πυρὸς ἔχειν, ἐπειδὴ τὰ ἄστρα τὸ στερεὸν φαίνεται ἔχοντα. Καὶ ἴσως ὀρθῶς ἂν ἔχοι συνεπικρίναντος καὶ Πλάτωνος τῷ εἰκότι τὴν γνώμην ταύτην. Παρὰ μὲν γὰρ τῆς αἰσθήσεως κατά τε τὴν ὄψιν κατά τε τὴν τῆς ἁφῆς ἀντίληψιν πυρὸς ἔχειν τὸ πλεῖστον ἢ τὸ πᾶν φαίνεται, διὰ δὲ τοῦ λόγου ἐπισκοποῦσιν, εἰ τὸ στερεὸν ἄνευ γῆς οὐκ ἂν γένοιτο, καὶ γῆς ἂν ἔχοι. Ὕδατος δὲ καὶ ἀέρος τί ἂν δέοιτο; Ἄτοπόν τε γὰρ δόξει ὕδατος εἶναι ἐν τοσούτῳ πυρί, ὅ τε ἀὴρ εἰ ἐνείη μεταβάλλοι ἂν εἰς πυρὸς φύσιν. Ἀλλ' εἰ δύο στερεὰ ἄκρων λόγον ἔχοντα δύο μέσων δεῖται, ἀπορήσειεν ἄν τις, εἰ καὶ ἐν φυσικοῖς οὕτως· ἐπεὶ καὶ γῆν ἄν τις ὕδατι μίξειεν οὐδενὸς δεηθεὶς μέσου. Εἰ δὲ λέγοιμεν· ἐνυπάρχει γὰρ ἤδη ἐν τῇ γῇ καὶ τῷ ὕδατι καὶ τὰ ἄλλα, δόξομεν ἴσως τι λέγειν· εἴποι δ' ἄν τις· ἀλλ' οὐ πρὸς τὸ συνδῆσαι συνιόντα τὰ δύο. Ἀλλ' ὅμως ἐροῦμεν ἤδη συνδεῖσθαι τῷ ἔχειν ἑκάτερον πάντα. Ἀλλ' ἐπισκεπτέον, εἰ ἄνευ πυρὸς οὐχ ὁρατὸν γῆ, καὶ ἄνευ γῆς οὐ στερεὸν πῦρ· εἰ γὰρ τοῦτο, τάχ' ἂν οὐδὲν ἔχοι ἐφ' ἑαυτοῦ τὴν αὐτοῦ οὐσίαν, ἀλλὰ πάντα μὲν μέμικται, λέγεται δὲ κατὰ τὸ ἐπικρατοῦν ἕκαστον. Ἐπεὶ οὐδὲ τὴν γῆν ἄνευ ὑγροῦ φασι συστῆναι δύνασθαι· κόλλαν γὰρ εἶναι τῇ γῇ τὴν ὕδατος ὑγρότητα. Ἀλλ' εἰ καὶ δώσομεν οὕτως, ἀλλὰ ἕκαστόν γε ἄτοπον λέγοντα εἶναί τι ἐφ' ἑαυτοῦ μὲν μὴ διδόναι σύστασιν αὐτῷ, μετὰ δὲ τῶν ἄλλων ὁμοῦ,

ses parties, les astres qui sont en lui, le doivent elles aussi.

— Comment le ciel peut-il subsister d'une autre manière que les vivants sublunaires ?

— C'est que les êtres qui se trouvent sous le ciel ne sont plus des parties du ciel, sinon le ciel ne s'étendrait pas seulement jusqu'à la lune.

Et nous, parce que nous avons été façonnés par l'âme que nous ont donnée les dieux célestes et le ciel lui-même, c'est aussi par cette âme que nous sommes associés à nos corps. L'autre âme, en effet, celle par laquelle nous sommes nous-mêmes, est la cause de notre bien-être, et non pas de notre être. C'est du moins lorsque notre corps est déjà engendré que cette âme arrive en apportant une parcelle de raison à notre existence.

6. Eh bien, il faut maintenant vérifier si le ciel contient seulement du feu, si quelque chose s'en écoule, et s'il a besoin de nourriture.

Ainsi, à Timée qui a d'abord fabriqué le corps de l'univers avec de la terre et du feu, afin qu'il soit visible à cause du feu, et solide à cause de la terre, il apparut cohérent de faire les astres de feu non pas en leur totalité, mais dans leur plus grande partie, puisque les astres semblent manifestement posséder la solidité. Et sans doute a-t-il raison, puisque Platon juge lui aussi cette théorie vraisemblable. D'après la sensation, en effet, qu'il s'agisse de la vue ou de l'impression du toucher, les astres semblent se composer de feu dans leur plus grande partie ou en totalité. Toutefois, pour ceux qui examinent la chose au moyen de la raison, s'il est vrai que « la solidité n'existerait pas sans qu'il y ait de la terre », les astres devraient aussi contenir de la terre.

— Mais pourquoi les astres auraient-ils besoin de contenir de l'eau et de l'air ? Il semblera en effet absurde qu'il y ait de l'eau dans une telle quantité de feu. Et l'air, s'il se trouvait dans un tel feu, se transformerait en feu.

En fait, si deux nombres solides, lorsqu'ils présentent le rapport qui existe entre des extrêmes, nécessitent deux moyens termes, on pourrait se demander s'il en va bien ainsi dans les corps physiques, puisqu'on mélangera même de la terre avec de l'eau sans avoir besoin d'aucun moyen terme. Mais si nous disions : « c'est que les autres éléments sont eux aussi déjà contenus dans la terre et dans l'eau », nous semblerions sans doute dire quelque chose de pertinent. On répondrait toutefois : « Allons donc ! ils ne sont pas là en vue de lier les deux éléments qui s'unissent ». Mais nous dirons néanmoins qu'ils sont déjà liés, parce que chaque élément contient tous les autres.

Il faut toutefois chercher à savoir s'il est vrai que la terre n'est pas quelque chose de visible sans feu, et s'il est vrai que le feu n'est pas quelque chose de solide sans terre. Si c'était le cas, en effet, peut-être qu'aucun élément ne possèderait en lui-même sa propre substance, mais que tous seraient mélangés et que chacun recevrait sa dénomination en fonction de l'élément qui domine. On dit en effet que « la terre, sans quelque chose d'humide, ne peut même pas avoir de consistance », car l'humidité de l'eau est une colle pour la terre. En fait, même si nous accordons qu'il en va bien ainsi, il est pourtant absurde, si l'on dit que chacun est quelque chose par lui-même, de ne pas lui donner une constitution

οὐδενὸς ἑκάστου ὄντος. Πῶς γὰρ ἂν εἴη γῆς φύσις καὶ τὸ τί ἦν εἶναι γῇ μηδενὸς ὄντος μορίου γῆς ὃ γῆ ἐστιν, εἰ μὴ καὶ ὕδωρ ἐνείη εἰς κόλλησιν; Τί δ' ἂν κολλήσειε μὴ ὄντος ὅλως μεγέθους, ὃ πρὸς ἄλλο μόριον συνεχὲς συνάψει; Εἰ γὰρ καὶ ὁτιοῦν μέγεθος γῆς αὐτῆς ἔσται, ἔσται γῆν φύσει καὶ ἄνευ ὕδατος εἶναι· ἤ, εἰ μὴ τοῦτο, οὐδὲν ἔσται, ὃ κολλήσεται ὑπὸ τοῦ ὕδατος. Ἀέρος δὲ τί ἂν δέοιτο γῆς ὄγκος πρὸς τὸ εἶναι ἔτι ἀέρος μένοντος πρὶν μεταβάλλειν; Περὶ δὲ πυρὸς εἰς μὲν τὸ γῆ εἶναι οὐκ εἴρηται, εἰς δὲ τὸ ὁρατὴ εἶναι καὶ αὐτὴ καὶ τὰ ἄλλα· εὔλογον μὲν γὰρ συγχωρεῖν παρὰ φωτὸς τὸ ὁρᾶσθαι γίνεσθαι. Οὐ γὰρ δὴ τὸ σκότος ὁρᾶσθαι, ἀλλὰ μὴ ὁρᾶσθαι φατέον, ὥσπερ τὴν ἀψοφίαν μὴ ἀκούεσθαι. Ἀλλὰ πῦρ γε ἐν αὐτῇ οὐκ ἀνάγκη παρεῖναι· φῶς γὰρ ἀρκεῖ. Χιὼν γοῦν καὶ τὰ ψυχρότατα πολλὰ λαμπρὰ πυρὸς ἄνευ. Ἀλλ' ἐνεγένετο, φήσει τις, καὶ ἔχρωσε πρὶν ἀπελθεῖν. Καὶ περὶ ὕδατος δὲ ἀπορητέον, εἰ μὴ ἔστιν ὕδωρ, εἰ μὴ γῆς λάβοι. Ἀὴρ δὲ πῶς ἂν λέγοιτο μετέχειν γῆς εὔθρυπτος ὤν; Περὶ δὲ πυρός, εἰ γῆς δεῖ αὐτῷ τὸ συνεχὲς παρ' αὐτοῦ οὐκ ἔχοντι οὐδὲ τὸ διαστατὸν τριχῇ. Ἡ δὲ στερεότης αὐτῷ, οὐ κατὰ τὴν διάστασιν τὴν τριχῇ, ἀλλὰ κατὰ τὴν ἀντέρεισιν δηλονότι, διὰ τί οὐκ ἔσται ᾗ φυσικὸν σῶμα; Σκληρότης δὲ γῇ μόνῃ. Ἐπεὶ καὶ τὸ πυκνὸν τῷ χρυσῷ ὕδατι ὄντι προσγίνεται οὐ γῆς προσγενομένης, ἀλλὰ πυκνότητος ἢ πήξεως. Καὶ πῦρ δὲ ἐφ' αὑτοῦ διὰ τί ψυχῆς παρούσης οὐ συστήσεται πρὸς τὴν δύναμιν αὐτῆς; Καὶ ζῷα δὲ πύρινά ἐστι δαιμόνων. Ἀλλὰ κινήσομεν τὸ πᾶν ζῷον ἐκ πάντων τὴν σύστασιν ἔχειν. Ἢ τὰ ἐπὶ γῆς τις ἐρεῖ, γῆν δὲ εἰς τὸν οὐρανὸν αἴρειν παρὰ φύσιν εἶναι καὶ ἐναντίον τοῖς ὑπ' αὐτῆς τεταγμένοις· συμπεριάγειν δὲ τὴν ταχίστην φορὰν γεηρὰ σώματα οὐ πιθανὸν εἶναι ἐμπόδιόν τε καὶ πρὸς τὸ φανὸν καὶ λευκὸν τοῦ ἐκεῖ πυρός.

7. Ἴσως οὖν βέλτιον χρὴ ἀκούειν τοῦ Πλάτωνος λέγοντος ἐν μὲν τῷ παντὶ κόσμῳ δεῖν εἶναι τὸ τοιοῦτον στερεόν, τὸ ἀντίτυπον ὄν, ἵνα τε ἡ γῆ ἐν μέσῳ ἱδρυμένη ἐπιβάθρα καὶ τοῖς ἐπ' αὐτῆς βεβηκόσιν ἑδραία ᾖ, τά τε ζῷα τὰ ἐπ' αὐτῆς ἐξ ἀνάγκης τὸ τοιοῦτον στερεὸν ἔχῃ, ἡ δὲ γῆ τὸ μὲν εἶναι συνεχὴς καὶ παρ' αὐτῆς

propre, mais de ne lui donner une constitution que mélangé avec les autres éléments, bien que chacun pris à part ne soit rien. Comment y aurait-il en effet une nature de la terre, c'est-à-dire une quiddité de la terre, puisque aucune particule de terre ne serait de la terre, si l'eau n'était pas aussi présente pour la coller ? Mais que collera l'eau, s'il n'y a dans la terre absolument aucune grandeur, qui reliera une partie à une autre en un tout continu ? S'il existe en effet une quelconque grandeur de la terre prise en elle-même, il sera possible que la terre, par nature, existe même sans l'eau. Ou bien, si ce n'est pas le cas, il n'y aura rien qui sera collé par l'eau.

Pourquoi une masse de terre aurait-elle besoin d'air pour exister, d'air qui reste encore de l'air avant de se transformer ?

Le feu, on a dit qu'il contribuait non pas à l'existence de la terre, mais au fait qu'elle soit visible, elle, tout comme les autres éléments. Il est en effet raisonnable d'admettre qu'une chose devienne visible grâce à la lumière. C'est qu'il faut évidemment soutenir non pas que l'obscurité est vue, mais qu'elle n'est pas vue, tout comme l'absence de tout bruit n'est pas entendu. En fait, il n'est pas nécessaire que le feu soit présent dans la terre, car la lumière suffit. La neige, à tout le moins, et de nombreux objets très froids sont brillants sans le feu. Mais le feu est venu en eux, dira-t-on, et il leur a donné son éclat avant de s'en aller.

Et l'eau, il faut aussi se demander si elle n'est pas de l'eau à moins qu'elle ne contienne de la terre.

L'air, comment pourrait-on dire qu'il contient de la terre, puisqu'il est inconsistant ?

Le feu, s'il lui faut de la terre, c'est parce qu'il ne possède pas par lui-même la continuité, ni d'étendue en trois dimensions. Et pourquoi la solidité qui lui appartient – non pas l'extension dans les trois dimensions, mais évidemment la résistance – n'existerait-elle pas en tant qu'il est un corps physique ? Et la dureté n'appartient qu'à la terre, puisque la densité survient aussi dans l'or, qui est de l'eau, sans que de la terre s'ajoute, mais par densification ou coagulation. Et pourquoi le feu, puisque l'âme lui est présente, n'aurait-il pas lui aussi sa constitution propre grâce à la puissance de l'âme ? Et il existe également des vivants ignés parmi les démons.

— Allons donc ! nous remettrons en cause l'opinion selon laquelle le Vivant-Total se compose de tous les éléments.

— On le dira des vivants qui sont sur la terre, mais élever la terre jusqu'au ciel est contre nature et contraire à l'ordre qu'elle a établi. Et que la translation la plus rapide entraîne dans sa révolution des corps terreux n'est pas vraisemblable, et ces corps feraient également obstacle à la luminosité et à l'éclat du feu céleste.

7. Sans doute faudrait-il donc écouter Platon avec plus d'attention lorsqu'il affirme que dans le monde entier doit se trouver ce genre de solidité qu'est la résistance : c'est afin que la terre, qui se situe au milieu, soit aussi un support ferme pour ceux qui séjournent sur elle, et afin que les vivants à sa surface aient aussi une solidité du même genre. Et la terre, c'est aussi par elle-même qu'elle possèdera la continuité, alors qu'elle sera illuminée par le feu. Et elle

ἔχοι, ἐπιλάμποιτο δὲ ὑπὸ πυρός, μετέχειν[1] δὲ ὕδατος πρὸς τὸ μὴ αὐχμηρόν ἔχειν τε καὶ[2] μερῶν πρὸς μέρη μὴ κωλύεσθαι συναγωγήν· ἀέρα δὲ κουφίζειν γῆς ὄγκους· μεμίχθαι δὲ τῷ ἄνω πυρὶ οὐκ ἐν τῇ συστάσει τῶν ἄστρων τὴν γῆν, ἀλλ' ἐν κόσμῳ γενομένου ἑκάστου καὶ τὸ πῦρ ἀπολαῦσαί τι τῆς γῆς, ὥσπερ καὶ τὴν γῆν τοῦ πυρὸς καὶ ἕκαστον ἑκάστων, οὐχ ὡς τὸ ἀπολαῦσαν γενέσθαι ἐξ ἀμφοῖν, ἑαυτοῦ τε καὶ οὗ μετέσχεν, ἀλλὰ κατὰ τὴν ἐν κόσμῳ κοινωνίαν ὃν ὅ ἐστι λαβεῖν οὐκ αὐτὸ ἀλλά τι αὐτοῦ, οἷον οὐκ ἀέρα, ἀλλ' ἀέρος τὴν ἁπαλότητα καὶ τὴν γῆν πυρὸς τὴν λαμπρότητα· τὴν δὲ μίξιν πάντα διδόναι καὶ τὸ συναμφότερον τότε ποιεῖν, οὐ γῆν μόνον καὶ τὴν πυρὸς φύσιν, τὴν στερεότητα ταύτην καὶ τὴν πυκνότητα[3]. Μαρτυρεῖ δὲ καὶ αὐτὸς τούτοις εἰπών· φῶς ἀνῆψεν ὁ θεὸς περὶ τὴν δευτέραν ἀπὸ γῆς περιφοράν, τὸν ἥλιον λέγων, καὶ λαμπρότατόν που λέγει ἀλλαχοῦ τὸν ἥλιον, τὸν αὐτὸν δὲ λευκότατον, ἀπάγων ἡμᾶς τοῦ ἄλλο τι νομίζειν ἢ πυρὸς εἶναι, πυρὸς δὲ οὐδετέρων[4] τῶν εἰδῶν αὐτοῦ τῶν ἄλλων, ἀλλὰ τὸ φῶς ὅ φησιν ἕτερον φλογὸς εἶναι, θερμὸν δὲ προσηνῶς μόνον· τοῦτο δὲ τὸ φῶς σῶμα εἶναι, ἀποστίλβειν δὲ ἀπ' αὐτοῦ τὸ ὁμώνυμον αὐτῷ φῶς, ὃ δή φαμεν καὶ ἀσώματον εἶναι· τοῦτο δὲ ἀπ' ἐκείνου τοῦ φωτὸς παρέχεσθαι, ἐκλάμπον ἐξ ἐκείνου ὥσπερ ἄνθος ἐκείνου καὶ στιλπνότητα, ὃ δὴ καὶ εἶναι τὸ ὄντως λευκὸν σῶμα. Ἡμεῖς δὲ τὸ γεηρὸν πρὸς τὸ χεῖρον λαμβάνοντες, τοῦ Πλάτωνος κατὰ τὴν στερεότητα λαβόντος τὴν γῆν, ἕν τι γοῦν δὴ ὀνομάζομεν ἡμεῖς διαφορὰς γῆς ἐκείνου τιθεμένου. Τοῦ δὴ τοιούτου πυρὸς τοῦ φῶς παρέχοντος τὸ καθαρώτατον ἐν τῷ ἄνω τόπῳ κειμένου καὶ κατὰ φύσιν ἐκεῖ ἱδρυμένου, ταύτην τὴν φλόγα οὐκ ἐπιμίγνυσθαι τοῖς ἐκεῖ ὑποληπτέον, ἀλλὰ φθάνουσαν μέχρι τινὸς ἀποσβέννυσθαι ἐντυχοῦσαν πλείονι ἀέρι ἀνελθοῦσάν τε μετὰ γῆς ῥίπτεσθαι κάτω οὐ δυναμένην ὑπερβαίνειν πρὸς τὸ ἄνω, κάτω δὲ τῆς σελήνης ἵστασθαι, ὥστε καὶ λεπτότερον ποιεῖν τὸν ἐκεῖ ἀέρα καὶ φλόγα, εἰ μένοι, μαραινομένην εἰς τὸ πραότερον γίνεσθαι καὶ τὸ λαμπρὸν μὴ ἔχειν ὅσον εἰς τὴν ζέσιν, ἀλλ' ἢ ὅσον παρὰ

1. μετέχειν H.-S. [1-2] : ἔχοι H.-S. [3]

2. αὐχμηρόν ἔχειν τε καὶ : αὐχμηρόν – ἔχει δέ – καὶ H.-S.[1] : αὐχμηρόν – ἔχειν δέ – καὶ H.-S. [2] : αὐχμηρόν [ἔχοι δὲ] καὶ H.-S. [3]

3. πυκνότητα H.-S. [1-2] : πυρότητα H.-S. [3]

4. οὐδετέρων H.-S.[1-2] : οὐδέτερον H.-S.[3]

contient de l'eau afin de ne pas posséder la sécheresse et de ne pas empêcher le rapprochement mutuel de ses parties. Quant à l'air, il allège les masses de terre.

La terre ne se mélange toutefois pas au feu céleste dans la constitution des astres, mais, puisque c'est dans le monde que chaque élément est engendré, le feu aussi tire quelque profit de la terre, comme la terre profite elle aussi du feu, et chaque élément de chacun des autres. Ce n'est pas que ce qui profite d'un autre résulte de deux éléments, de lui-même et de l'élément dont il participe, mais en vertu de la communauté qui règne dans le monde, tout en restant ce qu'il est, il ne s'approprie pas l'élément lui-même, mais quelque chose de lui. Par exemple, un élément ne s'adjoindra pas l'air, mais la subtilité de l'air, et la terre s'appropriera la luminosité du feu. Et le mélange donne toutes les propriétés, et il produit alors un composé, mêlant non seulement la terre avec le feu, mais mêlant aussi la solidité et la densité de la terre avec le feu.

Platon lui-même témoigne en faveur de ces considérations lorsqu'il dit que « le dieu alluma une lumière dans la deuxième orbite à partir de la terre », pour parler du soleil, et il ajoute quelque part ailleurs que « le soleil est très lumineux », ce qui est la même chose qu'être très brillant, afin de nous empêcher de croire qu'il se compose d'un autre élément que le feu. Ce feu, cependant, ne correspond à aucune des deux autres espèces de feu, mais c'est la lumière dont il dit qu'elle est différente d'une flamme et qu'elle est chaude seulement avec douceur. Et cette lumière est un corps, et hors d'elle brille une lumière qui est son homonyme, et dont nous disons aussi qu'elle est bien sûr incorporelle. Et celle-ci est fournie par cette lumière-là, émanant d'elle comme la fleur et l'éclat de ce qui est certes le corps réellement brillant. Mais nous, en interprétant le mot « terrestre » en un sens vulgaire, même si Platon a accordé au mot « terre » le sens de « solidité », nous désignons indéniablement un seul et même type de terre, même si Platon a posé des variétés de terre.

Par suite, puisqu'un tel feu, celui qui produit la lumière la plus pure, se trouve dans la région supérieure et qu'il s'établit par nature là-bas, il faut présumer que la flamme terrestre ne se mêle pas aux réalités célestes, mais, lorsqu'elle atteint une certaine hauteur, elle s'éteint, parce qu'elle rencontre une plus grande quantité d'air. Et puisqu'elle s'est élevée en emportant avec elle de la terre, elle est repoussée vers le bas, étant incapable de franchir la frontière de la région supérieure. Mais elle s'arrête sous la lune, de telle sorte que l'air de là-haut la rend aussi plus subtile. Et la flamme, si elle persiste, s'affaiblit jusqu'au point de devenir plus modérée et de ne plus posséder de luminosité à tel point qu'elle bouillonne, mais en autant qu'elle est illuminée par la lumière céleste. Et cette

τοῦ φωτὸς τοῦ ἄνω ἐναυγάζεσθαι· τὸ δὲ φῶς ἐκεῖ, τὸ μὲν ποικιλθὲν ἐν λόγοις τοῖς ἄστροις, ὥσπερ ἐν τοῖς μεγέθεσιν, οὕτω καὶ ἐν ταῖς χρόαις τὴν διαφορὰν ἐργάσασθαι, τὸν δ' ἄλλον οὐρανὸν εἶναι καὶ αὐτὸν τοιούτου φωτός, μὴ ὁρᾶσθαι δὲ λεπτότητι τοῦ σώματος καὶ διαφανείᾳ οὐκ ἀντιτύπῳ, ὥσπερ καὶ τὸν καθαρὸν ἀέρα· πρόσεστι δὲ τούτοις καὶ τὸ πόρρω.

8. Τούτου δὴ μείναντος ἄνω τοῦ τοιούτου φωτὸς ἐν ᾧ τέτακται καθαροῦ ἐν καθαρωτάτῳ, τίς ἂν τρόπος ἀπορροῆς ἀπ' αὐτοῦ ἂν γένοιτο; Οὐ γὰρ δὴ πρὸς τὸ κάτω πέφυκεν ἀπορρεῖν ἡ τοιαύτη φύσις, οὐδ' αὖ τί ἐστιν ἐκεῖ τῶν βιαζομένων ὠθεῖν πρὸς τὸ κάτω. Πᾶν δὲ σῶμα μετὰ ψυχῆς ἄλλο καὶ οὐ ταὐτόν, οἷον μόνον ἦν· τοιοῦτον δὲ τὸ ἐκεῖ, οὐχ οἷον τὸ μόνον. Τό τε γειτονοῦν εἴτε ἀὴρ εἴτε πῦρ εἴη, ἀὴρ μὲν τί ἂν ποιήσειε; Πυρὸς δὲ οὐδ' ἂν ἓν ἁρμόσειε πρὸς τὸ ποιῆσαι, οὐδ' ἂν ἐφάψαιτο εἰς τὸ δρᾶσαι· τῇ ῥύμῃ τε γὰρ παραλλάξειεν ἂν πρὶν παθεῖν ἐκεῖνο, ἔλαττόν τε τοῦτο ἰσχύον τε οὐκ ἴσα τοῖς ἐνθάδε. Εἶτα καὶ τὸ ποιῆσαι θερμῆναί ἐστι· δεῖ τε τὸ θερμανθησόμενον μὴ θερμὸν παρ' αὐτοῦ εἶναι. Εἰ δέ τι φθαρήσεται παρὰ πυρός, θερμανθῆναι δεῖ πρότερον αὐτὸ καὶ παρὰ φύσιν αὐτὸ ἐν τῷ θερμαίνεσθαι γίνεσθαι. Οὐδὲν δεῖ τοίνυν ἄλλου σώματος τῷ οὐρανῷ, ἵνα μένῃ, οὐδ' αὖ, ἵνα κατὰ φύσιν ἡ περιφορά· οὐ γάρ πω δέδεικται οὐδὲ ἐπ' εὐθείας οὖσα ἡ κατὰ φύσιν αὐτῷ φορά· ἢ γὰρ μένειν ἢ περιφέρεσθαι κατὰ φύσιν αὐτοῖς· αἱ δ' ἄλλαι βιασθέντων. Οὐ τοίνυν οὐδὲ τροφῆς δεῖσθαι φατέον τὰ ἐκεῖ, οὐδὲ ἀπὸ τῶν τῇδε περὶ ἐκείνων ἀποφαντέον οὔτε ψυχὴν τὴν αὐτὴν τὴν συνέχουσαν ἐχόντων οὔτε τὸν αὐτὸν τόπον οὔτε αἰτίας οὔσης ἐκεῖ, δι' ἣν τὰ τῇδε τρέφεται συγκρίματα ἀεὶ ῥέοντα, τήν τε μεταβολὴν τῶν τῇδε σωμάτων ἀφ' αὐτῶν μεταβάλλειν ἄλλης ἐπιστατούσης φύσεως αὐτοῖς, ἣ ὑπ' ἀσθενείας οὐκ οἶδε κατέχειν ἐν τῷ εἶναι, μιμεῖται δὲ ἐν τῷ γίνεσθαι ἢ γεννᾶν τὴν πρὸ αὐτῆς φύσιν. Τὸ δὲ μὴ ὡσαύτως πάντῃ, ὥσπερ τὰ νοητά, εἴρηται.

lumière céleste, parce qu'elle se trouve en des proportions variées suivant les astres, elle produit aussi bien la différence que l'on constate dans leurs couleurs que celle dans leurs grandeurs. Et le reste du ciel se compose lui aussi d'une lumière de cette nature, mais on ne la voit pas à cause de la subtilité de son corps et de sa transparence qui ne reflète pas la lumière, comme c'est le cas aussi pour l'air pur. Et à ces raisons, il faut aussi ajouter son éloignement.

8. Si donc une telle lumière reste en haut, dans le lieu qui lui a été assigné, pure dans le lieu le plus pur, quelle sorte d'écoulement se produira-t-il à partir d'elle ? Car une telle nature n'est pas naturellement disposée à s'écouler vers le bas. Il n'existe pas, du reste, quelque chose de violent là-haut pour la pousser vers le bas. Et tout corps qui s'unit à une âme devient différent, et il n'est plus identique à ce qu'il était tout seul. Or, telle est la région de là-bas, elle n'est pas comme un corps isolé.

De plus, l'élément qui avoisine le ciel sera soit l'air, soit le feu. L'air, que pourrait-il faire au ciel ? Et le feu, pas même une seule de ses caractéristiques n'est adaptée pour faire quelque chose au ciel, et il ne saurait entrer en contact avec le ciel afin d'agir sur lui. Étant donné sa vitesse, en effet, le feu céleste dépassera ce feu avant qu'il n'ait pu en pâtir, et ce dernier est moins puissant et il n'est pas égal aux feux d'ici. Ensuite, l'action du feu consiste aussi à chauffer, et il faut que ce qui va être chauffé ne soit pas chaud par lui-même. Et si quelque chose est détruit par le feu, il faut d'abord qu'il soit chauffé et qu'il parvienne à un état contre sa nature par le fait d'être chauffé.

Le ciel n'a donc besoin d'aucun autre corps que le sien pour subsister, ni d'ailleurs pour exécuter une révolution circulaire conforme à sa nature. En effet, on n'a encore jamais démontré que la translation naturelle du ciel est en ligne droite, car, conformément à leur nature, les astres demeurent au repos ou se meuvent en cercle, et les autres mouvements seraient produits chez eux par la violence.

Par conséquent, il ne faut prétendre ni que les corps célestes ont besoin de nourriture, ni se baser sur les corps d'ici pour disserter sur ceux de là-bas, parce que ces corps n'ont pas le même type d'âme qui maintient leur cohésion, qu'ils n'habitent pas dans la même région, et qu'il n'y a pas là-bas la cause qui fait que les composés d'ici, parce qu'ils s'écoulent toujours, se nourrissent. Et il faut dire que la transformation des corps d'ici les éloigne d'eux-mêmes, puisqu'une autre nature les dirige, laquelle, par sa faiblesse, ne sait pas les retenir dans l'être, mais imite, dans le devenir ou la génération, la nature qui vient avant elle. Toutefois, que le ciel ne demeure pas complètement identique, comme le font les intelligibles, on l'a dit.

NOTES À LA TRADUCTION

1, 9-10. Harder-Beutler-Theiler ont déjà fait remarquer, dans leurs *Plotins Schriften* (Band IVb, p. 400), que les expressions « unité par le nombre » (τὸ ἓν ἀριθμῷ) et « unité par l'espèce » (τὸ ἓν τῷ εἴδει) viennent de la *Métaphysique* d'Aristote (Δ 6, 1016 b 31-32 et Δ 9, 1018 a 13). Le Stagirite énumère en effet plusieurs types d'unité : selon le nombre, selon l'espèce, selon le genre et selon l'analogie. L'unité par le nombre se produit lorsqu'il y a une unité de matière et une continuité entre les parties composant un individu particulier. L'unité par l'espèce s'applique aux individus qui appartiennent à la même espèce et reçoivent une même définition.

1, 10. Nous traduisons ici le mot εἶδος par « espèce » et non plus par « forme », comme nous l'avons fait aux lignes 6 et 9. À l'exception de la ligne 1, 25, où nous traduirons à nouveau εἶδος par « forme », toutes les autres occurrences de ce terme dans ce traité seront rendues par « espèce ».

1, 12-14. Nous adoptons la construction suivante : le τῷ gouverne les infinitifs συνειληφέναι, εἶναι et δύνασθαι. Toute cette partie est ensuite reprise par le τούτῳ de la ligne 14.

1, 17. Nous ne traduisons pas le ἡ οὐσία. Il faudrait, en suivant le texte à la lettre, écrire « la réalité des autres astres ». Mais Plotin utilise fréquemment des tournures complexes telles que « la nature de X » et « la réalité de Y », tournures qui n'apportent rien au sens et qui doivent être simplifiées. C'est pourquoi, règle générale, nous ne traduisons pas le terme φύσις lorsqu'il appartient à la tournure périphrastique « φύσις + article + génitif ». Nous rendons seulement le terme au génitif avec son article, comme le font L. Brisson et A. Diès (cf. la seconde édition de la traduction du *Timée* par L. Brisson, introduction p. 78 et note 350; puis la traduction du *Philèbe* par A. Diès, p. 31, note 1).

1, 24. Nous ne traduisons pas le φύσις.

1, 27. Même si elle est au singulier dans le texte grec, cette phrase semble difficile à rendre en français sans utiliser le pluriel. Il serait ambigu de la traduire ainsi : « Car il y aura toujours un homme et un cheval, mais ce ne sera pas le même ». On pourrait alors croire qu'il n'existe toujours qu'un seul homme et un seul cheval sur la terre, ce qui n'est évidemment pas le sens de l'argument plotinien.

1, 36. Plotin emprunte au vocabulaire aristotélicien l'expression τόδε τι. Elle désigne l'individu particulier, par opposition à l'universel.

2, 5. Plotin utilise à nouveau une expression aristotélicienne : τὸ καθ' ἕκαστον. La *Métaphysique* la donne comme synonyme d' « unité par le nombre » : « ... il n'y a aucune différence entre dire *un par le nombre* (ἀριθμῷ ἕν) ou dire *le particulier* (τὸ καθ' ἕκαστον) » (B 4, 1000 b 34) ; « ... par le nombre, le particulier est certainement indivisible » (I 1, 1052 a 32-33). Le contexte est donc le même qu'au chapitre 1, dans lequel Plotin oppose l'unité par l'espèce à l'unité par le nombre (1, 9-10).

2, 5. Nous ne traduisons pas le φύσις.

2, 18. Nous ne traduisons pas le φύσις.

2, 24. Plotin utilise le terme ἕξις, qui est propre au vocabulaire stoïcien. Même s'il possède un vaste champ d'application chez les stoïciens, ce vocable désigne généralement un état fixe ou une disposition stable et représente le principe de cohésion des corps inertes. Sur sa traduction par *habitus*, voir les remarques de J. Brunschwig et P. Pellegrin dans Long et Sedley, *Les philosophes hellénistiques II, Les Stoïciens*, traduction par J. Brunschwig et P. Pellegrin, Paris, Flammarion, 2001, p. 12, n. 1.

3, 7. Nous ne traduisons pas le φύσις.

3, 10-11. La construction grammaticale de ces lignes est difficile. Malgré le passage du singulier au pluriel, le τούτων semble reprendre le ᾧ.

3, 13. Les adjectifs ὀξύς et ταχύς renvoient à *Timée* 61 e : « En effet que l'affection provoquée par le feu soit quelque chose de pointu (ὀξὺ), nous l'avons peut-être tous ressenti. Mais la finesse de ses arêtes, l'acuité (ὀξύτητα) de ses angles, la petitesse de ses parties et la vitesse (τάχος) de son transport, toutes ces propriétés par lesquelles le feu est violent et vivement (ὀξέως) tranchant (...) ». Plotin utilise toutefois ὀξύς en un sens différent de ce passage du *Timée*. C'est que Platon donne au feu la forme d'une pyramide, et les angles présentés par ce type de solide expliquent l'action « pointue » et « coupante » du feu (*Timée* 54 d-56 b). Plotin ne manifeste toutefois aucun intérêt pour de semblables considérations mathématiques. Il considère alors que le feu est simplement vif et non pas aigu.

3, 15. L'expression οἰκεῖος τόπος vient d'Aristote. Elle décrit le fait que chaque élément possède un lieu qui lui est propre à l'intérieur de l'univers. La terre repose en bas, c'est-à-dire au centre du monde, alors que le feu se dirige vers le haut, à savoir vers la périphérie. L'air et l'eau occupent le lieu intermédiaire entre la terre et le feu. Il faut cependant remarquer que la notion d'un lieu propre pour les corps élémentaires se trouve déjà dans le *Timée* (57 c, 58 b, 60 c), quoiqu'elle n'ait jamais été désignée par l'expression οἰκεῖος τόπος.

4, 25. Nous ne traduisons pas le φύσις.

4, 30. Nous traduisons μετάνοια par « changer d'idée » et non point par « le repentir ». Outre de fortes connotations religieuses qui pourraient fausser la juste compréhension de ce passage, le terme « repentir » convient mal au contexte de la présente argumentation. L'âme ferait en effet plus que se repentir, c'est-à-dire avoir des regrets après avoir fabriqué le monde. Elle reviendrait en vérité sur sa décision et le détruirait. C'est là une thèse caractéristique des gnostiques.

5, 10. Le comparatif χείρων signifie « inférieur qualitativement ». L'accent ne porte pas, dans ce contexte, sur l'âme en tant qu'elle se trouve en un lieu localement inférieur, mais en tant qu'elle présente une nature qualitativement inférieure.

5, 16. Nous ne traduisons pas le μενόντων, car même si elle est acceptable en grec, cette répétition du verbe μένω serait pléonastique en français.

6, 14. Nous ne traduisons pas le φύσις.

6, 14. Lorsqu'il se rapporte aux nombres, l'adjectif στερεός (solide) désigne les nombres cubiques, tels que 8 ou 27. Voir sur ce point les explications de Proclus, dans son *Commentaire sur le* Timée, II, 31, 21, Diehl.

6, 29-30. Plotin reprend la formule aristotélicienne du τὸ τί ἦν εἶναι. La quiddité ou l'essence exprime la nature d'une chose.

7, 4. Au sens littéral, Plotin désigne ici la terre comme un pont (ἐπιβάθρα).

7, 7-9. Ce passage a fait l'objet d'un grand nombre de modifications. Au fil de leurs éditions, H.-S. en ont donné plusieurs versions : 1) *editio maior*, μετέχειν δὲ ὕδατος πρὸς τὸ μὴ αὐχμηρόν — ἔχει δὲ — καὶ μερῶν πρὸς μέρη μὴ κωλύεσθαι συναγωγήν. 2) *editio minor*, μετέχειν δὲ ὕδατος πρὸς τὸ μὴ αὐχμηρόν — ἔχειν δὲ — καὶ μερῶν πρὸς μέρη μὴ κωλύεσθαι συναγωγήν. 3) addenda à l'*editio minor*, ἔχοι δὲ — ὕδατος πρὸς τὸ μὴ αὐχμηρόν [ἔχοι δὲ] καὶ μερῶν πρὸς μέρη μὴ κωλύεσθαι συναγωγήν.

L'objet du litige réside dans le ἔχοι δὲ (ou ἔχει δὲ), comme en témoignent Kirchhoff, Müller et Volkmann, qui le suppriment dans leurs éditions. Mais il suffit, semble-t-il, de lire le passage de la manière suivante : μετέχειν δὲ ὕδατος πρὸς τὸ μὴ αὐχμηρόν ἔχειν τε καὶ μερῶν πρὸς μέρη μὴ κωλύεσθαι συναγωγήν.

La leçon μετέχειν δὲ, au début de la phrase, est unanimement reçue par la tradition manuscrite. Nul besoin, par conséquent, de la modifier comme le font H.-S. dans leurs addenda. Puisque le πρὸς τὸ gouverne les deux infinitifs qui le suivent, ἔχειν et κωλύεσθαι, il suffit donc de changer le δὲ en τε afin que la construction de la phrase devienne satisfaisante.

7, 15. Le terme κοινωνία renvoie aux stoïciens. L'univers est pour eux un vivant dont toutes les parties sont liées les unes aux autres. Chacun des membres de l'univers, aussi éloigné soit-il des autres, appartient à une même communauté, à une même grande famille, celle du monde.

7, 19. Nous ne traduisons pas le φύσις.

7, 19. Si nous le comprenons comme celui de la ligne 35, le démonstratif ταύτην signifie « d'ici-bas », c'est-à-dire que la solidité et la densité dont parle ici Plotin appartiennent à la région avoisinant la terre.

COMMENTAIRE

CHAPITRE PREMIER

LA THÈSE À DÉFENDRE : LE CIEL EST INCORRUPTIBLE

I. INTRODUCTION (CHAPITRE I)

Aperçu général

Plotin croit que Platon n'a pas démontré de manière adéquate la permanence du ciel, car les deux arguments platoniciens fournis à cet égard par le *Timée* semblent insuffisants. Platon soutient en effet que le monde est immortel à cause de la volonté de dieu, et aussi parce qu'il contient tous les corps sensibles. Plotin reproche à la première démonstration son manque de clarté. Quelle est la nature de cette volonté divine et dans quelle mesure dieu est-il capable de rendre un corps sensible permanent? De fait, l'écoulement perpétuel des corps empêche les vivants de subsister autrement que par l'espèce. À l'instar des vivants subunaires, les astres ne subsistent pas dans leur individualité, mais ils perpétuent seulement leur espèce suivant un cycle sans fin de naissances et de corruptions. Dieu n'est donc pas assez puissant pour dominer l'écoulement des corps et pour accorder la permanence individuelle à un vivant. Quant à la seconde démonstration, Plotin fait remarquer que c'est l'univers, non les astres, qui contient tout. Le monde est certes permanent parce qu'il n'existe rien en-dehors de lui, mais ce raisonnement ne s'applique pas aux astres, qui eux sont entourés par d'autres corps. Les autres parties de l'univers peuvent en effet agir sur les corps célestes et les faire périr. Les vivants supralunaires ne possèdent donc qu'une permanence par l'espèce.

LA VOLONTÉ DE DIEU (1, 1-12)

Plotin ne met jamais en doute la permanence de l'univers. Dès la première ligne du traité, il affirme que le monde a toujours existé et qu'il existera toujours **(1, 1-2)**. Les démonstrations qui ont été présentées à l'appui de cette thèse n'emportent toutefois pas sa complète adhésion. L'argument impliquant la volonté de dieu, par exemple, n'est pas clair **(1, 2-4)** et ne garantit l'immortalité individuelle d'aucun corps **(1, 6-7)**. Puisque les éléments se transforment continuellement et que les vivants sublunaires se corrompent **(1, 4-5)**, seule la forme de ces vivants subsiste, au détriment de l'individu particulier, qui périt **(1, 6)**. Étant donné que le corps s'écoule toujours, la volonté de dieu parvient seulement à imposer la même forme à des corps sans cesse différents **(1, 7-9)**. L'unité par l'espèce subsiste donc toujours, alors quc l'unité par le nombre ne peut subsister qu'un certain temps **(1, 9-10)**. Il n'y a donc aucune raison d'admettre que les astres soient immortels, tandis que les vivants d'ici-bas périssent **(1, 10-12)**.

Lorsqu'il évoque la volonté de dieu, Plotin utilise *Timée* 41 a-d, où Platon explique que tous les êtres engendrés sont corruptibles, mais que certains d'entre eux ne périssent pas, cela à cause d'un souhait[1] du Démiurge. Puisqu'il ne souhaite pas détruire ses œuvres[2], dieu les empêche de se corrompre :

> Dieux qui êtes issus de dieux, les œuvres dont je suis moi-même le Démiurge et le père deviennent grâce à moi indissolubles, parce que je ne désire pas les dissoudre. Tout ce qui a été assemblé peut certes être dissous, mais[3], en vérité, souhaiter dissoudre ce qui est bien proportionné et ce qui est bon serait le fait d'un méchant. Pour ces raisons précises, puisque vous avez été engendrés, que vous n'êtes pas immortels ni tout à fait indissolubles, vous ne serez nullement dissous et vous ne prendrez pas même part à la mort, parce que vous participez à mon vouloir

1. Le terme βούλησις n'a pas le même sens chez Platon et chez Plotin. La βούλησις platonicienne n'est pas une faculté autonome avec une puissance, une force et une maîtrise sur l'action, puissance qui lui permettrait de s'opposer à la raison. Le Démiurge du *Timée*, par exemple, est un intellect et une raison (39 e). C'est pourquoi il raisonne, calcule et réfléchit (λογίζεσθαι, 30 b, 34 a, 55 c); qu'il prend en considération (νομίζειν, 33 b); et qu'il prévoit (πρόνοια, 30 c, 73 a). Le monde présente un ordre, une régularité et une beauté dans laquelle dieu s'insère et qu'il ne transcende pas. La volonté divine se réduit alors à une réflexion qui précède l'action. Il semble donc préférable de traduire βούλησις par *souhait* ou *désir* dans un contexte platonicien.

La βούλησις plotinienne, en revanche, ressemble davantage à notre notion moderne de volonté. Elle est une certaine auto-détermination qui permet à l'individu de s'opposer aux sorts et aux contraintes du destin. Même s'il ne résiste pas totalement à la tentation de rapprocher la βούλησις d'un calcul rationnel, Plotin élève la volonté au-dessus d'un simple désir. Nous traduirons donc βούλησις par *volonté* lorsque nous sommes dans un contexte plotinien.

Ce bref compte-rendu de la distinction qui existe entre la βούλησις platonicienne et plotinienne s'inspire de l'excellent recueil de A. Dihle, *The Theory of Will in Classical Antiquity*, Sather Classical Lecture, v. 48, Berkeley, Los Angeles, London, Univ. of California Pr., 1982; et de la remarquable introduction de G. Leroux au traité VI, 8 [39] : *Plotin. Traité sur la liberté et la volonté de l'Un (VI, 8 [39])*, introduction, traduction, commentaire et notes par G. Leroux, Paris, Vrin, 1990.

2. Platon précise que seul un méchant met fin à quelque chose de beau (*Timée* 41 a). Puisque le Démiurge est bon (29 a, e) et que ses œuvres sont belles (29 a, 30 a), jamais dieu ne détruira le monde qu'il a fabriqué.

3. Nous lisons δὲ au lieu de γε.

(βουλήσεως), qui est un lien encore plus puissant et plus imposant que ceux qui vous lièrent, lorsque vous êtes nés. (*Timée* 41 a-b).

Plotin présente deux objections à cet argument : il n'apporte aucune clarté ; le corps s'écoule toujours.

La volonté de dieu : argument obscur

Une telle justification, dit Plotin, manque de clarté **(1, 4)**. Quelle est en effet la nature de cette volonté et comment la définira-t-on ? Platon la décrit comme un lien indissoluble en *Timée* 41 b et 43 a, la volonté de dieu étant un lien plus puissant que ceux qui font venir à l'être les choses sensibles. Mais Platon n'en dit malheureusement pas davantage sur le sujet. Pourtant, si elle est un lien, cette volonté doit agir sur le sensible et elle doit être assimilable à l'une des entités intelligibles qui entrent en contact avec la matière.

Le corps s'écoule toujours

Puisque les éléments se transforment et que les vivants se corrompent, tous les vivants d'ici-bas subsistent seulement par l'espèce **(1, 5-6)**. La faute en revient au corps lui-même qui ne cesse de s'écouler **(1, 7-8)**. Même si elle affecte les corps sublunaires, la volonté divine ne parvient pas à endiguer l'écoulement de ces corps et elle ne réussit qu'à appliquer la même forme tantôt sur un corps, tantôt sur un autre **(1, 8-9)**. Mais si les corps de la région sublunaire s'écoulent et ne persistent que par l'espèce, il devrait en toute logique en aller de même pour ceux de la région supralunaire **(1, 6-7)**. On ne voit plus alors pour quelle raison les astres subsisteraient dans leur individualité, alors que les vivants d'ici-bas en sont incapables **(1, 11-12)**.

De manière générale, pérennité et corporéité ne vont pas de pair. Plotin l'affirme dès son deuxième traité : « Le corps lui-même est certes à son tour composé : le raisonnement nous dit qu'il ne peut subsister, et la sensation le voit se décomposer, se dissoudre et subir des pertes de toutes sortes (...) » (IV, 7 [2], 1, 8-11). Le traité 5 est aussi très clair à ce sujet : « Si, en effet, ce qui se trouve dans le monde est dans un corps et dans une matière, rien n'y demeure identique, de telle sorte que l'homme et toutes les raisons n'y sont pas éternelles, ni identiques » (V, 9 [5], 4, 15-17). La raison de cette instabilité reste toujours la même : « C'est que le corps entier ne persiste pas, mais qu'il s'écoule » (IV, 7 [2], 8, 45-46). Étant soumis à l'écoulement comme le sont tous les autres corps, les astres ne peuvent donc être immortels.

Cette argumentation, reprise dans le traité 40, tire profit des spéculations de Platon et d'Aristote. Plotin leur reprend en effet le thème classique, à partir de Platon, de l'écoulement perpétuel des corps ; l'hypothèse de Platon selon laquelle cet écoulement appartient aussi aux astres ; et la distinction aristotélicienne entre la permanence individuelle et la permanence par l'espèce.

L'écoulement des corps

La théorie de l'écoulement perpétuel des corps sensibles tient dans l'affirmation qu'aucun corps n'est stable, qu'aucun n'existe vraiment, mais qu'ils sont tous soumis à un incessant devenir. Platon l'expose en plusieurs de ses dialogues [1]. Le *Théétète* la présente comme un lieu commun de la pensée grecque, puisque tout le monde, excepté Parménide, semble y avoir fait allusion : Protagoras, Homère, Héraclite, Empédocle et Épicharme (152 e, 160 d, 179 d-e). Dès qu'il est question de cette théorie dans les œuvres de Platon, Homère est même pratiquement toujours cité aux côtés d'Héraclite (*Théétète* 152 e, 160 d, 179 d-e ; *Cratyle* 402 a, 440 c).

Le plus important demeure toutefois la fameuse interprétation que fait Platon du fragment 12 d'Héraclite. Arius Didyme [2] a conservé de ce fragment le texte suivant : « Pour ceux qui entrent dans les mêmes fleuves, autres et autres s'écoulent les eaux » (fr. B12 DK). Platon assigne, dans le *Cratyle*, une portée générale à cette maxime, car il l'applique à toute la réalité sensible. Les eaux d'un fleuve ne sont qu'un cas d'espèce illustrant un phénomène valable pour l'univers entier. On ne peut jamais se baigner deux fois dans le même fleuve, car « toutes choses s'écoulent et rien ne demeure » (*Cratyle* 402 a). La doctrine d'Héraclite se résume donc, d'après Platon, en quelques mots : « tous les êtres se meuvent et rien ne demeure » (401 d). Ainsi naquit ce que la tradition considérera dorénavant comme la théorie du flux perpétuel des corps chez Héraclite [3].

À la suite de son maître, Aristote présente lui aussi une histoire de la théorie de l'écoulement perpétuel des corps. Il couvre la période qui s'étend des Anciens jusqu'à Platon. Les Anciens, dit-il, croyaient déjà que les corps sont soumis à un flux perpétuel. Hésiode, les physiologues, Héraclite et plusieurs autres l'auraient affirmé (*De Caelo* III, 1, 298 b 26-32). Aristote met cependant moins d'emphase que Platon sur le fait qu'Héraclite ne serait pas le seul à avoir soutenu une telle opinion. Il parle surtout d'Héraclite, sans mentionner les autres. Cela contribua sans doute à l'étroite association qui s'établira ensuite entre Héraclite et l'écoulement des corps, comme si ce dernier était l'unique instigateur de cette théorie. À cette différence près, Aristote décrit la doctrine héraclitéenne de la même façon que l'ont fait les dialogues platoniciens. Il accepte lui aussi de l'étendre à l'univers entier : « ... les opinions d'Héraclite selon lesquelles toutes les choses sensibles s'écoulent sans cesse (...) » (*Métaphysique* A 5, 987 a 33-34) ; « ... d'après les raisonnements d'Héraclite, à savoir que toutes les choses

1. *Théétète* 156 a, 177 c, 181 a, 182 c ; *Cratyle* 411 b-c, 439 c ; *Phédon* 90 c ; *Philèbe* 43 a ; *Sophiste* 249 b.

2. Chez Eusèbe, *Préparation Évangélique*, XV, 20.

3. Cette doctrine n'a sans doute jamais été professée par Héraclite. Voir à ce sujet les remarques de J.-F. Pradeau, *Héraclite, Fragments*, Paris, GF Flammarion, 2002, p. 50-52 ; et celles de G.S. Kirk, *Heraclitus, the cosmic fragments*, Cambridge, Cambridge Univ. Pr., 1962, p. 370. Ce dernier livre présente d'utiles tableaux récapitulant les divers passages où il est question de l'écoulement des corps chez Platon et Aristote (p. 14-17).

sensibles s'écoulent sans cesse (...) » (M 4, 1078 b 13-15); « ... tout est en mouvement, d'après Héraclite (...) » (*Topiques* I, 11, 104 b 21-22).

Aristote ne s'en tient toutefois pas au seul Héraclite, car il existe également pour lui d'autres représentants de la doctrine du flux perpétuel des corps. Ce sont des gens qui se réclament d'Héraclite et parmi lesquels Cratyle fait figure de porte-parole. S'il faut en croire le Stagirite, Cratyle aurait poussé la notion de l'écoulement des corps jusqu'à son extrême limite. La *Métaphysique* déclare en effet que « Cratyle reproche à Héraclite d'avoir dit qu'il n'est pas possible de descendre deux fois dans le même fleuve, car lui-même croit qu'on ne peut même pas le faire une seule fois » (Γ5, 1010 a 13-15). Les tenants de ce genre de théories sont probablement ceux-là mêmes que vise Aristote dans ce passage de la *Physique* : « Et certains affirment non pas que certains êtres sont en mouvement et d'autres non, mais que tous sont en mouvement et toujours, mais que cela échappe à notre perception » (VIII, 3, 253 b 9-11).

Platon aussi compte pour Aristote parmi ceux qui adoptèrent la doctrine de l'écoulement perpétuel des corps : « Car dès sa jeunesse, parce qu'il était devenu un intime de Cratyle et qu'il avait pris l'habitude des opinions d'Héraclite (...) Platon repris ainsi la suite de ces opinions » (*Métaphysique* A 5, 987 a 21-b 1). Ce serait d'ailleurs pour cette raison que Platon aurait développé sa théorie des Idées, car le monde sensible n'offrirait pas une stabilité suffisante pour permettre l'existence de la science (A 6, 987 b 4-8).

La doctrine de l'écoulement perpétuel des corps possède donc une longue histoire, mais la version qui devint la plus commune est celle qui fut présentée par Platon et Aristote. Les auteurs postérieurs reprendront dans l'ensemble les interprétations proposées par leurs deux illustres prédécesseurs à propos des Anciens et surtout d'Héraclite [1]. Plotin ne fait pas exception. Il n'est cependant pas animé du même souci « doxographique » que manifestèrent Platon et Aristote. Les *Ennéades* ne mentionnent jamais les Anciens en rapport avec l'écoulement des corps, et Héraclite est nommé une seule et unique fois : « ... pour Héraclite, les corps deviennent sans cesse et s'écoulent » (V, 1 [10], 9, 3-5). Aucun des autres passages des traités plotiniens où il est question de l'écoulement des corps ne mentionne une quelconque autorité venant appuyer des affirmations comme celles-ci : « ... et la nature du corps fuit sa substance, puisqu'elle s'écoule toujours (...) » (I, 8 [51], 4, 5); « Et il faut d'abord examiner ce qu'on appelle la substance sensible, en accordant par homonymie une nature aux corps, ou en ne lui accordant absolument aucune substance, car la notion de choses qui s'écoulent leur convient (...) » (VI, 3 [44], 2, 1-4) [2].

Il semble alors tout naturel que le traité 40 utilise aussi librement la notion d'un écoulement perpétuel des corps. C'est une doctrine qui appartient depuis si

1. Même s'il fausse probablement la véritable doctrine d'Héraclite, le compte-rendu qu'en font Platon et Aristote sera repris par Théophraste, les doxographes, et ainsi de suite jusqu'à Plotin.

2. Plotin emploie fréquemment de telles expressions. Voir par exemple IV, 3 [27], 8, 24-25; 26, 53-54; IV, 7 [2], 3, 20; 8, 45-46; V, 1 [10], 9, 3-5; V, 6 [24], 6, 16.

longtemps à la philosophie grecque, que Plotin doit la prendre en considération dès qu'il parle des corps sensibles, qu'il s'agisse des corps sublunaires ou de ceux qui parcourent le ciel.

Le questionnement platonicien sur les corps célestes

Il ne fait aucun doute que Plotin n'a pas inventé la problématique qui est au cœur du traité 40. Elle se trouve déjà clairement énoncée dans le septième livre de la *République*, dans lequel Platon souligne l'imperfection inhérente à tous les corps sensibles (529 b-530 b). Bien que les corps peuvent nous guider dans la recherche des êtres véritables, aucun d'eux ne peut d'après lui être un objet de science. Nous pouvons au mieux nous servir des ornements variés du ciel comme d'exemples afin d'atteindre la connaissance des choses invisibles (529 d), car ces figures sensibles ne présenteront jamais en elles-mêmes les rapports authentiques de l'égalité, du double ou des autres proportions. Même un dessin de Dédale, aussi génial soit-il, ne doit pas être étudié en lui-même (529 e). Le véritable astronome doit être conscient de ce fait et doit admettre que les mouvements du ciel et des astres restent matériels et imparfaits (530 a). C'est pourquoi l'astronomie ne s'arrête pas à l'observation des phénomènes qui se produisent dans la région supralunaire, mais qu'elle doit dépasser les limites de la perception sensible et pousser son investigation jusqu'aux principes de la géométrie (530 b). Puisqu'ils sont corporels, lit-on dans la *République*, les astres ne sont pas en tout point immuables :

> Mais la juste proportion de la nuit par rapport au jour, et de celle-ci par rapport au mois, et du mois par rapport à l'année, et des autres astres par rapport à ces mesures, et les uns par rapport aux autres, le véritable astronome ne jugera-t-il pas insensé, à ton avis, celui qui pense que ces phénomènes se produisent toujours de la même façon et qu'en aucune manière ils ne changent en rien, même s'ils sont corporels et visibles, et qui cherche par tous les moyens à saisir en eux la vérité ? (*République* VII, 530 a-b).

C'est ce passage de la *République* que Plotin cite dans le traité 40 : « Car comment, dit-il, puisqu'ils ont un corps et qu'ils sont visibles, les astres possèderont-ils l'immutabilité et l'identité ? » (2, 9-10). Platon avait donc déjà mis en doute, des siècles avant Plotin, l'immortalité individuelle des astres sur la base de leur corporéité. Le traité 40 s'engage ainsi à poursuivre la réflexion amorcée dans la *République*.

Aristote : la permanence individuelle et la permanence par l'espèce

Plotin insiste sur la différence qui existe entre une permanence individuelle (κατὰ τὸ τόδε) et une permanence par l'espèce (κατὰ τὸ εἶδος) **(1, 11-12)**. Les commentateurs ont jusqu'ici négligé les textes d'Aristote qui établissent cette distinction et dont Plotin s'est inspiré dans le traité 40.

Un passage des *Économiques* explique que mettre des enfants au monde est utile en soi et que cette activité va bien au-delà de la simple contrainte sociale. Après un certain temps, en effet, les enfants s'occupent des gens qui sont trop âgés pour subvenir à leurs besoins. C'est à cette occasion qu'Aristote écrit : « ... la nature restaure par ce cycle le fait d'être permanent, puisque ce n'est pas possible par le nombre (καθ' ἀριθμὸν), mais par l'espèce (κατὰ τὸ εἶδος) » (*Économiques* I, 3, 1343 b 24-25). L'homme n'atteint donc la permanence que par la perpétuation de son espèce, par la production successive d'individus semblables à lui.

Il s'agit là de la théorie aristotélicienne de l'éternité des espèces. Celle-ci est bien développée dans le traité sur la *Génération des Animaux* et dans le *De Anima* : « Puisqu'il est en effet impossible que la nature d'un tel genre d'êtres [les vivants sublunaires] soit éternelle, ce ne sera possible qu'à la manière dont ce qui devient est éternel. Par le nombre, donc, c'est impossible (...), mais par l'espèce, cela se peut. C'est pourquoi le genre des hommes, des animaux et des végétaux existe toujours » (*Génération des Animaux* II, 1, 731 b 31-732 a 1). Toutes les espèces survivent donc à jamais, par la génération sans fin d'individus numériquement distincts : « ... un animal produit un animal, une plante produit une plante, afin qu'ils participent à la permanence et à la divinité autant que possible » (*De Anima* II, 4, 415 a 28-29).

Un autre passage du *De Anima* résume bien la pensée d'Aristote sur la permanence des espèces vivantes :

> Puis donc qu'il n'est pas capable de prendre part à la permanence et à la divinité de manière continue, parce qu'il est impossible qu'aucun des êtres corruptibles demeure le même et un par le nombre (chacun d'eux participe de la permanence et de la divinité autant qu'il en est capable), il y prend part de cette manière, parfois plus, parfois moins, c'est-à-dire que lui-même ne persiste pas, mais quelque chose qui est comme lui-même : il ne reste pas un par le nombre, mais un par l'espèce. (*De Anima* II, 4, 415 b 4-7).

Cette théorie selon laquelle les espèces subsistent toujours, même si les individus périssent, est utilisée par Plotin dans le traité 40. Ce dernier lui donne toutefois une extension plus large que ne le fait Aristote. En conflit sur point avec le Stagirite, Plotin considère que l'éternité des espèces s'applique autant aux vivants supralunaires qu'aux vivants sublunaires. Tout ce qui se trouve dans l'univers a une permanence par l'espèce, même les corps célestes [1]. Ne faisant pas exception, les astres périssent individuellement et seule leur forme se perpétue. Plotin fonde ainsi son argumentation sur la prémisse qui admet que tous les vivants de l'univers subsistent au moins par l'espèce. Si les astres conservent leur individualité, encore faudra-t-il le prouver.

L'objection à l'encontre de l'argument de la volonté de dieu résulte donc d'un savant mélange de platonisme et d'aristotélisme. La difficulté exposée par Plotin

1. C'est une hypothèse provisoire qui sera réfutée par la suite. Plotin adoptera en fait la même position qu'Aristote.

consiste en effet à dire que si les astres ont un corps en perpétuel écoulement, ils ne persisteront jamais dans leur individualité, mais seulement par leur espèce. Cette problématique reprend de Platon et d'Aristote trois points principaux : 1) De Platon et d'Aristote, Plotin reprend la description de la théorie de l'écoulement perpétuel des corps, généralement attribuée à Héraclite; 2) Plotin se demande quelle influence cet écoulement peut avoir sur la permanence des corps célestes, suivant en cela le questionnement mis en branle par Platon dans le septième livre de la *République* (530 b); 3) Aristote lui fournit les notions de « permanence individuelle » et de « permanence par l'espèce ». Plotin exprime ainsi des problématiques avant tout platoniciennes en employant le vocabulaire plus technique d'Aristote.

LE MONDE CONTIENT TOUT (1, 12-21)

Platon affirme également que l'univers est permanent parce qu'il contient tout. Rien ne peut en effet le corrompre en agissant sur lui de l'extérieur **(1, 12-16)**. Mais pour valide qu'il soit, ce raisonnement ne s'applique pas aux corps célestes. Puisqu'ils sont des parties de l'univers et non pas l'univers lui-même, les astres ne contiennent pas tout et leur permanence n'est donc pas assurée **(1, 16-19)**. Il en découle peut-être que toutes les parties de l'univers ne possèdent qu'une permanence selon l'espèce **(1, 19-21)**.

L'argument qui fait intervenir le fait que le monde contient tout est repris du *Timée*[1]. Platon affirme en effet que le monde est immortel parce qu'il comprend en lui tous les corps élémentaires et que rien d'extérieur ne peut l'attaquer :

> Or, la constitution du monde absorba un à un l'ensemble de chacun des quatre éléments. C'est que celui qui constitua le monde le composa à partir de tout le feu, de toute l'eau, de tout l'air et de toute la terre, ne laissant au-dehors aucune partie ni aucune propriété que ce soit. Voici quel était son dessein : (...) [c'est] afin qu'il soit exempt de vieillesse et de maladie, se disant que pour un corps composé les choses chaudes, froides et toutes celles qui possèdent de puissantes propriétés, lorsqu'elles l'environnent de l'extérieur et tombent sur lui de façons intempestives, le dissolvent et, parce qu'elles y introduisent les maladies et la vieillesse, provoquent sa mort. (*Timée* 32 c-33 a).

Puisque cette explication met en cause le processus général de la jeunesse et, surtout, celui de la vieillesse, prenons quelques lignes afin de rappeler la position de Platon relativement à ces deux phénomènes[2].

1. Bréhier (*ad. loc.*) et Harder-Beutler-Theiler (p. 400) proposent aussi Philon d'Alexandrie comme source de ce passage (Cf. *De Aeternitate Mundi*, 21, 7-12). Mais de l'aveu même de Philon (chap. 25), ce texte n'est qu'une paraphrase du *Timée*. Une quelconque influence de Philon sur Plotin reste d'ailleurs douteuse.

2. Nous résumons ici la théorie exposée en *Timée* 81 a-d.

Lorsqu'ils nous attaquent, les corps qui nous environnent entraînent le départ de certaines de nos parties corporelles : « C'est que les choses qui nous entourent du dehors nous décomposent et nous divisent sans cesse (...) » (81 a). Nous absorbons alors de la nourriture afin de combler cette perte. Pendant notre jeunesse, notre organisme est fort et réussit bien à assimiler sa nourriture. Nous acquérons ainsi plus de constituants corporels qu'il n'en part[1]. Se produit alors ce que nous désignons sous le nom de « croissance ». Mais nous sommes, avec l'âge, en quelque sorte vaincus par les aliments que nous absorbons. Nous perdons ainsi plus de matière que nous n'en gagnons[2]. Survient alors un certain dépérissement désigné par le nom de « vieillesse ». À la toute fin, notre organisme est si fatigué qu'il cesse le combat et laisse son âme s'envoler. Nous sombrons à ce moment dans la mort.

Cette description du processus du vieillissement s'applique, pour Platon, tout aussi bien à l'univers qu'à tout autre vivant doté d'un corps sensible. C'est précisément par le biais de cette similitude qu'il entend démontrer l'immortalité du monde. Si la vieillesse suppose chez un vivant l'entrée et la sortie de certaines de ses parties corporelles, l'univers ne vieillira pas, car « rien ne sortait du monde et rien n'y entrait, de quelque lieu que ce soit, puisqu'il n'avait rien hors de lui » (*Timée* 33 c). S'il contient tout, qu'il n'entretient aucune relation avec quoi que ce soit d'extérieur, le monde est donc immortel.

Fort bien, réplique Plotin, mais cette argumentation platonicienne ne s'adresse qu'à l'univers et ne concerne pas les astres. Il n'y a en effet que le monde qui contient tout **(1, 15-16)**. Les parties qui se trouvent à l'intérieur de lui sont nécessairement entourées par d'autres parties. Puisqu'ils sont des parties de l'univers et qu'ils ne contiennent pas tout, le soleil et les autres astres risquent fort d'être corruptibles. Les astres persistent donc seulement par l'espèce, tout comme les vivants sublunaires ou les éléments **(1, 19-21)**.

Cette mise en garde ne constitue pas à proprement parler une objection, car Plotin ne met pas ici en doute la validité de cette argumentation, pour autant qu'elle concerne uniquement l'univers. Platon a raison de croire en l'immortalité de l'univers en vertu du fait qu'il contient tout. Nous devons seulement faire attention de ne pas appliquer le même raisonnement à d'autres réalités que l'univers. Une telle argumentation, en ce qui concerne le ciel, est hors contexte, étant donné que les astres ne contiennent pas la totalité du sensible.

1. Pour être plus précis, les triangles qui constituent nos corps divisent les triangles dont les aliments sont formés (*Timée* 81 c).

2. Les triangles des aliments divisent cette fois les triangles de notre corps (81 d).

REPRISE DES ARGUMENTS (1, 22-31)

Plotin se réserve quelques lignes afin de résumer les arguments précédents.

« Le monde contient tout »

Puisqu'il n'a rien à l'extérieur de lui, le monde n'est pas corrompu par quelque chose qui l'agresse du dehors **(1, 22)**. Étant en revanche entourées les unes par les autres, ses propres parties s'influencent et se corrompent mutuellement **(1, 23)**. Le monde se détruit ainsi de l'intérieur et ne persiste pas dans son individualité. Sa permanence ne s'applique donc qu'à son espèce **(1, 24)**.

La volonté de dieu

Tous les vivants se composent d'un corps qui s'écoule sans cesse et d'une forme qui s'applique sur ce corps **(1, 24-25)**. L'exemple des hommes ou des chevaux nous enseigne que de tels vivants ne persistent pas individuellement, mais seulement par l'espèce. La même situation risque alors de se répéter pour le Vivant-Total[1], c'est-à-dire pour l'univers entier **(1, 25-27)**. Son corps aussi s'écoule et reçoit une forme de l'extérieur, même si cette forme vient de dieu. Le monde et tout ce qu'il contient perdra donc un jour son individualité et seule sa forme persiste à jamais.

Ces deux arguments mènent donc à la même conclusion, à savoir que tous les corps individuels se trouvant dans l'univers périront un jour **(1, 28-30)**. Cela concerne aussi bien les astres que les vivants sublunaires. Loin d'être immortels, les corps célestes connaissent la mort comme tous les corps sensibles. Ils vivent certes plus longtemps, mais non pas pour toujours **(1, 30-31)**.

LES DEUX VISIONS DU MONDE (1, 31-40)

Il existe deux manières de concevoir la permanence du monde et celle de ses parties : soit tous les corps sont corruptibles et ne persistent que par l'espèce, soit les vivants sublunaires ont une permanence par l'espèce, alors que les vivants célestes conservent à jamais leur individualité.

La permanence par l'espèce

La première hypothèse affirme que tous les corps contenus dans l'univers possèdent uniquement une permanence par l'espèce. Ils périssent tous individuellement et seule leur espèce demeure. Cette opinion, dit Plotin, présente le moins

1. Platon associe le Vivant-Total au modèle utilisé par le Démiurge afin de produire le monde (*Timée* 30 c). Cette expression, dans le traité 40, désigne en revanche l'univers sensible.

de difficultés (**1, 31-33**). Elle devient même inattaquable, si la volonté de dieu peut fournir aux corps ce type de permanence (**1, 33-36**).

La permanence par l'espèce / la permanence individuelle

La seconde hypothèse suggère que les corps célestes persistent dans leur individualité, alors que les vivants d'ici-bas n'ont qu'une permanence selon l'espèce (**1, 36-37**). C'est la conception de l'univers la plus répandue dans l'Antiquité, car les Anciens considéraient les astres qui circulent dans le ciel comme des dieux immortels, qui ne subissent pas les transformations endurées par les vivants inférieurs et mortels.

Malgré sa popularité, une telle vision du monde n'est pas pour autant facile à justifier. Plotin estime qu'elle présente trois difficultés majeures : la volonté de dieu peut-elle rendre les astres immortels (**1, 37**) ?; en quoi les astres sont-ils différents des vivants sublunaires (**1, 38-39**) ? ; et enfin, si les astres sont permanents, pourquoi les autres corps dans l'univers ne le sont-ils pas eux aussi (**1, 39-40**) ? Nous examinerons successivement ces trois apories.

La volonté de dieu

La même objection à l'endroit de la volonté divine revient sans cesse depuis le début du traité : cette volonté est-elle assez puissante pour empêcher le corps de s'écouler et pour garder les astres en vie à jamais ? Même en supposant que tous les corps persistent seulement par l'espèce, l'intervention divine doit être prise en considération et doit être justifiée (**1, 33-35**). Quelle que soit notre opinion sur la permanence de l'univers et sur celle de ses parties, qu'elle s'applique à l'espèce ou à l'individu lui-même, il faut démontrer que la volonté divine peut en être l'instigatrice.

Du point de vue historique, ce sont les aristotéliciens qui commencèrent vraisemblablement par mettre en doute la puissance de la volonté de dieu. Cette critique s'enracine dans l'une des objections formulées par le Stagirite à l'égard du *Timée*. Se mettant en porte-à-faux avec ce qu'il tient pour la doctrine platonicienne, Aristote soutient qu'un monde prétendument engendré ne peut subsister éternellement (*De Caelo* I, 10, 280 a 30). C'est une conception absurde, car tout ce qui est engendré est corruptible : « Et de toute évidence, si une chose est engendrée, elle est nécessairement corruptible » (I, 12, 282 b 3-4); et tout ce qui est corruptible se corrompra un jour : « Mais il est aussi évident, d'une autre manière, qu'il est impossible qu'en étant corruptible une chose ne soit pas un jour corrompue » (I, 12, 283 a 24-25). S'il est engendré, le monde est donc nécessairement corruptible et finit par être dissous.

Alexandre d'Aphrodise reprend cette argumentation du *De Caelo* dans ses *Quaestiones*, mais à la différence près qu'il la met en relation avec la volonté de dieu. La question 18 du livre premier s'intitule en effet : *Qu'il n'est pas possible que le monde soit incorruptible à cause de la volonté de dieu, si l'univers est corruptible par sa propre nature* (*Quaestiones* I, 18). Alexandre réitère dans l'ensemble la position d'Aristote et insiste sur le fait qu'un être corruptible se corrompra nécessairement un jour. S'il est engendré, rien ne peut empêcher le monde d'être corrompu, pas même la volonté de dieu : « Il est également impossible d'empêcher ce qui est corruptible de se corrompre, puisqu'il est nécessaire à ce qui est corruptible d'être corrompu » (32, 12-14). Puisque la corruption vient toujours après la génération, l'univers devra périr :

> Si l'univers, bien qu'il soit engendré, possède en lui la capacité aussi bien d'être corrompu que de ne pas être corrompu, il se pourrait qu'il devienne incapable d'être corrompu parce que quelque chose [*i.e.* la volonté de dieu] l'empêcherait d'être corrompu. Mais s'il est nécessairement dans la nature de tout ce qui est engendré d'être corrompu, le fait qu'il doive être corrompu appartient nécessairement à tout ce qui est engendré. (31, 24-29).

Même les dieux, s'ils sont engendrés, disparaîtront un jour (32, 4). Il semble donc, du moins aux yeux des aristotéliciens, que la volonté divine ne possède aucun pouvoir susceptible d'empêcher l'avènement de la corruption promise à tous les corps engendrés. Volonté divine ou non, les vivants sensibles périront comme l'ordre de la nature le prescrit.

Nous pouvons ainsi esquisser un certain développement dans les positions philosophiques relatives à la volonté de dieu. Platon affirme dans le *Timée* que les dieux sont engendrés et corruptibles [1], mais que le dieu, par son vouloir, les empêche de se corrompre (41 a-b). Aristote s'amuse de cette explication, car il croit que dieu n'a pas à intervenir dans le processus de la génération et de la corruption, car, si elle est engendrée, une chose doit nécessairement finir par être corrompue. Il est suivi sur ce point par son célèbre commentateur, Alexandre d'Aphrodise, qui déclare en toutes lettres que la volonté de dieu ne peut empêcher le monde de périr. Plotin hérite à son tour de cette problématique, peut-être même à la suite de la lecture des *Quaestiones* [2]. C'est pourquoi le traité 40 insiste tant sur l'étendue de la puissance qui habite la volonté de dieu.

La distinction entre les vivants sublunaires et les vivants supralunaires

Cette seconde difficulté reprend l'interrogation qui apparaissait déjà en 1, 10-12 : « Pourquoi les vivants d'ici-bas auront-ils uniquement une permanence par l'espèce, alors que les choses contenues dans le ciel et le ciel lui-même auront une permanence individuelle ? ». Pourquoi y aurait-il en effet une différence entre le ciel et la région sublunaire ? Car si tel était le cas, il faudrait alors expliquer dans quelle mesure les astres se distinguent des vivants d'ici-bas [3].

1. Platon considère que la génération et la corruption vont de pair, cf. *Timée* 28 a.
2. Les travaux d'Alexandre d'Aphrodise étaient lus dans l'école de Plotin (*VP* 14, 13).
3. Plotin résoudra cette difficulté, ainsi que la suivante, dans le chapitre 5.

La permanence individuelle des astres et ses conséquences

La troisième et dernière difficulté doit être mise en parallèle avec le tout début du chapitre. Dans l'argument sur la volonté de dieu, Plotin raisonna de la manière suivante : si les vivants sublunaires ne persistent que par l'espèce, il en ira de même pour les vivants célestes. Puisque tout corps s'écoule et que les vivants d'ici-bas périssent, ceux de là-haut n'ont aucune raison de ne pas subir le même sort (1, 5-10). Mais ce raisonnement peut aussi être inversé, de telle manière que l'on pourrait se demander si, dans l'hypothèse où les vivants célestes auraient une permanence individuelle, ceux d'ici-bas ne possèderaient pas eux aussi une permanence individuelle. L'incongruité d'une telle hypothèse est patente, mais l'idée qui sous-tend les deux arguments reste la même. Si les parties de l'univers sont uniformes, c'est-à-dire si elles présentent une même nature, les caractéristiques qui appartiennent à l'une doivent d'emblée appartenir aux autres. Si l'une des parties de l'univers est corruptible, l'ensemble sera corruptible ; mais si l'une des parties est immortelle, elles le seront toutes au même titre.

II. DOXOGRAPHIE ET ÉNONCÉ DE PRINCIPE (CHAPITRE 2)

Aperçu général

Plotin dévoile maintenant la position qui sera la sienne dans ce traité et qui consiste à défendre la permanence individuelle du ciel par opposition à la permanence par l'espèce des vivants sublunaires. Il lui faut alors affronter l'objection de l'écoulement perpétuel des corps. Celle-ci reçue en effet des appuis non négligeables dans les augustes figures de Platon et d'Héraclite, qui pensent tous deux que les astres ne sont pas en eux-mêmes immortels, mais qu'ils subissent d'incessantes transformations. Seul Aristote contourne la difficulté en admettant dans le ciel l'existence d'un cinquième corps, qui est inaltérable. Mais pour Plotin, qui refuse la solution aristotélicienne, le problème de l'écoulement perpétuel des corps se pose toujours. Afin de résoudre cette aporie, il propose donc d'analyser le ciel en fonction de ses deux parties constituantes, c'est-à-dire en tenant compte de son âme et de son corps. Le ciel sera donc permanent pour l'une de ces trois raisons : à cause de son corps, de son âme, ou de la collaboration des deux. Or, si le corps est par lui-même permanent, la présence de l'âme ne servira plus qu'à rendre les astres vivants. Mais si c'est l'âme qui rend les astres immortels, le corps doit accepter de s'unir à elle pour toujours. La perpétuité des astres dépend donc de l'harmonie qui règne entre leur corps et leur âme.

L'ÉCOULEMENT ET LES TÉMOIGNAGES ANCIENS (2, 1-17)

La thèse que Plotin souhaite défendre est celle qui pose que le ciel et les choses qui sont en lui persistent dans leur individualité, alors que les vivants sublunaires n'ont qu'une permanence selon l'espèce **(2, 1-3)**. L'objection principale qui s'y oppose consiste essentiellement dans la doctrine de l'écoulement perpétuel des corps. Car comment les astres peuvent-ils rester identiques à eux-mêmes, s'ils sont corporels et si tous les corps s'écoulent sans cesse **(2, 4-6)**? Deux attitudes ont été adoptées face à cette difficulté. D'une part, Platon et Héraclite semblent s'y soumettre, car ils supposent que cet écoulement affecte non seulement les corps sublunaires, mais aussi ceux qui circulent dans le ciel **(2, 6-12)**. D'autre part, Aristote la combat et refuse d'admettre que le corps constituant le ciel puisse, par nature, subir un quelconque écoulement **(2, 12-13)**.

Plotin rejette la solution aristotélicienne qui consiste à introduire dans le ciel un nouvel élément, incorruptible par lui-même et qui n'existe nulle part ailleurs que dans la région supralunaire. Il refuse les hypothèses [1] par lesquelles Aristote tente de démontrer l'existence d'un cinquième corps immortel **(2, 14)**. Plotin croit fermement que l'univers entier se compose des quatre éléments d'Empédocle, à savoir la terre, l'eau, l'air et le feu **(2, 14-15)**. La difficulté reste donc entière : si les astres possèdent des corps similaires à ceux d'ici-bas, comment pourraient-ils persister à jamais **(2, 15-16)** [2] ?

Maintenant que l'aporie à laquelle se mesure Plotin est bien délimitée, il convient d'examiner l'influence qu'exercèrent Platon, Héraclite et Aristote sur la conception plotinienne de l'écoulement des corps.

Platon

Afin de nous introduire à la problématique de l'écoulement des corps célestes, Plotin a choisi de citer Platon : « « Car comment, dit Platon, puisqu'ils ont un corps et qu'ils sont visibles, les astres possèderont-ils l'immutabilité et l'identité ? » » **(2, 8-10)**. Il s'agit là d'un passage du septième livre de la *République* : « … le véritable géomètre n'estimera-t-il pas insensé, crois-tu, celui qui pense que ces astres se comportent toujours de la même façon et qu'en aucune manière ils ne changent en rien, même s'ils sont corporels et visibles (…)? » (530 b). Platon considère déjà que la corporéité des astres constitue un obstacle à leur

1. Le traité 40 ne donne aucun détail sur les hypothèses d'Aristote auxquelles Plotin fait allusion **(2, 13)**. Deux commentateurs ont toutefois essayé de les identifier. Il s'agit de Proclus, dans son *Commentaire sur le* Timée (I, 237.25-238.1 Diehl), et de Simplicius, dans son *Commentaire sur le* De Caelo (12, 8-13). Ces auteurs résument en fait les chapitres 2 et 3 du premier livre du *De Caelo*.

2. Ce sont vraisemblablement les aristotéliciens qui insistèrent sur cette difficulté, car ils doivent justifier l'existence de l'éther. On trouve ainsi chez Alexandre d'Aphrodise une question qui s'intitule *Que si la même matière se trouve aussi dans les êtres divins, ceux-ci seront également corruptibles* (*Quaestiones* 1. 15; 26, 28). Hormis le titre, le développement de ce problème ne présente toutefois aucun point commun avec le traité 40.

immortalité individuelle. Puisqu'ils sont corporels et visibles, les vivants célestes ne peuvent rester en tout point identiques pour l'éternité. De toute évidence, Plotin emprunte cette difficulté à Platon et tente de la résoudre dans le traité 40. C'est que la *République* laisse la question en suspens, ce dialogue se contentant en effet de semer le doute, sans offrir la moindre réponse à cette aporie.

Même si la *République* est avare de commentaires à l'égard de la permanence du ciel, il en va tout autrement du *Timée*, qui est un dialogue postérieur et qui propose une solution à ce problème. La difficulté de base reste toujours la même : le monde et les astres qu'il contient sont évidemment corporels, c'est-à-dire visibles et tangibles (*Timée* 31 b). Étant donc susceptibles d'une perception sensible, les corps subissent un perpétuel devenir, ils naissent et se corrompent : « Mais d'un autre côté, il y a ce qui devient un objet d'opinion au terme d'une perception sensible irraisonnée, ce qui naît et se corrompt, n'existant jamais réellement » (28 a). L'univers corporel en son entier est donc né (28 b-c) et il est par suite susceptible d'être corrompu. Telle étant la position du problème, la solution qu'en offre le *Timée* sollicite l'intervention de deux facteurs. Tout d'abord, le monde ne se dissoudra pas parce qu'il contient tout (32 c); ensuite, la volonté de dieu prévient la corruption des œuvres issues du Démiurge, à savoir le monde et les corps célestes (41 a-b).

Si l'on se rappelle bien, la volonté de dieu et le fait que le monde contient tout sont les deux arguments que Plotin a remis en cause dans le premier chapitre du traité (1, 2-19). Il reproche au premier d'être trop obscur, tandis qu'il remarque avec justesse que le second ne s'applique qu'à l'univers et non pas à la région supralunaire. Plotin est donc au fait non seulement de la problématique soulevée par la *République*, mais aussi de la solution proposée par le *Timée*. Il juge toutefois que la réponse de Platon est insuffisante et il préfère reprendre par lui-même le problème dès le début.

Héraclite

Après avoir cité Platon, Plotin introduit un prétendu fragment d'Héraclite : « un nouveau soleil naît sans cesse » **(2, 11-12)**. Nous disons un « prétendu » fragment, car le contenu de cette citation n'est pas conforme à celle du fragment B6 DK, dont il se veut le référent, et qui dit que « le soleil est nouveau chaque jour » (*Météorologiques* II, 2, 355 a 13). La doctrine de ce fragment, telle que rendue par Plotin, n'est pas non plus corroborée par les autres témoignages qui nous sont parvenus à propos du soleil chez Héraclite. Pour ce présocratique, semble-t-il, le soleil ne se transformerait pas continuellement, mais il s'allumerait et s'éteindrait suivant les cycles du jour et de la nuit. C'est, du moins, la doctrine rapportée par Aristote et Platon.

Au second livre de ses *Météorologiques*, Aristote blâme ceux qui prétendent que le soleil se nourrit d'exhalaisons émanant de la terre et de la mer, parce que, si tel est le cas, le soleil devient sans cesse nouveau. Il s'agit, dit le Stagirite, d'une position encore plus drastique que celle d'Héraclite, car pour ce dernier le soleil devient seulement nouveau chaque jour : « Mais, au sujet du soleil, il est impossible que cela se produise, puisque, s'il se nourrit de la même façon que ces philosophes l'affirment, il est évident que le soleil non seulement serait chaque jour nouveau, comme le soutient Héraclite, mais encore qu'il serait toujours nouveau sans discontinuer» (II, 2, 355 a 11-15). La version aristotélicienne veut donc qu'Héraclite ait soutenu que le soleil est nouveau à chaque jour et non pas à chaque instant.

La *République* évoque elle aussi la position d'Héraclite à l'égard du soleil. Platon y compare au soleil d'Héraclite l'ardeur des jeunes gens à faire de la philosophie : « ... leur ardeur s'éteint bien plus que le soleil d'Héraclite, puisqu'elle ne se rallume pas!» (498 b). Nous comprenons de cette remarque qu'Héraclite considérait que le soleil s'éteint et se rallume, ce qui est approprié s'il pensait alors à la succession du jour et de la nuit. Dans cette optique, il n'est pas non plus question d'un soleil qui se modifie sans cesse, qui s'allume et qui s'éteint à tout instant. Le soleil d'Héraclite ne subit donc pas un incessant devenir, mais plutôt une transformation quotidienne. Il est vraisemblablement nouveau à chaque jour, lorsqu'il se rallume.

Si l'analyse précédente s'avère exacte, Plotin pousse donc à l'extrême la pensée d'Héraclite. Il en donne en fait une singulière version en disant que le soleil est non seulement nouveau chaque jour, mais à chaque instant. Pour autant qu'on puisse en juger, il semble que la doctrine d'Héraclite n'allait pas aussi loin. Il y a cependant de grands avantages à le croire, ne serait-ce que pour mieux adapter ce fragment à la doctrine de l'écoulement perpétuel des corps, qui est l'apanage de la philosophie héraclitéenne. Un soleil qui naît sans cesse accuse mieux l'importance de la théorie du flux universel qu'un soleil qui s'éteint la nuit pour se rallumer le jour. Si les corps s'écoulent toujours, le corps du soleil doit lui aussi sans cesse se renouveler[1]. C'est peut-être pour de semblables raisons de cohérence que Plotin modifie un peu la pensée d'Héraclite[2]. Il produit alors une prétendue citation d'Héraclite qui, à notre connaissance, est sans précédent.

Aristote

En posant l'existence d'un cinquième corps, Aristote règle de manière radicale le problème d'un éventuel écoulement des corps célestes. Cet élément ne se compare pas en effet aux quatre éléments sublunaires que sont le feu, l'air, l'eau et la terre. Si ceux-ci se transforment les uns dans les autres, l'éther demeure quant à lui toujours le même, immuable et éternel : « Pour quelles raisons le premier

1. Il est intéressant de constater qu'une interprétation sans doute fausse de la pensée d'Héraclite, à savoir l'écoulement perpétuel des corps, puisse engendrer une autre interprétation fausse, c'est-à-dire la transformation continue du soleil.

2. On ne peut totalement exclure la possibilité que Plotin ait simplement mal lu le passage en question des *Météorologiques* : « ... il est évident que le soleil non seulement serait chaque jour nouveau, comme le soutient Héraclite, mais encore qu'il serait toujours nouveau sans discontinuer » (II, 2, 355 a 14-15). Un lecture rapide aurait pu induire Plotin à croire que le fragment d'Héraclite affirme que le soleil est toujours nouveau sans discontinuer.

corps [l'éther] est éternel, qu'il ne possède ni accroissement ni diminution, mais qu'il est sans vieillissement, inaltérable et impassible, cela est évident à partir des choses qui viennent d'être dites, si l'on fait confiance aux principes qui ont été posés » (*De Caelo* I, 3, 270 b 1-4). L'éther ne subit donc par nature aucun écoulement. Étant composé d'éther, le corps des astres demeure alors parfaitement immuable, quoi qu'il advienne des corps sublunaires. Même si les corps d'ici-bas s'écoulent sans cesse, les astres sont immortels, car ils ne possèdent pas les mêmes corps que les vivants d'ici-bas.

Cette solution est rejetée par Plotin. Jamais il n'admettra plus de quatre éléments dans la constitution des corps sensibles **(2, 12-16)**. Le problème auquel il fait face reste donc entier : s'ils se composent des mêmes éléments que les corps sublunaires, comment les astres peuvent-ils être immortels ? Puisque les corps d'ici périssent, pourquoi ceux qui circulent dans le ciel ne subiraient-ils pas le même sort ?

Ce rejet radical de l'éther, sans la moindre argumentation de la part de Plotin, mérite d'être expliqué. Pour ce faire, nous brosserons un rapide portrait de l'histoire de l'éther, d'Aristote à Plotin. La référence absolument incontournable à ce sujet demeure l'article de P. Moraux, intitulé « Quinta essentia »[1]. Cette étude s'intéresse au destin fantastique que connu l'éther et se divise en trois parties principales : l'éther avant Aristote ; l'éther chez Aristote ; l'éther après Aristote. Dans l'exposé qui suit, nous nous intéresserons uniquement au sort que la postérité a réservé au cinquième corps aristotélicien.

Au tout début de sa section sur l'éther après Aristote (col. 1231), Moraux fait une remarque de première importance. Il affirme en effet que nous pouvons distinguer trois écoles de pensée relativement à la constitution des corps célestes. Il y a d'abord les aristotéliciens de stricte obédience. Ceux-ci s'en tiennent à la doctrine exposée par le maître du Lycée et admettent un cinquième corps incorruptible, immuable et qui se meut de manière circulaire. Ensuite, certains penseurs préfèrent revenir à la doctrine communément admise avant Aristote, à savoir que le ciel se compose uniquement de feu. Les stoïciens, par exemple, sont revenus à une semblable théorie, précisément celle que Plotin s'empresse de faire sienne. Et finalement, d'aucuns choisissent de maintenir la position de Platon, prétendant que le ciel se compose surtout de feu, mais qu'il contient également d'autres éléments. L'éther ne fut donc pas accepté par la majorité des penseurs qui s'intéressèrent à la nature des corps célestes. Nous remarquons en fait que même les successeurs d'Aristote à la tête du Lycée contestèrent l'existence d'un cinquième corps. Théophraste, le successeur immédiat d'Aristote, semble en effet défendre la nature ignée du ciel dans son traité *Sur le feu*. Il se demande comment le ciel pourrait être lumineux et pourrait diffuser de la chaleur, s'il n'est pas fait de feu ? Straton de Lampsaque, le second dirigeant du Lycée après Aristote, soutient lui aussi que le ciel est composé de feu. Les subtiles démonstrations *a priori*

1. P. Moraux, « Quinta essentia », *Paulys Realencyclopädie des classischen Altertumswissenschaft*, XXIV, col. 1171-1263.

visant à prouver l'existence de l'éther ne pouvaient convenir à l'esprit essentiellement empirique de Straton.

De toutes les attaques dirigées contre la doctrine aristotélicienne de l'éther, la plus systématique vint d'un péripatéticien, Xénarque de Séleucie, qui rédigea au premier siècle avant J.-C. un traité intitulé *Contre la cinquième essence*[1]. Cette œuvre est malheureusement perdue, mais Simplicius, dans son *Commentaire sur le* De Caelo, a préservé plusieurs des arguments qui s'y trouvaient (p. 13, 14, 20, 21, 23-26, 42, 50, 55, 70, 286). S'il faut en croire Simplicius, Xénarque s'attaquait directement aux démonstrations présentées par Aristote dans le second chapitre du premier livre du *De Caelo*. Il prétend par exemple, contre le Stagirite, que la ligne droite et la ligne circulaire ne sont pas les seules lignes géométriques simples, que le mouvement circulaire n'est pas naturellement le mouvement d'un corps simple, ou que le mouvement rectiligne n'est pas le seul mouvement naturel des quatre éléments[2]. Ces arguments de Xénarque visait à renverser la thèse aristotélicienne et à rendre au feu la place qu'il mérite dans le ciel.

Quelle que soit la valeur réelle des objections mises de l'avant par Xénarque, l'opposition que manifeste ce dernier à l'encontre de la doctrine aristotélicienne de l'éther est très significative. Elle indique que les péripatéticiens eux-mêmes s'insurgèrent contre l'un des principes fondamentaux de la cosmologie aristotélicienne. Beaucoup suivront leur exemple, et encore au sixième siècle un Jean Philopon, dans son traité *Contre Aristote, sur l'éternité du monde*, reprendra l'essentiel des arguments de Xénarque.

C'est donc dans une atmosphère de contestations que Plotin hérite à son tour de la problématique de l'éther. Étant donné la position de Théophraste, de Straton, de Xénarque et surtout des stoïciens, qui condamnent tous l'éther et posent le feu comme le seul élément entrant dans la composition des astres, Plotin ne juge pas utile de partir à nouveau en croisade contre cette théorie. Voilà pourquoi, semble-t-il, le traité 40 rejette l'éther sans aucun examen préalable. En fait, Plotin ne prendra jamais la peine de réfuter la doctrine aristotélicienne du cinquième corps. Il semble tout bonnement acquis qu'elle relève d'un non-sens.

LE PRINCIPE DE LA SOLUTION (2, 17-28)

À partir de la présente section, et ce jusqu'au chapitre 5, Plotin entreprend de démontrer la permanence du ciel et du monde. Il pose le principe général qui guidera son investigation : puisqu'il se compose d'une âme et d'un corps, le ciel

1. Sur Xénarque, on peut consulter avec profit l'article de P. Moraux, « Xenarchos [5] », *Paulys Realencyclopädie des classischen Altertumswissenschaft*, IX, A2. Sur l'attaque de Xénarque contre Aristote, voir S. Sambursky, *The Physical World of Late Antiquity*, London, Routledge and Kegan Paul, 1962, chap. 5 : « Celestial physics, I. Xenarchus against the aether ».

2. Pour une analyse détaillée des arguments de Xénarque, voir le résumé de Moraux, *op. cit.*, col. 1424-1426, et celui de Sambursky, *op. cit.*, p. 126-130.

est immortel à cause soit de son âme *ou* de son corps, soit de son âme *et* de son corps **(2, 17-20)**. Cet énoncé est le produit de deux types de considérations, le premier impliquant la définition des vivants immortels proposée par le *Phèdre*, et le second engageant la cause de l'immortalité.

Les deux types de vivants selon le Phèdre (246 c-d)

Le *Phèdre* reconnaît l'existence de deux sortes de vivants. Il y a d'abord les vivants mortels, qui naissent quand notre âme perd ses ailes et qu'elle vient s'unir à un corps de terre. L'ensemble ainsi formé ne dure qu'un certain temps, car notre âme quitte un jour notre corps. Il y a ensuite les vivants immortels, c'est-à-dire les dieux, qui se composent eux aussi d'une âme et d'un corps. À la différence des vivants mortels, les dieux ne voient jamais leur âme et leur corps se séparer. Platon définit en effet un dieu comme « un vivant immortel qui possède une âme et un corps, mais tous deux naturellement unis pour une éternelle durée » (*Phèdre* 246 d).

Ce passage du *Phèdre* est important pour le traité 40, car il concerne les astres. Ceux-ci sont en effet classés parmi les vivants immortels, comme le *Timée* l'explique bien, Platon affirmant que les dieux célestes sont la première espèce de vivants (40 a). Ce sont eux qui, par l'intermédiaire d'un souhait du Démiurge, acquièrent l'immortalité (41 a). Les astres sont donc des vivants immortels et, d'après le *Phèdre*, ils se composent d'une âme et d'un corps qui restent unis à jamais.

La cause de l'immortalité

Tout comme le fait Platon dans le *Phèdre*, Plotin définit les vivants immortels par l'union sans fin d'une âme et d'un corps (246 d). Puisqu'il est un vivant permanent par le nombre, le ciel[1] doit donc sa permanence à son corps, à son âme, ou à son corps et à son âme **(2, 19-20)**. On notera cependant que cette division tripartite est trompeuse, puisque seules deux possibilités s'offrent en vérité à nous, car le ciel tient son immortalité soit de son corps, soit de son âme et de son corps. Il est en effet absurde de considérer que l'âme est seule responsable de l'immortalité d'un vivant, étant donné qu'elle doit nécessairement s'unir à un corps dans la constitution des astres.

1. Dans l'Antiquité, le ciel, les astres et le monde sont considérés comme des vivants. Pour le ciel et les astres, cette opinion se trouve notamment chez Platon (*Timée* 40 a-b), chez Aristote (*De Caelo* II, 12, 292 a 19), et dans certains fragments de Chrysippe (*SVF* II, 579, 677, 687). Contrairement à Platon (*Timée* 30 b-c), Aristote et les stoïciens ne comptent pas le monde parmi les vivants, puisqu'ils refusent d'admettre une âme du monde. Trahissant son affiliation platonicienne, Plotin croit que le ciel, les astres et le monde sont des vivants (II, 9 [33], 18, 31 ; 38 ; 46 ; III, 2 [47], 9, 30-34 ; IV, 4 [28], 6, 4-6 ; 8, 2 ; V, 1 [10], 2, 1-4 ; 21-24).

Le corps

Si l'incorruptibilité appartient au seul corps, l'âme n'est pas responsable de l'immortalité des astres **(2, 20-22)**. Leur âme reste certes sans cesse unie à leur corps, mais cela uniquement afin qu'ils continuent à être des vivants **(2, 22)**. Plotin maintient en effet qu'il faut une âme pour constituer un vivant, car un corps isolé ou un amas de corps reste sans vie (IV, 4 [28], 18, 22; IV, 7 [2], 2, 18-19). Les quatre éléments ne participent point par eux-mêmes de la vie, pas plus que ne le fait d'ailleurs l'éther aristotélicien :

> C'est que le feu, l'air, l'eau et la terre sont en eux-mêmes dépourvus d'âme. Et si l'âme est présente en l'un de ces éléments, celui-ci use d'une vie empruntée. Mais il n'y a pas de corps en plus de ceux-là et, de toute évidence, ceux à qui il semble qu'il existe aussi des éléments différents de ceux-là [*i.e.* l'éther] affirment qu'ils sont des corps, non pas des âmes, et qu'ils ne possèdent pas la vie (IV, 7 [2], 2, 11-16).

Un vivant se compose donc toujours d'une âme et d'un corps. Mais si l'on accorde la propriété d'être incorruptible au corps lui-même, l'âme perd ainsi beaucoup de son importance, car elle ne sert plus qu'à justifier la présence de la vie dans les corps célestes. C'est là une critique de la solution aristotélicienne, qui veut que l'immortalité des astres vienne de leur corps, l'éther, qui est par lui-même immortel et inaltérable (*De Caelo* I, 3, 270 b 1-4). Leur âme ne contribue pas à leur permanence et elle joue un rôle tellement effacé qu'Aristote ne mentionne presque jamais l'existence d'une âme dans les corps célestes. Il ne le fait qu'une fois, dans le *De Caelo*, lorsqu'il affirme que les astres ne sont pas de simples corps inanimés, mais qu'ils participent de l'activité et de la vie (II, 12, 292 a 21). En accordant autant de pouvoir au corps, Aristote minimise d'un même élan la contribution de l'âme à la nature des astres.

L'âme et le corps

Si le corps est corruptible, l'âme devient en revanche responsable de l'immortalité du vivant **(2, 22-24)**. Puisqu'il s'écoule sans cesse et qu'il ne reste jamais le même, le corps n'offre en lui-même aucune permanence. Sans une âme pour le gouverner, aucun corps ni aucun vivant ne deviendrait immortel. Cette âme ne procure toutefois l'immortalité au vivant que si le corps collabore avec elle. Même si elle est la cause de la permanence d'un vivant, l'âme ne s'unit pas de force à un corps. L'immortalité est à ce prix : le corps doit accepter de s'unir à l'âme pour toujours. Il devient alors primordial de démontrer que « la manière d'être du corps n'est pas elle-même opposée à sa combinaison avec l'âme et à la permanence de cette combinaison » **(2, 24-26)**. C'est que s'il refuse de coopérer avec l'âme, quelles que soient les vertus de cette dernière, le corps finira par périr. Mais s'il veut parvenir à l'immortalité, le corps se doit d'accepter l'aide qui lui est offerte par l'âme.

Plotin accuse l'importance de ce précepte en le reformulant de deux manières différentes : il faut montrer qu'il n'y a pas de désaccord (ἀσύμφωνον) entre l'âme et le corps d'un vivant immortel **(2, 26)**. C'est-à-dire que la matière doit être adaptée (πρόσφορον) à la volonté de celui qui produit **(2, 27-28)**. Puisque l'âme et le corps d'un vivant immortel restent, par définition, toujours unis l'un à l'autre (*Phèdre* 246 d), ils ne doivent donc entretenir aucun désaccord susceptible de les séparer, devant être adaptés l'un à l'autre.

Toutes ces précisions sur l'accord qui règne entre le corps et l'âme d'un vivant immortel visent sans doute Platon, car, dans sa définition des dieux (246 d), le *Phèdre* n'explique pas comment l'âme et le corps peuvent s'unir à jamais. Pourtant, s'il est susceptible de s'écouler[1], le corps des astres pourrait refuser de s'unir de manière permanente avec l'âme. Et le même raisonnement s'applique également à la volonté de dieu. Lorsqu'il invoque le souhait du Démiurge, Platon n'explique pas de quelle manière le corps des astres accepte de se plier au souhait divin (*Timée* 41 a). Même s'il désire rendre ses œuvres impérissables, dieu n'y parviendra jamais s'il n'obtient au préalable le consentement du corps **(2, 27-28)**.

Ces difficultés sont l'occasion pour Plotin de mieux définir sa propre position. Celle-ci s'édifie sur des prémisses qui restent profondément platoniciennes. Elles se résument au fait que le ciel ne se compose pas d'un cinquième corps immortel, mais des quatre éléments traditionnels; que chacun de ces éléments et les corps qui en dérivent sont par eux-mêmes corruptibles; et enfin, que si ces corps deviennent immortels, c'est grâce à leur âme. Plotin se conforme jusqu'à ce point à l'enseignement du *Timée*. La suite de son raisonnement déborde en revanche le cadre de ce dialogue, puisqu'il ajoute que le ciel est permanent à cause de son âme *et* de son corps. Le corps du ciel doit collaborer avec son âme, car, s'ils produisent un vivant immortel, leur union devra durer à jamais. Comme c'est le cas depuis le début du traité 40, Plotin essaie donc à nouveau de remédier aux obscurités laissées par l'argumentation du *Timée*. Dans ce cas-ci, il s'interroge sur la capacité que possède le corps d'un vivant immortel de pouvoir s'unir pour toujours à son âme.

1. La *République* affirme en effet que les corps célestes ne demeurent pas toujours identiques à eux-mêmes, parce que leurs corps s'écoulent (VII, 530 b).

CHAPITRE II

DÉFENSE DE LA THÈSE : L'ÂME ET LE CORPS PARTICIPENT À L'IMMORTALITÉ DU VIVANT

I. AU NIVEAU DU CORPS (CHAPITRE 3)

Aperçu général

Plotin montre maintenant de quelle manière le corps contribue à l'immortalité du monde et à celle du ciel. En ce qui concerne le corps du monde, il faut voir qu'il ne s'écoule pas vers l'extérieur, mais qu'il s'écoule en lui-même. Puisqu'il ne connaît ni accroissement ni diminution, l'univers reste identique et ne vieillit pas. Plotin reprend ainsi l'argument platonicien présenté dans le premier chapitre, à savoir que le monde est immortel parce qu'il contient tout. En ce qui regarde le corps du ciel, il faut considérer qu'il ne s'écoule pas vers l'extérieur, c'est-à-dire dans la région sublunaire ou dans un quelconque espace au-delà de la sphère des étoiles fixes. À vrai dire, le ciel peut seulement s'écouler en lui-même. Le feu céleste n'a en effet aucune tendance à se mouvoir vers le bas et il ne peut monter plus haut que la sphère des fixes. Puisqu'il ne perd pas de feu, le ciel est donc permanent et ne vieillit pas. Cette conclusion, Plotin ne la tire pas tout de suite, car deux difficultés attendent toujours de recevoir une solution adéquate : 1) est-il bien vrai que rien ne s'écoule du ciel ? ; 2) y a-t-il seulement du feu dans le ciel ?

LE CORPS DU MONDE (3, 1-12)

Tout ce chapitre est gouverné par un seul et unique principe, celui qui énonce qu'un vivant dépérit et meurt lorsqu'un trop grand nombre de ses parties corporelles s'enfuient hors de lui. Il s'agit là de la définition de la vieillesse, telle que proposée par le *Timée* (81 c-d). Notre commentaire en a déjà fait mention en 1, 12-16, lorsqu'il était question de l'immortalité du monde et du fait qu'il contient tout. Il semble toutefois pertinent de rappeler à quoi correspondent les phénomènes de la jeunesse et de la vieillesse chez Platon : lors de sa jeunesse, le vivant assimile bien sa nourriture et il s'accroît, car il acquiert plus de parties corporelles qu'il n'en perd; lors de sa vieillesse, le vivant assimile mal ses aliments et dépérit, car il perd plus de parties corporelles qu'il n'en gagne.

C'est en s'inspirant de cette explication de la vieillesse que Plotin tente de montrer de quelle manière un vivant devient immortel. Partant de l'hypothèse que le vivant dépérit parce que trop de ses parties corporelles le quittent et s'enfuient vers l'extérieur, Plotin suppose qu'un vivant est immortel si aucune de ses parties ne le quitte. Le rapport qui existe entre la vieillesse et l'écoulement du corps vers l'extérieur sert donc de fondement à toute sa démonstration. Prouver qu'un vivant conserve en lui toutes les parties de son corps, n'en laissant partir aucune, c'est prouver son immortalité. Plotin propose ainsi un principe qui s'applique à la fois au monde et au ciel. Si leurs corps ne s'écoulent pas, c'est-à-dire si aucune de leurs parties corporelles ne sortent d'eux, ils sont immortels.

Considérons brièvement comment ce principe s'applique au monde. Dans son exposé, Plotin aborde deux points qui ont été présentés dans le premier chapitre. Il reprend l'idée que « le monde contient tout » (1, 12-16) et répond à l'objection qui fait valoir que si toutes ses parties se corrompent les unes les autres, le monde ne peut subsister que par l'espèce (1, 22-24).

Le monde contient tout

La présente démonstration prend pour acquis que le monde contient tout. Plus précisément, Plotin se guide sur le passage suivant du *Timée* : « Rien ne sortait en effet du monde ou n'y entrait, de quelque lieu que ce soit, car il n'y avait rien hors de lui. C'est que le monde a été fabriqué pour qu'il se procure sa propre nourriture, en se consommant lui-même, et pour que tout ce qu'il subit ou accomplit se passe en lui et à cause de lui, grâce à son art » (33 c-d)[1]. De cette description du monde, provenant du *Timée*, Plotin retient que le corps de l'univers s'écoule en lui-même et non pas hors de lui-même **(3, 2-3)**. Il en déduit alors que le monde ne vieillit pas. Puisque rien ne peut entrer dans le monde ou en sortir, l'univers ne croît pas, ni ne dépérit **(3, 3-4)**. Et s'il ne dépérit pas, le monde ne vieillit pas et ne connaît pas la mort **(3, 5)**[2]. La définition de la vieillesse ne s'applique donc pas au monde, car elle concerne uniquement les vivants dont le

1. Ce passage est aussi utilisé dans le traité 23 : « Et certes le corps de l'univers agit et pâtit à l'intérieur de lui-même, et rien d'extérieur ne s'introduit en lui » (VI, 5 [23], 10, 36-38).

2. Tout l'intérêt porte ici sur l'immortalité du monde, c'est-à-dire sur l'impossibilité qu'il vieillisse. C'est pourquoi Plotin insiste seulement sur le dépérissement, même si l'accroissement a aussi été mentionné **(3, 4)**. C'est dans un traité antérieur que Plotin affirme que l'univers n'a jamais connu d'accroissement, et qu'il n'a donc jamais été jeune : « Et quant à l'univers, il ne fut pas un jour un enfant comme s'il avait été incomplet, et rien en s'approchant ne s'attacherait à lui ni ne s'ajouterait à son corps. D'où viendrait en effet cette chose ? C'est que le monde contient tout » (II, 9 [33], 17, 52-54).

corps s'écoule à l'extérieur d'eux-mêmes. S'il contient tout, que le monde ne perd aucune de ses parties corporelles, il ne périra jamais.

Permanence par l'espèce ou permanence individuelle ?

Du point de vue plotinien, l'argumentation précédente vient confirmer l'immortalité du monde. Parce qu'il contient tout, l'univers est permanent. Mais il reste à déterminer si sa permanence est individuelle ou si elle concerne seulement son espèce. C'est que nous pouvons observer que les éléments se transforment (1, 5) et que les parties du monde se corrompent les unes les autres (1, 22-24). De sorte que l'univers n'a peut-être qu'une permanence par l'espèce. À cette difficulté, Plotin répond que la transformation des éléments, étant limitée, permet au monde de subsister individuellement.

La transformation des éléments

Plotin rappelle que certaines règles régissent la transmutation des éléments. La terre n'est susceptible d'aucune transformation **(3, 5-6)**, alors que seule une partie de l'air et de l'eau se transforme **(3, 6-7)**[1].

Tout d'abord, lorsqu'il affirme que la terre conserve toujours la même figure et la même masse **(3, 5-6)**, Plotin reprend la doctrine du *Timée*. Pour des raisons d'ordre mathématique, dit Platon, il ne faut pas admettre que la terre se transforme en un autre élément (56 d)[2]. Chaque élément correspond pour lui à un polyèdre régulier : le feu est associé au tétraèdre ; l'air, à l'octaèdre ; l'eau, à l'icosaèdre ; la terre, au cube (54 d-56 a). Or, ces polyèdres ne se composent pas tous des mêmes triangles élémentaires. Le cube est formé de triangles isocèles, alors que les autres polyèdres sont formés de triangles scalènes. Lorsqu'elle se décompose en triangles isocèles, la terre ne peut donc engendrer les autres éléments, car ses triangles, qui sont isocèles, ne correspondent pas à ceux du feu, de l'air et de l'eau, qui sont scalènes (56 d). Seuls les éléments qui possèdent des triangles du même type se transforment les uns dans les autres. Parce qu'ils possèdent des triangles semblables (*i. e.* scalènes), le feu, l'air et l'eau s'engendrent mutuellement. Mais étant donné la nature différente de ses triangles (*i. e.* isocèles), la terre ne peut que se décomposer et se recomposer elle-même (56 d).

Ensuite, même si l'air et l'eau subissent des transformations, aucun d'eux ne fait jamais défaut **(3, 6-7)**. L'univers ne se trouve en aucun moment dépourvu d'air ou d'eau. Plotin ne s'étend pas davantage sur le sujet, car il prend pour

1. Si le feu n'est pas inclus dans cette énumération des éléments, c'est que Plotin en parlera plus loin à propos du ciel **(3, 13-23)**.

2. Ce sont des considérations mathématiques sur les polyèdres réguliers qui font dire à Platon que la terre ne se transforme en aucun des autres éléments. Car avant d'avoir abordé ces questions mathématiques, Platon suppose que tous les éléments se transforment les uns dans les autres (49 c). Il se voit toutefois contraint de changer d'avis dès qu'il commence à présenter sa description géométrique des éléments (54 b). Parce qu'elle possède la forme d'un cube, la terre ne peut se transmuter en un autre élément.

acquis qu'aucun élément ne peut disparaître. Il affirmait déjà, dans le premier chapitre, que la transformation des éléments préserve leur forme (1, 5-6). Le corps s'écoule peut-être, mais chaque forme subsiste toujours, venant s'appliquer à chaque fois sur un nouveau corps (1, 8-10).

Le monde persiste individuellement

Puisqu'ils se modifient seulement dans une proportion déterminée[1], les éléments n'empêchent pas le monde d'être individuellement permanent **(3, 8-9)**. La terre ne se transforme pas et seule une quantité déterminée d'air et d'eau se modifie. L'univers reste donc le même, car il possède toujours la même masse de terre, tandis que l'air et l'eau continuent sans cesse d'exister. C'est d'ailleurs ce qui se produit chez les vivants sublunaires. Bien que nos parties corporelles changent continuellement et qu'elles sortent de notre corps, nous conservons notre individualité jusqu'à la mort **(3, 9-10)**. À plus forte raison, le monde, qui ne perd aucune de ses parties, doit rester le même individu **(3, 12)**.

Deux conséquences découlent ainsi du fait qu'un vivant garde en lui toutes ses parties corporelles. Non seulement ce vivant ne connaît ni la vieillesse ni la mort **(3, 2-5)**, mais il conserve de surcroît son individualité **(3, 10-12)**.

Plotin est alors en mesure de revenir à la fin du chapitre 2, où il affirmait que l'âme et le corps d'un vivant immortel ne peuvent entretenir de désaccord (ἀσύμφωνον) (2, 24-28). S'il ne s'accorde pas avec son âme, le corps s'écoule, car il cherche à s'éloigner et à s'enfuir. Mais s'il n'est pas en désaccord avec son âme (οὐκ ἀσύμφωνος), le corps ne s'écoule pas **(3, 11-12)**. Dans le cas d'un vivant incorruptible, puisqu'ils restent toujours ensemble, son âme et son corps s'accordent donc nécessairement l'un avec l'autre.

LE CORPS DU CIEL (3, 13-23)

Nous avons vu que la vieillesse et la mort surviennent seulement chez les vivants dont le corps s'écoule vers l'extérieur. Ceux qui gardent toutes leurs parties en eux ne périssent pas. S'il est immortel, le ciel ne doit donc perdre aucune parcelle de son corps. C'est pourquoi la présente section a pour objectif de démontrer que le feu céleste demeure dans la région supralunaire sans jamais en sortir.

Lorsqu'il se trouve au bas de l'univers, le feu se déplace vers le haut **(3, 13)**. Il se meut jusqu'au ciel et s'immobilise une fois qu'il est arrivé là-bas **(3, 14)**. Son repos ne résulte pas du fait qu'il soit dans son lieu propre **(3, 15)**, mais simplement du fait qu'il ne peut monter plus haut ou redescendre **(3, 16-18)**. Le

1. On notera que cela contredit la théorie stoïcienne de la conflagration. Les stoïciens considèrent en effet que l'univers s'embrase périodiquement, toutes choses se résolvant ultimement en feu (*SVF* I, 512; II, 596, 617). Un tel embrassement cosmique devient impossible chez Plotin, dans la mesure où il soutient que les éléments subsistent toujours, sans jamais se réduire au seul feu.

feu se laisse alors naturellement entraîner par l'âme en une révolution circulaire **(3, 18-20)**. Puisque l'âme retient le feu là-haut **(3, 21-22)** et que celui-ci n'a aucune tendance à se diriger vers le bas **(3, 22-23)**, le feu ne sort donc pas du ciel **(3, 23)**.

Afin d'apporter autant de clarté que possible à cette explication, nous ferons quelques commentaires, d'abord sur le mouvement circulaire de l'âme; ensuite, sur les notions de haut et de bas ; et finalement, sur le repos du feu dans le ciel.

Le mouvement circulaire de l'âme

Plotin adopte la même position que Platon à l'égard du mouvement du ciel. C'est en effet l'âme du ciel qui, d'après Plotin, procure aux corps célestes un mouvement circulaire **(3, 19 ; 21)**[1]. Telle est également la doctrine du *Timée*, lequel affirme que le monde se meut circulairement à cause de son âme (34 b, 36 e). Plus précisément, l'âme du monde se compose pour Platon de deux cercles qui sont insérés l'un dans l'autre et qui sont dotés chacun d'un mouvement circulaire (36 b-c). Le cercle extérieur est celui du Même, tandis que le cercle intérieur est celui de l'Autre (36 c). Les sept planètes sont alors disposées sur les sept divisions du cercle de l'Autre (38 e-39 a) ; les étoiles fixes, sur le cercle du Même (40 a-b). Les mouvements des diverses révolutions de l'âme du monde expliquent ainsi les mouvements circulaires des astres.

C'est dire qu'en dépit des critiques qu'adresse le *De Anima* à l'encontre d'une telle doctrine (I, 3, 406 a 30-406 b 5 ; 407 b 6-12), Plotin reprend sans hésiter l'opinion de Platon, pour qui le ciel se meut de manière circulaire autour du centre de l'univers, cela grâce à une âme qui lui imprime un mouvement semblable à celui qui l'habite elle-même.

Le haut et le bas

L'interprétation plotinienne du mouvement naturel des éléments accrédite en revanche la doctrine d'Aristote. Plotin affirme en effet qu'en se dirigeant vers le ciel, le feu se déplace vers le haut, alors qu'en se dirigeant vers le centre de l'univers, la terre se déplace vers le bas **(3, 13-14)**. Ce sont là les définitions mêmes faites par Aristote : « Je qualifie de « vers le haut » le mouvement qui part du centre, et de « vers le bas » celui qui va vers le centre » (*De Caelo* I, 2, 268 b 21). Le feu se porte vers le haut ; la terre, vers le bas : « Car le feu se dirige vers le haut en ligne droite, et les corps terrestres en bas, vers le centre » (I, 2, 269 a 26-27)[2].

De toute évidence, Plotin ne souscrit pas à la définition du haut et du bas présentée dans le *Timée*[3]. Platon tente en effet de nous convaincre qu'il s'agit là

1. Sur l'âme en tant qu'elle est responsable du mouvement circulaire du ciel, voir aussi III, 2 [47], 3, 29-31 ; V, 1 [10], 2, 5 et VI, 9 [9], 8, 2-3.

2. Sur les mouvements du feu et de la terre chez Aristote, on peut aussi consulter *De Caelo* I, 2, 269 b 4 ; II, 2, 284 b 35 ; IV, 4, 311 a 20 ; IV, 4, 311 b 35 et *De Anima* 406 a 8.

3. Il semble en fait que personne n'a repris la théorie de Platon sur le haut et le bas. Sur toutes les questions de haut, de bas, de lourd et de léger en *Timée* 62 c-63 e, nous renvoyons à l'analyse

de déterminations non pas absolues, mais relatives. Aucune partie de l'univers ne représenterait de manière fixe le haut ou le bas (*Timée* 62 c-63 a). Le haut et le bas prennent au contraire des formes diverses selon les lieux qu'occupent les corps (63 d). Lorsqu'ils se dirigent vers leurs lieux propres, les éléments se meuvent vers le bas ; lorsqu'ils s'en éloignent, ils vont vers le haut (63 d-e). De sorte que le haut et le bas ne sont pas les mêmes pour les corps qui ont des lieux propres opposés. Quand, par exemple, le feu s'élève à la périphérie de l'univers, il rejoint son lieu naturel et se transporte vers le bas. Et quand la terre descend vers le centre, elle atteint elle aussi son lieu naturel et va tout autant vers le bas. La définition du bas varie donc en fonction de l'élément concerné.

Afin d'illustrer son propos, Platon imagine deux observateurs, l'un qui se trouve sur la terre, l'autre, sur la circonférence intérieure de l'univers (63 b 2-c 5). Pour la personne qui se tient sur la circonférence, plus la portion de feu dont il se saisit est importante, et plus il a de la difficulté à pousser celle-ci hors de son lieu propre, c'est-à-dire vers le centre de l'univers. Plus la portion de feu est petite, et plus il a en revanche de facilité à pousser celle-ci vers le centre. Cet observateur estime alors que les plus grandes portions de feu sont lourdes et vont vers le bas, alors que les plus petites sont légères et vont vers le haut. Dans le cas du feu, le haut est donc le mouvement vers le centre ; et le bas, le mouvement vers la circonférence. Mais la situation se renverse pour un observateur qui se trouve sur la terre. Les plus grosses portions de terre résistent davantage quand elles sont poussées vers la circonférence, tandis que les plus petites résistent moins. Il semble ainsi que les plus grandes portions de terre sont lourdes et vont vers le bas, tandis que les plus petites sont légères et vont vers le haut. Dans le cas de la terre, le haut est donc le mouvement vers la périphérie ; et le bas, le mouvement vers le centre. D'un élément à l'autre, le bas peut alors s'opposer au bas, et le haut s'opposer au haut. Ces déterminations ne présentent donc pas une définition unique.

Le repos du feu céleste

Aristote fait la remarque suivante à ceux qui croient que le ciel se compose de feu :

> Mais si les corps qui se déplacent circulairement se meuvent contre leur nature en un mouvement de rotation, il serait étonnant et tout à fait illogique que ce mouvement soit le seul à être continu et éternel, puisqu'il est contre nature. Il semble en effet, du moins dans les autres cas, que les choses contre nature sont le plus rapidement détruites. De la sorte, si ce qui se meut en cercle est du feu, comme certains l'affirment, ce mouvement n'est pas moins pour lui contre nature que ne le serait celui vers le bas. Nous voyons en effet que le mouvement du feu est celui qui part du centre en ligne droite. (*De Caelo* I, 2, 269 b 6-13).

minutieuse de D. O'Brien dans *Theory of Weight in the Ancient World*, II. *Plato. Weight and Sensation*, Paris, Belles Lettres/Leiden, Brill, 1984, p. 17-37.

Puisqu'il est éternel, estime Aristote, le mouvement circulaire du ciel doit être naturel. Il faut alors que l'élément qui se trouve dans la région supralunaire adopte un mouvement de rotation naturel autour du centre de l'univers. Les astres ne peuvent donc se composer de feu, car le feu se meut par nature en ligne droite et, s'il se met à tourner, ce sera contre son gré. En raison de son mouvement rectiligne, le feu n'a pas sa place là où la translation circulaire domine. C'est pourquoi le Stagirite refuse d'admettre que le feu puisse entrer dans la composition du ciel.

Le présent chapitre du traité 40 répond à cette objection en soutenant que lorsqu'il est arrivé dans le ciel, le feu s'immobilise et n'oppose aucune résistance à l'âme qui le fait ensuite tourner **(3, 14 ; 18)**. Le feu ne se déplace plus en effet en ligne droite quand l'âme le prend en charge. Il est au repos. Son mouvement rectiligne n'entre donc plus en conflit avec le mouvement de rotation du ciel, car au moment même où il se met à tourner, le feu ne présente plus aucun mouvement. Par suite, même s'il se meut en cercle, le ciel peut se composer de feu.

Pour séduisante que soit cette solution, la question n'est pourtant pas si vite réglée, car un aristotélicien pourrait rétorquer : il est sans doute vrai qu'une fois qu'il est arrivé dans son lieu propre, le feu s'immobilise, mais s'il ne reste pas au repos lorsqu'il s'installe en cet endroit, le feu se meut contre sa nature. Puisque le ciel est son lieu propre, le feu céleste y trouve un repos naturel et le mouvement circulaire est pour lui contre nature. Le ciel ne se compose donc pas de feu.

Cette nouvelle objection n'est pas sans fondements, car Aristote dit bien que les éléments ont pour habitude de s'immobiliser une fois qu'ils ont atteint leurs lieux propres. Il écrit par exemple : « … la terre et chacun des autres éléments sont nécessairement au repos dans leurs lieux propres (…) » (*Physique* VIII, 3, 253 b 33-34, reprise de IV, 4, 211 a 4-5) ; « … tout demeure naturellement au repos dans son lieu propre » (IV, 5, 212 b 33-34) ; « Toutes choses cessent en effet de se mouvoir lorsqu'elles atteignent leurs lieux propres » (*De Caelo* I, 10, 279 b 1-2). C'est ainsi que Plotin, même en supposant que le feu s'immobilise avant d'être mû par l'âme, ne parvient pas à écarter toutes difficultés. Une fois parvenu au ciel, le feu doit y rester au repos.

La résolution de cette aporie met Plotin dans l'obligation de se prononcer contre Aristote et de prétendre que le lieu propre n'est pas responsable du repos des éléments **(3, 14-15)**. Si le feu s'immobilise dans le ciel, c'est qu'il n'a pas d'autre choix. La nature du feu fait que cette élément se meut en ligne droite à partir du centre vers la périphérie du monde **(3, 13)**. Le feu ne cherche jamais à se diriger dans une autre direction **(3, 15-16)**. Et quand il arrive dans le ciel, le feu met un terme à son ascension, puisque rien n'existe au-delà du ciel **(3, 16-17)**. Ayant atteint la limite de l'univers et ne possédant aucune tendance vers le bas **(3, 17-18)**, le feu cesse alors de se mouvoir. C'est donc de lui-même que le feu atteint un point d'arrêt dans le ciel. L'âme peut dès lors l'entraîner en un mouvement circulaire qui ne soit pas contraire à sa nature. Puisque son lieu propre ne le contraint pas à l'immobilité, le feu se soumet volontiers à l'action motrice exercée par l'âme. Même s'il se meut en cercle, le ciel peut donc se composer de feu.

Cette explication à propos des lieux propres fut inaugurée dans le traité 14 (II, 2). Ce traité est l'occasion pour Plotin de se demander comment le mouvement circulaire du ciel peut se produire, puisque tous les corps se déplacent en ligne droite, même le feu (1, 19-20). Il pare cette difficulté en soutenant que le feu n'a un mouvement rectiligne qu'en autant qu'il se dirige vers son lieu propre. Quand il y est arrivé, il s'immobilise : « Le feu se déplace en ligne droite jusqu'à ce qu'il soit arrivé dans le lieu qui lui est assigné. Comme il a en effet une place assignée, il semble de même s'y arrêter par nature et se transporter vers l'endroit qui lui est assigné » (1, 20-23). Mais le feu ne s'installe pas dans le ciel pour y connaître le repos (1, 23). Il adopte plutôt un mouvement circulaire (1, 26-27), que Plotin explique de la manière suivante : « ... le feu ne se dirige pas vers un lieu qui se trouverait au-delà du feu lui-même, car celui qu'il occupe est le dernier. Le feu court donc dans le lieu qu'il occupe, et le ciel est son lieu propre, non pas afin de s'immobiliser lorsqu'il y est arrivé, mais afin de se mouvoir » (1, 29-31). Plotin n'admet donc pas que le lieu propre d'un corps soit synonyme de repos pour ce corps. Tout en restant dans l'endroit qui lui est assigné, le feu adopte naturellement un mouvement circulaire. L'âme qui le met en mouvement n'exerce par ailleurs aucune contrainte sur lui : « Et si elle fait tourner le feu, l'âme n'en éprouve aucune fatigue, car elle ne le traîne pas, ni n'agit contre la nature de cet élément » (1, 37-38)[1].

En montrant que le mouvement circulaire du feu céleste est naturel, Plotin contourne aussi une seconde difficulté soulevée par Aristote :

> Mais en vérité, il n'est pas non plus rationnel que le monde subsiste éternellement grâce à l'action d'une âme accablée. Il n'est pas en effet possible qu'une telle vie soitpour l'âme exempte de peine et bienheureuse, car il est nécessaire que son mouvement soit accompagné de contrainte, si toutefois elle meut le premier corps qui, par nature, se meut d'une autre manière, et qu'elle le meut de façon continue. (*De Caelo*, II, 1, 284 a 27-31).

Cette critique du Stagirite s'adresse une fois de plus à Platon, qui compose le ciel à partir des quatre éléments d'Empédocle : le feu, l'air, l'eau et la terre (*Timée* 32 b-c, 40 a). Une telle doctrine ne peut convenir à Aristote, car ce dernier prétend que tous ces corps se meuvent en ligne droite et donc qu'aucun ne peut appartenir à la composition de corps célestes qui se meuvent circulairement (*De Caelo* I, 2, 269 b 5-13, cité plus haut). S'ils se trouvent dans le ciel, ces éléments adoptent un mouvement circulaire contre nature. L'âme qui les entraîne doit alors user de force afin de les détourner de leurs mouvements naturels et afin de les obliger à se mouvoir en cercle. Puisqu'elle exerce une contrainte sur ces éléments en leur imprimant une translation contre nature, l'âme ne connaîtra jamais la félicité ni le repos.

1. L'opinion de Plotin sur la composition du ciel n'a presque pas varié du traité 14 au traité 40. La seule différence notable est l'admission, dans le traité 40, d'un feu spécial dans le ciel. Plotin finira en effet par affirmer que les astres ne se composent pas du même feu que celui qui existe ici-bas (7, 33-43).

Cette nouvelle aporie n'inquiète pas Plotin outre mesure, car il a montré que le mouvement circulaire du feu céleste est naturel. L'âme ne force pas le ciel à tourner, il se laisse faire. Ne subissant aucune contrainte, le feu supralunaire mène donc une vie bonne et heureuse **(3, 18-19)**. En faisant une telle remarque, notons-le bien, Plotin répète simplement ce qu'il avait déjà affirmé dans le traité 10 : « Et puisqu'il est mû d'un mouvement perpétuel par une âme qui le conduit sagement, le ciel devient un vivant heureux (...) » (V, 1 [10], 2, 23-24). Plotin se rallie ainsi à l'ensemble de ses prédécesseurs, qui croyaient eux aussi que les astres sont des dieux et doivent être heureux [1].

Toujours est-il, pour mettre un terme au commentaire dédié à cette section, que toute la démonstration précédente à propos du feu céleste n'a pour seul et unique but que de nous convaincre que le feu ne s'écoule pas hors du ciel et qu'il ne s'épanche pas dans la région sublunaire. Le ciel n'est en effet immortel qu'à cette condition. Puis il faut également rassurer certaines personnes qui craignent qu'une partie du feu céleste ne tombe ici-bas **(3, 20-21)**. Peut-être s'agit-il des gnostiques auxquels Plotin adresse aussi la remarque suivante : « Même si les corps des astres sont ignés, il ne faut pas en effet en avoir peur, puisque ces corps sont proportionné à l'univers et à la terre (...) » (II, 9 [33], 13, 11-12). Les astres ne présentent en vérité aucun danger et n'effraient que « ceux qui ignorent les raisons et restent sourds au savoir convenable et fourni par l'éducation » (9-10). Le traité 33 n'en dit pas davantage sur le sujet, mais le traité 40 comble cette lacune en donnant les explications propices à rassurer ceux qui entretiennent des peurs vis-à-vis du feu céleste **(3, 21)**. Ces raisons s'énoncent comme suit :

Du point de vue corporel, le ciel ne perd aucune de ses parties, car le feu supralunaire n'a aucune tendance naturelle à descendre **(3, 22-23)**. Il se déplace vers le haut jusqu'à ce qu'il ait atteint la limite ultime de l'univers, c'est-à-dire le ciel **(3, 12 ; 16-17)**. Il s'y immobilise alors tout naturellement et laisse l'âme le guider **(3, 19-20)**.

Du point de vue de l'âme, le corps du ciel ne peut non plus s'écouler, car « le mouvement circulaire de l'âme empêche toute inclinaison du feu vers la terre, de telle sorte que dominant le feu, elle le retient là-haut » **(3, 21-22)**. L'âme du ciel possède donc une puissance suffisante pour maintenir le corps sous son emprise et pour l'empêcher de s'enfuir. C'est que « les âmes des astres entretiennent la même relation avec leur corps que l'univers » (IV, 8 [6], 2, 39-41). Or, l'âme du monde maîtrise parfaitement le corps de l'univers. Elle le gouverne et le domine : « Mais l'âme du monde elle-même ne serait pas entravée par les corps qui sont liés par elle, car cette âme les domine » (II, 9 [33], 7, 13-14). En fait, « le principe unique qui gouverne l'univers [*i.e.* l'âme] domine toujours et il n'est pas tantôt dominant, tantôt dominé » (IV, 4 [28], 10, 16-17). L'âme exerce donc un parfait contrôle sur le corps du monde, qu'elle soutient : « L'univers est animé de cette

1. La divinité des astres est attestée en II, 9 [33], 8, 31-33 ; III, 5 [50], 6, 20-23 ; V, 1 [10], 2, 40-41. La question du bonheur inhérent aux astres est abordée en I, 4 [46], 4, 3 ; I, 8 [51], 2, 25 ; III, 2 [47], 4, 48.

manière, possédant une âme qui n'est pas à lui, mais pour lui, étant dominé et ne dominant pas, étant possédé par l'âme, mais ne la possédant pas. Il repose en effet dans une âme qui le soutient (...) » (IV, 3 [27], 9, 35-37). Par suite, les âmes des astres et l'âme du ciel tiennent fermement le feu céleste sous contrôle. Jamais le feu n'aura la moindre occasion de s'épancher hors du ciel.

La nourriture des astres (3, 23-30)

L'accent a été mis jusqu'ici sur l'écoulement du corps vers l'extérieur, Plotin ayant souligné l'importance du fait que rien ne sort du monde (3, 3), ni du ciel (3, 16-20). Il ajoute maintenant que rien ne peut non plus pénétrer dans le monde ou dans le ciel. Prenons nos propres corps à titre d'exemple. Puisqu'elles s'écoulent vers l'extérieur, nos parties corporelles ont besoin d'être remplacées **(3, 23-25)**. Notre survie exige en effet que nous compensions l'écoulement de nos parties corporelles par l'absorption d'une certaine quantité de nourriture **(3, 25)**. Ce qui sort doit en quelque façon être remplacé.

Ce raisonnement tout simple s'applique également aux corps des astres. S'il s'écoule hors du ciel, le corps des vivants supralunaires doit être remplacé par un autre de la même espèce : si le feu céleste s'écoule, un nouveau feu doit s'allumer là-haut **(3, 26-27)**; si un autre élément que le feu s'en échappe, il doit lui aussi être remplacé **(3, 28-29)**. Suivant une telle hypothèse, toutefois, les astres subiront le même sort que les vivants d'ici-bas, c'est-à-dire qu'ils ne persisteront pas dans leur individualité, mais seulement par l'espèce **(3, 29-30)**. Tout ce qui est soumis à un accroissement et à une diminution de ses parties corporelles finit en effet par périr (3, 3-5). Il faut donc admettre, s'ils ont une permanence individuelle, que les astres ne perdent aucune partie de leur corps et n'ont pas besoin de nourriture **(3, 26)** [1].

Ce raisonnement doit être mis en parallèle avec un argument traditionnellement attribué à Épicharme; et avec la doctrine classique de la nourriture des astres.

L'argument d'Épicharme

Épicharme de Cos est un poète comique qui vécut de la fin du VIe siècle jusqu'au milieu du Ve siècle avant J.-C. Son œuvre est surtout poétique, mais il aurait également écrit des *Mémoires* dans lesquels ses opinions sur la nature, l'éthique et la médecine auraient été consignées [2]. Un argument sur le changement perpétuel des corps sensibles lui est souvent attribué dans l'Antiquité. Épicharme

1. Les notions d'accroissement, de diminution, de dépérissement et de nourriture font référence à *Timée* 81 b-d. À ce propos, voir notre commentaire au début du chapitre 3.

2. D'autres données biographiques et littéraires sur Épicharme ont été conservées par Diogène Laërce, *Vies* VIII, 78.

aurait affirmé que les corps n'ont aucune permanence, car ils s'écoulent sans cesse. Ils ne demeurent jamais les mêmes, leurs parties les quittant pour être remplacées par d'autres :

> Toutes les substances s'écoulent et se meuvent partie par partie, laissant aller les parties qui sortent hors d'elles et recevant celles qui s'amènent d'ailleurs. Mais à cause des nombres ou des quantités qui s'ajoutent ou se retirent, les substances ne demeurent pas les mêmes, mais elles deviennent différentes par les arrivées et les départs sus-mentionnés, puisque la substance subit un échange. (Plutarque, *Des notions communes contre les Stoïciens*, chap. 44, Moralia, 1083 B 3-8).

On constate que les prémisses de cet argument et celles du traité 40 sont identiques, mais qu'elles aboutissent à des conclusions différentes. À l'instar d'Épicharme, Plotin admet que les corps s'écoulent toujours (1, 8 ; 2, 5-6) et que nos parties corporelles s'échappent vers l'extérieur, devant alors être remplacées par d'autres **(3, 24-25)**. Il refuse toutefois d'admettre que cet écoulement enlève aux corps toute permanence. C'est en effet la conclusion à laquelle parvient Épicharme :

> Considère maintenant les êtres humain de la même façon. L'un croît, alors que l'autre dépérit; au changement tous sont soumis tout le temps. Ce qui par nature change et ne reste jamais dans le même état doit maintenant être différent de ce qui a changé. Ainsi, toi et moi hier nous étions autres, aujourd'hui nous sommes autres et nous serons autres demain, et, à ce compte-là, selon cet argument, nous ne sommes jamais les mêmes. (Diogène Laërce, *Vies* III, 11).

Plotin rejette une position aussi extrême. Même s'ils s'écoulent, les corps subsistent un certain temps. Malgré les pertes et les acquis subis par notre corps, nous persistons assez longuement (3, 10). Épicharme a certes raison d'admettre l'existence d'un écoulement chez les corps sensibles, mais il en exagère la portée. L'individualité des corps reste toujours possible. L'écoulement n'emporte pas tout sur son passage, car les parties d'un vivant ne s'enfuient pas toutes au même moment. De sorte que, même si certaines de ses parties le quittent les unes après les autres pour être successivement remplacées, le vivant peut demeurer individuellement le même.

Il semble tout à fait logique que Plotin fasse allusion à cet argument d'Épicharme et qu'il prenne le temps de le réfuter. Cette aporie a en effet suscité beaucoup d'intérêt dans l'Antiquité. Elle reçut plusieurs dénominations, telles que « argument sur la croissance », « argument sur ce qui croît » ou « argument croissant ». Sextus Empiricus en fait mention dans ses *Esquisses pyrrhoniennes*(III, 82-84) et Chrysippe paraît même avoir écrit un traité intitulé *Sur l'Argument Croissant.* Cet argument, surtout par le biais du stoïcisme, pouvait donc difficilement échapper à l'attention de Plotin[1].

La théorie de la nourriture des astres

À ce point du traité, le thème de la nourriture des astres n'est pas introduit par hasard. Plotin doit en effet tenir compte de cette théorie, car elle est assez répandue dans l'Antiquité. On la trouve notamment chez les stoïciens et chez certains présocratiques.

Cicéron attribue à Cléanthe l'opinion suivant laquelle « le soleil est de feu et se nourrit des vapeurs de l'océan, car aucun feu ne peut subsister sans quelque nourriture » (*De Natura Deorum* II, XV, 40). Diogène Laërce rapporte que pour les stoïciens « ces êtres ignés et les autres astres se nourrissent : le soleil est nourri par la grande mer (...); la lune est nourrie par les eaux potables (...) Les autres corps célestes sont nourris par la terre » (*Vies* VII, 145). Certains des fragments réunis par Von Arnim attribuent la même doctrine à Chrysippe et aux stoïciens : « Pour Chrysippe, le soleil est un combustible intelligent, rassemblé à partir de l'exhalaison qui s'échappe de la mer (...) » (*SVF* II, 652); « Les stoïciens disent que le soleil est allumé et nourri par la mer, tandis que pour la lune, ce sont les courants d'eau de sources et de marais qui font monter une exhalaison douce et agréable» (II, 663); « ... en effet la lune elle-même, comme le soleil, même si elle est un vivant igné et qu'elle est constituée d'une plus grande quantité de terre, ils [les stoïciens] disent qu'elle se nourrit des eaux qui sont sur la terre et qu'il en va de même pour les autres astres qui sont en nombre infini» (II, 677); « Héraclite et les stoïciens disent que les astres se nourrissent de l'exhalaison qui vient de la terre» (II, 690). Il semble donc que pour certains stoïciens les astres profitent des exhalaisons qui s'échappent de la région sublunaire pour se nourrir.

Les stoïciens ne sont cependant pas les seuls à défendre une telle opinion. Les *Météorologiques* d'Aristote critiquent déjà cette théorie : « C'est aussi pourquoi tous nos prédécesseurs qui supposent que le soleil est nourri par l'humidité sont ridicules » (II, 2, 354 b 33-34). En se basant sur le feu visible, qui nécessite de l'humidité pour se soutenir, ces gens pensent que des exhalaisons se rendent jusqu'aux feux célestes afin de les nourrir. Ils vont même jusqu'à prétendre que le soleil change de direction parce que les mêmes endroits ne peuvent lui fournir sans cesse de la nourriture (II, 2, 354 b 33-355 a 4).

Aristote s'adresse sûrement ici aux présocratiques. Peu de fragments permettent toutefois de juger de la véritable doctrine des Anciens à propos de la nourriture des astres. Anaximène, semble-t-il, croit que les astres viennent des exhalaisons humides de la terre : « Or, les astres naissent de la terre, car il s'en

1. L'argument croissant a même eu du succès chez les modernes. Locke (*Essai sur l'entendement humain*, II, 27, 3) et Hume (*Traité de la nature humaine*, I, 4, 6) y font allusion. Pour plus d'informations sur cet argument, et notamment sur les enjeux qu'il implique, voir les remarques de Long et Sedley, *Les philosophes hellénistiques II, Les Stoïciens*, traduction par J. Brunschwig et P. Pellegrin, Paris, Flammarion, 2001, p. 24, n. 1 et p. 39-41.

élève de l'humidité qui, en se raréfiant, engendre le feu. Et les astres sont constitués de ce feu qui se trouve en haut!» (fr. 7, 13-15). Pour Hécatée, « le soleil est un flambeau intelligent qui vient de la mer » (fr. 15). Diogène Laërce accorde également à Héraclite une doctrine similaire, mais dont la véracité demeure invérifiable. Elle se résume à peu près à ceci :

En premier lieu, la mer et la terre produisent des exhalaisons qui alimentent le feu : « Des exhalaisons proviennent de la terre et de la mer. Les unes sont brillantes et pures, alors que les autres sont obscures. Le feu est augmenté par celles qui sont brillantes, et l'humide, par les autres » (*Vies* IX, 9). Lorsqu'il y a davantage d'exhalaisons brillantes, c'est le jour; et lorsque les exhalaisons obscures dominent, c'est la nuit (IX, 11).

En second lieu, la voûte céleste possède des cavités dans lesquelles ces exhalaisons viennent se loger et fournissent la lumière aux astres : « Dans ce qui enveloppe le monde, il y a évidemment des cuvettes qui tournent vers nous leur face creuse et dans lesquelles les exhalaisons brillantes, en se condensant, produisent les flammes que sont les astres » (IX, 9). C'est à une explication de ce genre qu'Aétius paraît se référer (*Placita* II, 17, 4) lorsqu'il affirme que « pour Héraclite, les astres se nourrissent de l'exhalaison qui émane de la terre » (fr. A 11 DK).

On voit que la théorie de la nourriture des astres a une longue histoire. Même si la documentation adéquate fait défaut, certains présocratiques semblent bien avoir soutenu que les astres se nourrissent d'exhalaisons provenant de la région sublunaire. Aristote s'oppose à cette opinion qui est, à son avis, parfaitement ridicule. Car la flamme ne se nourrit pas mais résulte d'un constant échange entre l'humide et le sec : « La flamme naît en effet de continuelles transformations entre l'humide et le sec. Elle n'est pas nourrie, car, n'étant jamais la même, elle ne subsiste pour ainsi dire en aucun temps » (*Météorologiques* II, 2, 355 a 9-11). Il considère de plus que l'eau ne monte pas jusqu'aux astres pour les nourrir, car l'eau qui s'élève dans l'atmosphère finit toujours par être restituée : « C'est que nous voyons toujours l'eau qui a été élevée retomber ensuite (...) de sorte que les corps célestes ne s'en sont pas nourris (...) » (II, 2, 355 a 26-29). Malgré ces objections d'Aristote, les stoïciens accepteront l'idée que les astres se nourrissent de l'humidité qui vient d'ici-bas. Plotin exprimera ensuite son opposition à cette théorie, car s'ils se nourrissent, les astres subissent un accroissement et une diminution qui entraînent inévitablement la vieillesse et la mort.

II. AU NIVEAU DE L'ÂME (CHAPITRES 4 ET 5)

Aperçu général (chapitre 4)

Les démonstrations du chapitre trois semblent encore insatisfaisantes, car Plotin se demande à nouveau si le corps du ciel s'écoule vers l'extérieur et si le ciel contient seulement du feu. De nouvelles démonstrations à ce sujet devront cependant attendre, puisque Plotin souhaite entre-temps nous entretenir de l'âme.

Il reviendra sur ces deux questions dans les chapitres 6 à 8. Pour le moment, il veut insister sur l'importance de l'âme en ce qui a trait à l'immortalité du ciel. L'âme est en effet la cause principale de l'immortalité d'un vivant. Même s'il se compose d'un meilleur corps que celui constituant les vivants d'ici-bas, le ciel possède avant tout une âme d'une incomparable supériorité. Puisqu'elle se trouve à la suite des plus éminentes réalités intelligibles, l'âme du ciel possède une telle puissance que rien ne peut échapper à son emprise. Une fois posés en elle, les corps ne s'écoulent plus. Elle soutient donc le monde et le ciel pour toujours, sans que rien ne puisse l'en empêcher.

QUESTIONS SUR LA COMPOSITION DU CIEL (4, 1-13)

Nous avons vu dans le chapitre précédent que le monde est immortel parce que rien ne s'écoule hors de lui (3, 2-5). Le même raisonnement s'applique également au ciel. Jamais le feu céleste ne s'écoulera au dehors de la région supralunaire (3, 20-23), puisque la nature du feu céleste n'inclut aucune tendance vers le bas (3, 17-18) et que ce feu ne peut s'élever au-delà de la sphère ultime du monde (3, 16-17). Il s'immobilise ainsi dans le ciel afin d'être mû par l'âme (3, 18). Ne s'écoulant pas vers le dehors, le corps du ciel est donc incorruptible.

Cette démonstration de l'immortalité du ciel reste tout autant valide au début du chapitre 4. Elle présente toutefois une difficulté de taille, qui consiste dans le fait que la nature ignée du ciel a été tout bonnement postulée et n'a jamais été démontrée[1]. Même si toute son argumentation repose sur le mouvement naturel du feu vers le haut et sur le lieu propre du feu à l'extrémité de l'univers, Plotin n'a pas encore démontré que le ciel se compose uniquement de feu. Une telle justification est plus que primordiale, car la terre, l'air et l'eau auraient une tendance naturelle à s'écouler hors du ciel. Supposons en effet que le ciel se compose aussi de terre. Puisqu'elle possède un mouvement naturel vers le bas (3, 13-14), la terre ne restera pas là-haut et elle s'écoulera ici-bas. Étant donné qu'elle s'écoulerait hors du ciel, la terre compromettrait donc l'immortalité de la région supralunaire. Il devient alors urgent de déterminer avec exactitude la composition du ciel. S'ils contiennent autre chose que du feu, les astres s'écoulent et périssent. C'est pourquoi Plotin décide de laisser en suspens la question de l'immortalité du ciel **(4, 1-2)**, afin de se concentrer uniquement sur celle de la nature des astres. Il faut se demander s'il existe seulement du feu là-haut ou si d'autres éléments s'y trouvent aussi **(4, 4-5)**. S'il demeure par nature dans la région supralunaire, le corps du ciel ne subit aucun écoulement vers l'extérieur **(4, 3-4)**. Qu'il demeure en revanche là-haut contre sa nature, le corps du ciel s'écoulera ici-bas et nécessitera aussi de la nourriture **(4, 1-2)**.

1. Plotin fait de même dans le traité 14 : il admet arbitrairement que les astres se composent de feu.

En dépit de l'importance de ces questions, l'examen de la composition du ciel n'aura pas lieu tout de suite. Plotin l'entreprendra seulement dans les chapitres 6 à 8. Il se contente pour l'immédiat d'opposer la supériorité des corps célestes à l'infériorité des corps d'ici-bas. Il fait remarquer que le ciel est la partie la plus importante de l'univers et que les astres doivent par nature avoir un meilleurs corps que les vivants d'ici-bas.

Le ciel, partie la plus importante de l'univers

Plotin propose le syllogisme suivant : la partie la plus importante d'un vivant se compose des meilleurs corps ; or, le ciel est la partie la plus importante du Vivant-Total, c'est-à-dire de l'univers ; le ciel se compose donc des meilleurs corps **(4, 9-10)**.

La mineure de ce raisonnement ne pose pas de difficultés. Toute l'Antiquité considère en effet le ciel comme la résidence des dieux. Les astres eux-mêmes sont des divinités qui circulent avec ordre et harmonie. Ils jouissent d'un bonheur parfait et de l'immortalité. Si on la compare à la région sublunaire, il ne fait aucun doute que la région supralunaire constitue la meilleure partie de l'univers[1]. La majeure n'est toutefois pas aussi aisée à comprendre. Pour bien en mesurer la portée, il faut se remémorer les développements du *Timée* à propos de la moelle.

La moelle est la partie la plus importante du vivant, car, d'après Platon, l'âme s'enracine en elle : « C'est que les liens de la vie sont, aussi longtemps que l'âme est enchaînée au corps, fixés dans ce corps [la moelle] et ils servent de racines pour la race mortelle » (*Timée* 73 b) ; « Et après cela, il implanta et enchaîna dans la moelle les espèces d'âmes » (73 c). La partie immortelle de l'âme réside dans le cerveau, alors que les parties mortelles de l'âme – agressive et désirante – séjournent dans la moelle épinière (73 c-d). Si donc la moelle n'existait pas, l'âme ne pourrait s'implanter dans les corps et les vivants n'existeraient pas. C'est pourquoi Plotin la considère comme la partie première et principale du vivant.

Mais c'est également pour une autre raison que la moelle occupe une place privilégiée dans le vivant. Elle se compose en effet de corps d'une qualité supérieure. Dans la théorie platonicienne, chaque élément est associé à un polyèdre régulier dont les surfaces sont formées de triangles rectangles (*Timée* 54 d-56 b). Et il se trouve que les triangles qui entrent dans la constitution de la moelle sont les plus réguliers et les mieux polis (73 b). Leur agencement produit ainsi le feu, l'eau, l'air et la terre présentant la plus grande perfection possible (73 b). Les corps élémentaires constituant la moelle sont donc supérieurs à tous les autres qui se trouvent dans l'univers. Même au niveau de ses particules élémentaires, la moelle se révèle supérieure à toutes les autres parties du corps d'un vivant.

Le nerf de l'argument tient donc dans la description que fait Platon de la moelle dans le *Timée*. Cette moelle possède deux caractéristiques particulières,

1. Le traité 14 désigne déjà le ciel comme la partie principale du vivant qu'est l'univers (II, 2 [14], 1, 12).

dont la première est d'être la partie la plus importante d'un vivant, et la seconde est de se composer des meilleurs corps. Plotin prend alors pour acquis que la seconde caractéristique découle de la première. C'est parce qu'elle est la partie principale du vivant que la moelle est formée à partir des meilleurs corps. De cette manière, Plotin croit pouvoir démontrer la supériorité des corps qui composent le ciel en s'appuyant sur le fait que le ciel est la partie principale du Vivant-Total **(4, 8)**. Étant une région supérieure, le ciel possède donc un corps supérieur.

La nature des astres

Le second argument présenté par Plotin à propos de la supériorité des corps célestes se développe en deux temps. Il démontre tout d'abord, par le syllogisme suivant, que le corps du ciel doit être stable et modéré : le corps d'un vivant doit être adapté (πρόσφορον) à la nature de ce vivant; or, les vivants célestes sont calmes et modérés; le corps des astres doit donc être stable et modéré **(4, 13)**. Utilisant ensuite la conclusion obtenue à l'instant, Plotin se sent autorisé à dire que s'il se compose de feu, le ciel contient un feu spécial, qui est calme et constant, par contraste au feu sublunaire qui fait rage avec violence **(4, 12-13)**.

À l'instar de ses prédécesseurs, Plotin considère les astres comme des divinités bienheureuses, dépourvues de troubles et de passions (III, 5 [50], 6, 10). Un tel état de béatitude ne serait pas possible si les corps des dieux célestes étaient remplis de tumultes. Ces dieux se verraient constamment dans l'obligation de dominer leurs corps, de fournir un effort soutenu pour calmer un tant soit peu les élans immodérés de leur partie corporelle. Afin de parvenir à une paix durable, il faut donc que le corps du ciel soit adapté à la nature des astres et qu'il présente une certaine stabilité.

Cette dernière exigence, à savoir la nature calme et modérée de l'élément qui compose les astres, empêche le feu sublunaire de pouvoir remplir cette fonction. Plotin décrit en effet le feu sublunaire en ces termes : « la flamme est une sorte d'ébullition » **(4, 12)**. Il reprend ainsi la description du feu d'ici-bas faite par Aristote dans les *Météorologiques* : « ... car la flamme est l'ébullition d'un souffle sec (...) » (I, 4, 341 b 21-22); « ... le feu est un excès de chaleur et comme une ébullition (...) » (I, 3, 340 b 23). En employant le mot « ébullition », Plotin dépeint un feu qui fait rage avec violence et excès **(4, 12)**[1]. Voilà précisément deux caractéristiques qui ne s'accordent pas avec la nature des astres. S'il présente ainsi des comportements violents et turbulents, le feu sublunaire n'entre pas dans la composition des corps célestes, qui aspirent uniquement à une vie paisible et

1. Lorsqu'il écrit πῦρ οἷον διὰ κόρον ὑβρίζον, « un feu qui fait rage avec violence, comme par excès » **(4, 12)**, Plotin pense peut-être au fragment 6 de Solon, que cite Aristote à deux reprises : « Comme le dit en effet l'adage, l'excès engendre la violence (τίκτει γὰρ κόρος ὕβριν), et le manque d'éducation joint à la licence engendre la déraison!» (*Protreptique* fr. 4, 1-2); « Car l'excès engendre la violence lorsqu'une grande richesse échoit aux hommes dont la raison n'est pas saine!» (*Constitutions d'Athènes* 12, 2, 5-6).

bienheureuse. Le feu supralunaire est donc d'un autre genre que celui d'ici-bas. Il est meilleur que lui par sa constance et sa modération **(4, 12-13)**.

Plotin n'en dit malheureusement pas davantage, pour le moment, sur la composition des astres. Le présent chapitre vise surtout à nous entretenir de l'âme du ciel plutôt que de son corps. Nous avons vu que l'âme et le corps doivent collaborer afin de produire un vivant immortel, car, même s'il est corruptible en lui-même, le corps doit accepter de s'unir pour toujours à une âme qui lui procure l'immortalité (2, 22-28). Puisque la question du corps a été abordée, Plotin se penchera maintenant sur celle de l'âme. L'âme est la cause principale de l'incorruptibilité d'un vivant **(4, 6-7)**. C'est elle qui domine (κρατοῦντος) [1] le corps et non pas l'inverse **(4, 6)**. En prenant conscience de la puissance de l'âme céleste, nous parviendrons « à une ferme conviction quant à l'immortalité du ciel » **(4, 10-11)**.

LA PUISSANCE DE L'ÂME (4, 14-25)

Le ciel est immortel à cause de la merveilleuse puissance de l'âme **(4, 15)**. Puisqu'elle se trouve à la suite des plus éminentes réalités intelligibles **(4, 14)** et qu'elle vient directement de dieu **(4, 17)**, l'âme a le pouvoir de maintenir ensemble les vivants qu'elle gouverne. Une fois placé en elle, le corps ne peut ni s'échapper ni s'évanouir dans le non-être **(4, 15-16)**. Seuls les ignorants imaginent une sorte de faiblesse dans l'âme qui maintient toutes les choses réunies **(4, 17-18)**.

Plotin fait appel à la puissance de l'âme du monde afin de justifier l'immortalité du ciel. Il identifie du même coup l'âme du monde avec l'âme du ciel, c'est-à-dire qu'il reprend la doctrine de Platon qui « place les corps des astres sur les mouvements circulaires de l'âme du monde (...) » (IV, 8 [6], 2, 41-42)[2]. Le *Timée* soutient en effet que la fonction principale de l'âme du monde est de mouvoir les corps de la région supralunaire. Cette âme se compose de deux cercles, le cercle du Même et le cercle de l'Autre, qui servent de support aux astres et les mettent en mouvement. Lorsqu'il fabrique l'âme du monde, le Démiurge divise la révolution de l'Autre en sept cercles inégaux (36 d), qui reçoivent chacun

1. Le participe κρατοῦντος qui est utilisé en **4, 6** désigne l'âme. Plotin a déjà affirmé plus haut (3, 22) que l'âme retient le feu là-haut, car elle le domine (κρατοῦσαν). La même expression apparaît en II, 3 [52], 8, 4-5 : « ... l'univers subsiste toujours, parce que son ensemble est dirigé par l'ordre et par la puissance de ce qui le domine (τοῦ κρατοῦντος) ». Plotin désigne de cette manière l'âme, qui joue le rôle de principe du mouvement (8, 1-2). Pour plus de détails, voir notre commentaire à 3, 21-22.

2. Proclus adopte lui aussi cette solution lorsqu'il affirme que l'âme des étoiles fixes correspond au cercle du Même, alors que celle des astres s'identifie au cercle de l'Autre : « Peut-être, donc, lorsqu'il a disposé dans l'âme entière deux cercles, Platon fait-il aussi exister avec eux deux âmes, l'une de la sphère des fixes, l'autre de la sphère planétaire tout entière regardée comme une seule sphère ; et, de nouveau, lorsque, dans la sphère de l'Autre, il a pris les sept cercles, tient-il aussi avec eux les sept âmes véhiculées par les sept sphères|» (*Commentaire sur le* Timée, III, 70, 5-10, Diehl). Les âmes des astres et celle du ciel entier sont donc reliées, sinon identifiées, aux diverses parties de l'âme du monde.

un astre : « ... le dieu, ayant fabriqué le corps de chacun des astres, les plaça sur les orbites décrites par la révolution de l'Autre » (38 c). La révolution du Même, quant à elle, contient les étoiles fixes, celles qui dessinent les constellations et gardent toujours la même position les unes par rapport aux autres : « Et il disposa les astres fixes dans la régularité du mouvement le plus puissant [*i.e.* celui du Même, (40 b)], afin qu'ils soient entraînés par lui (...) » (40 a). L'âme du monde est donc responsable du mouvement du ciel et chacune de ses deux révolutions reçoit un type spécifique d'astres. Il semble alors raisonnable, du moins pour Plotin, d'identifier l'âme du ciel avec l'âme du monde telle qu'elle est décrite par le *Timée*.

Le chapitre 3 nous apprenait que le feu céleste se meut dans l'âme[1] (3, 20). Plotin précise maintenant qu'il s'agit de l'âme du monde. Cette identification formelle de l'âme du ciel avec celle du monde permet alors de justifier l'immortalité du ciel en faisant appel à la puissance de son âme. L'âme du monde détient en effet une puissance merveilleuse **(4, 15)**, car elle vient immédiatement après les réalités intelligibles **(4, 14)**, c'est-à-dire après l'Un, l'Intellect et l'Âme. Comme toutes les autres âmes, celle du monde dérive elle aussi de l'Âme hypostase : « ... toute âme vient à la suite de l'âme divine et dérive d'elle » (III, 5 [50], 3, 38); « ... toutes les âmes, même celle de l'univers, proviennent de la même âme (...) » (IV, 3 [27], 8, 3). Cette âme du monde ne cesse jamais de contempler les êtres intelligibles : « ... il faut que l'âme de l'univers contemple les meilleurs êtres, se portant toujours vers la nature intelligible et vers dieu (...) » (II, 3 [52], 18, 8-10). Or, la puissance d'une âme est proportionnelle à la qualité de sa contemplation. Plus une âme se tourne vers l'intelligible, et plus elle est puissante (II, 9 [33], 2, 16). En vertu de sa contemplation infaillible, l'âme du monde accède ainsi au plus haut niveau de puissance auquel peut aspirer une âme. C'est d'ailleurs pourquoi elle produit l'univers, « parce qu'elle est davantage attachée aux choses d'en haut, car la puissance des âmes qui s'inclinent vers l'intelligible est plus grande (...) » (IV, 3 [27], 6, 20-23). Par la simple contemplation des réalités supérieures, cette âme parvient à gouverner l'ensemble du monde sensible : « ... [l'âme du monde] ne gouverne pas l'univers au moyen de la réflexion et elle n'en corrige rien, mais elle l'ordonne par la contemplation de ce qui vient avant elle, grâce à sa merveilleuse puissance » (II, 9 [33], 2, 14-15). La puissance de l'âme du monde devient donc le meilleur garant de l'immortalité du ciel. S'il est dominé par une âme si exceptionnelle, le corps du ciel ne pourra jamais s'écouler. Il est en vérité maintenu par le lien le plus fort qui soit, à savoir l'âme du monde **(4, 15-16)**.

Plotin répond ainsi à l'une des difficultés qui a été soulevée dans le premier chapitre du traité. Il se demandait alors comment la volonté de dieu pouvait être

1. Platon affirme en effet que le corps est placé dans l'âme (*Timée* 36 d-e). C'est la position constamment reprise par Plotin (III, 7 [45], 11, 33-34; IV, 3 [27], 22, 7-9; V, 5 [32], 9, 29-31). Platon se contredit toutefois en 34 b, lorsqu'il dit que l'âme est disposée au centre du corps, pour être ensuite étendue jusqu'à la périphérie de l'univers et même au-delà.

assez puissante pour rendre immortels des corps sensibles (1, 36-37). Sa réponse tient dans le fait que la puissance de la volonté divine est égale à celle de l'âme du monde. Alors que Platon décrit la volonté de dieu comme un lien : « ... vous ne serez nullement dissous et vous ne prendrez pas même part à la mort, car vous participez à ma volonté qui est un lien encore plus puissant et plus imposant que ceux qui vous lièrent lorsque vous êtes nés » (*Timée* 41 c), Plotin identifie ce lien avec l'âme du monde, qui émane de dieu : « Ne pas croire que l'âme qui jaillit de dieu est plus forte que tout lien, c'est le fait d'hommes ignorants de la cause qui retient toutes les choses ensemble » **(4, 16-18)**. La volonté divine et l'âme du monde sont donc une seule et même chose [1].

En assimilant la volonté de dieu à l'âme du monde, Plotin répond également à la toute première objection qu'il avait exprimée au début du traité. Il reprochait en effet à l'argument de la volonté divine son manque de clarté (1, 4). Mais maintenant, si la question est formulée de manière à impliquer l'âme du monde, toute la lumière est faite sur l'aporie, puisque aucun véritable platonicien ne niera l'existence d'une telle âme, ni l'étendue de sa puissance.

Reste cependant à savoir si, quoiqu'elle soit capable de soutenir le ciel et l'univers pendant un certain temps, l'âme du monde pourrait le faire toujours. Plotin répond à cette difficulté par deux arguments : l'âme du monde n'exerce aucune violence sur l'univers et rien ne peut entraver l'action de l'âme du monde sur l'univers.

Aucune violence n'est exercée sur l'univers

Si elle est capable de maintenir l'univers pendant un court moment, l'âme du monde peut le faire pour toujours **(4, 19-20)**. Cette âme n'impose pas en effet au monde un ordre contre nature et qui serait maintenu par la violence **(4, 20-21)**. Telles qu'elles se présentent maintenant, les parties du monde sont disposées de manière « conforme à la nature de l'univers et à l'exigence des choses bellement disposées » **(4, 21-22)**.

Plotin déclare à plusieurs reprises dans les *Ennéades* que « rien dans l'univers n'est contre nature » (IV, 4 [28], 42, 22 ; voir aussi II, 3 [52], 16, 41-42). Même la méchanceté s'harmonise avec l'univers : « La méchanceté des âmes trouve elle aussi sa place dans la beauté de l'univers, et ce qui semble contre nature est naturel pour l'univers (...) » (III, 2 [47], 17, 83-84). L'âme du monde agit donc de concert avec la nature : « Car la nature est ce qui est ordonné par l'âme de l'univers » (II, 2 [14], 1, 38-39).

Or, il existe d'après Aristote un rapport entre la longévité d'une chose et sa conformité avec la nature. Une disposition naturelle persiste longtemps, alors qu'une disposition contre nature atteint fatalement son terme. C'est le principe établi dans le *De Caelo* : « ... car il est manifeste que ce qui est contre nature (et l'impuissance est contre nature) ne saurait durer un temps infini : ce qui est contre

1. Il faut préciser que Platon ne semble pas faire une telle identification.

nature et ce qui est naturel ne durent pas un temps égal (...) » (II, 7, 288 b 23-26) ; « Il est en effet manifeste, dans les autres cas, que les choses contre nature sont le plus rapidement détruites » (I, 2, 269 b 9-10)[1]. S'il est éternel, par exemple, le mouvement du ciel doit être naturel : « C'est par nature que l'éther se meut circulairement, sinon son mouvement ne serait pas éternel. Rien de contraire à la nature n'est en effet éternel » (II, 3, 286 a 16-18).

Plotin adopte ici ce principe aristotélicien. Quelle que soit sa puissance, si elle n'agit pas conformément à la nature, l'âme du monde ne pourra maintenir à jamais les corps sous son emprise. Mais si elle possède la puissance nécessaire pour soutenir l'univers et qu'elle se plie aux exigences de la nature, cette âme gouvernera le monde sans interruption. L'âme du monde soutiendra donc toujours l'univers, car sa puissance s'exerce dans le plus pur respect de la nature du cosmos.

Rien ne peut agir sur l'âme du monde

Il est invraisemblable de croire que l'univers puisse être dissous par un être qui lui ferait violence **(4, 23)**. Comme on l'a vu, aucune chose n'existe en dehors de l'univers et rien ne peut entrer en lui pour le corrompre (1, 13-14). Plotin ajoute maintenant que rien ne pourra non plus vaincre un jour l'âme du monde. Étant donné sa merveilleuse puissance **(4, 15)**, il est peu vraisemblable que le gouvernement qu'elle impose à l'univers finisse par être renversé **(4, 24)**. Puisqu'elle n'a aucun rival potentiel, l'âme du monde exerce donc à tout jamais son pouvoir sur l'univers.

Il vaut la peine de souligner la métaphore politique utilisée par Plotin en **4, 24**. Celle-ci n'est sans doute pas anodine. Plotin compare en effet la puissance de l'âme à celle d'un royaume et d'un empire, la fin du monde correspondant littéralement à un coup d'état. Cette image renvoie peut-être à la mort de l'empereur Gallien, qui fut assassiné en 268, l'année même où le traité 40 a probablement été rédigé[2]. Il est probable que le renversement de l'empereur occasionna des bouleversements dans l'école néoplatonicienne, sinon des désagréments pour Plotin lui-même. Plotin était en effet très lié à l'empereur Gallien et à sa femme Salonine (*VP* 12, 1). Lors de l'accession de Claude à la tête de l'empire, tout l'entourage de Gallien s'est sans doute senti menacé. La dissolution de l'école se produit à cette même époque : Porphyre part pour Lilybée en 268 (*VP* 11, 11-19) ; Amélius, pour Apamée en 269 (3, 41-42) ; et Plotin, pour la Campanie en 269 (2, 17-23 ; 7, 17-26). Par suite, les changements politiques du moment et les relations privilégiées entretenues par Plotin avec l'empereur lui ont peut-être inspiré ces lignes à propos du renversement de la royauté de l'âme.

1. Ce passage a été plus longuement cité et discuté dans notre commentaire sur le repos du feu céleste, en 3, 19-20.

2. Sur la date de composition du traité 40, voir notre introduction § 2.

LE MONDE N'AURA PAS DE FIN (4, 25-33)

Afin de compléter l'argumentation de la section précédente, à savoir que l'univers ne sera jamais détruit, Plotin poursuit avec une démonstration en règle de la permanence de l'univers. Il aborde la question de trois manières différentes : l'absence d'origine du monde ; le corps du monde ; l'âme du monde.

L'absence d'origine du monde

Le monde ne périra pas, car il n'a jamais eu de commencement. L'univers a toujours existé dans le passé et il continuera donc à le faire dans l'avenir **(4, 25-26)**. S'il n'a pas d'origine, le monde n'a pas non plus de fin.

Un tel axiome est suffisamment répandu pour que Plotin ne sente pas le besoin de le développer. C'est un lieu commun dans l'Antiquité que ce qui naît se corrompt et que ce qui est inengendré reste incorruptible. Bien plus, Aristote a consacré de nombreuses pages à ces distinctions dans le premier livre du *De Caelo*, aux chapitres 10 à 12. Il rappelle en effet la position de Platon, qui croit en un monde engendré, mais incorruptible : « ... comme dans le *Timée*, car [Platon] y affirme que le ciel[1] est engendré, mais qu'il existera néanmoins toujours, pour le reste du temps » (I, 10, 280 a 30-31). Une telle hypothèse est insoutenable aux yeux du Stagirite. Afin de nous en convaincre, il examine alors dans le chapitre 11 les couples engendré-inengendré, corruptible-incorruptible ; puis il démontre dans le chapitre 12 la nécessité d'associer l'engendré au corruptible, et l'inengendré à l'incorruptible. Aristote soutient ainsi qu'un monde inengendré est inévitablement incorruptible. Suite à cet examen détaillé présenté par le *De Caelo*, Plotin ne voit donc plus l'intérêt de réexaminer le bien fondé de la tradition : s'il est inengendré, le monde est incorruptible.

On notera que c'est sans la moindre démonstration que le traité 40 admet que le monde n'a jamais eu de commencement. Plotin se contente de rappeler que le contraire serait absurde, puisqu'il l'a du reste expliqué ailleurs **(4, 25-26)**. Par cette remarque, il semble que Plotin nous invite à relire les traités 31 (V, 8) et 33 (II, 9)[2], qui contiennent effectivement des arguments venant appuyer la thèse d'un univers sans origine. Considérons brièvement la teneur de ces justifications.

Le traité 31 présente le monde sensible comme une copie d'un modèle intelligible. Il tire de l'intelligible sa beauté (V, 8 [31], 12, 13), sa vie (12, 16), son être (12, 16) et sa permanence (12, 17). En effet, notre univers « imite en tout point son modèle (...) et il tient sa permanence de lui comme une image » (12, 15-17). C'est donc l'éternité de l'intelligible qui garantit l'immortalité du monde, car l'image existe aussi longtemps que son modèle : « Or, toute image

1. Platon utilise souvent le mot « ciel » afin de désigner l'univers. Sur les trois sens du mots « ciel », voir *De Caelo*, I, 9, 278 b 10-21.

2. Avant l'intervention de Porphyre dans son édition des *Ennéades*, ces traités n'en faisait qu'un. Les traités 30 à 33 constituaient à l'origine une longue réfutation des thèses gnostiques.

existe par nature tant que le modèle subsiste. C'est pourquoi ne raisonnent pas correctement ceux qui corrompent le monde, puisque l'intelligible subsiste, et ceux qui engendrent le monde, comme si un jour un artisan désirait le produire » (V, 8 [31], 12, 19-21). Pour le dire en un mot, le monde n'a ni commencement ni fin, puisque son modèle intelligible n'en a pas.

Le traité 33 s'en prend aux gnostiques, qui apportent des modifications saugrenues aux enseignements des Anciens (II, 9 [33], 6, 52-57). L'une des plus absurdes est d'admettre la génération et la corruption dans les intelligibles : « ... et ils veulent contredire les Anciens en introduisant dans l'intelligible toutes sortes de générations et de corruptions (...) » (6, 58). Plotin leur répond en réitérant la position qui est la sienne dans le traité 31 : « Ainsi, que les intelligibles n'aient pas commencé ni ne cesseront d'exister, mais qu'ils existent toujours et que ce monde-ci existera tant que les intelligibles existeront, on l'a dit » (II, 9 [33], 7, 1-2). L'univers est donc permanent parce que les intelligibles le sont. Il est en effet ridicule d'admettre un commencement ou une fin à l'univers, car il faudrait alors introduire la génération et la corruption dans les intelligibles.

En proposant cette explication, Plotin s'inscrit directement dans la tradition du *Timée*. Platon dit en effet du Démiurge qu'il façonne l'univers à partir d'un modèle intelligible (28 c-29 a). Cette image se doit de ressembler le plus possible à son modèle. Puisque le Vivant intelligible contient quatre espèces de vivants, le monde doit lui aussi en contenir quatre (39 e-40 a). De même, puisque le Vivant intelligible est éternel, le monde sensible doit lui aussi être permanent (37 c-d). C'est pourquoi le Démiurge fabrique une image mobile de l'éternité, c'est-à-dire le temps (37 d). Ainsi, bien avant Plotin, Platon considérait déjà la permanence du monde comme un produit dérivé de l'éternité du modèle intelligible : « Le modèle est en effet de toute éternité quelque chose qui est, alors que le monde, sans relâche et pour tout le temps, a été, est et sera » (38 c).

Le corps du monde

Même s'il se transforme continuellement, le monde subsiste toujours **(4, 29-30)**. Ce sont en effet les corps élémentaires, lors de leurs propres transmutations, qui provoquent des modifications dans l'univers (3, 8-9). Mais en dépit de leurs transformations, les éléments subsistent toujours, car ils ne s'usent pas comme du bois ou des matériaux de cette sorte **(4, 27-28)**. Puisque les éléments existent toujours, l'univers est donc lui aussi permanent **(4, 28-29)**.

L'argument offert par Plotin est fort simple et consiste à dire que le monde existe aussi longtemps que son corps. Or, le corps du monde subsiste toujours, car les éléments ne font jamais défaut (3, 5-7). Même s'ils se transforment continuellement (1, 5), les corps élémentaires ne disparaissent jamais. Les modifications subies par le monde à cause de la transformation des éléments ne portent donc pas à conséquence : du moment que ses composantes corporelles subsistent, le monde est immortel.

L'âme du monde

Comme on l'a vu, l'âme du monde possède la puissance nécessaire pour maintenir l'univers et rien ne peut l'empêcher d'agir (4, 19-25). Aucune influence extérieure n'entrave son action. Qu'en est-il toutefois d'une influence intérieure ? Et si l'âme décidait un jour de ne plus gouverner l'univers ? Même si elle n'est pas attaquée par une réalité qui lui est extérieure, l'âme peut d'elle-même changer d'idée et détruire son œuvre.

Loin d'être affecté par cette hypothèse, Plotin la trouve simplement absurde. L'âme n'a à son avis aucune raison de revenir sur ses actes. Un quelconque « repentir » dans l'âme du monde est une notion vide de sens **(4, 30-31)**, car cette âme dirige l'univers sans éprouver la moindre fatigue ou le moindre dommage **(4, 31-32)**. Elle est tellement indépendante du corps que, même s'il disparaissait, elle n'en serait pas altérée **(4, 32-33)**.

La présente argumentation semble viser les gnostiques sur deux points précis : la question du « repentir » et celle de l'aisance avec laquelle l'âme gouverne le monde. Ces enjeux sont discutés dans le traité 33.

En premier lieu, Plotin aborde dans ce traité la possibilité d'un « repentir » de l'âme. Les « exils », les « empreintes » et les « repentirs » sont pour lui d'incompréhensibles inventions faites par les gnostiques (II, 9 [33], 6, 2-3). Ces notions vide de sens ne servent à ses yeux qu'à développer une nouvelle doctrine en s'éloignant des sains enseignements de la culture hellénique (6, 5-6). Si elle se repent, demande Plotin, quand donc l'âme détruira-t-elle le monde (4, 17) ? Et si elle regrette déjà de l'avoir fabriqué, qu'attend-elle pour le détruire (17-18) ? Son regret disparaîtra si elle tarde trop à le faire, « s'habituant au monde et devenant, avec le temps, plus bienveillant à son égard » (18-19). Il ne faut donc pas croire que l'âme regrettera un jour d'avoir produit l'univers et qu'elle décidera à ce moment de le dissoudre. Nantie de sa merveilleuse puissance, elle continuera toujours à le gouverner.

En second lieu, lorsqu'il affirme que l'âme du monde ne se fatigue pas à gouverner l'univers ni ne subit l'influence du corps, Plotin s'adresse également aux gnostiques. Ceux-ci commettent en effet l'erreur de comparer l'âme du monde à nos âmes individuelles (II, 9 [33], 7, 4-5), alors que de grandes différences existent entre ces âmes. Contrairement à nos âmes, par exemple, celle du monde n'est pas liée à son corps (7, 8). Elle gouverne et enchaîne les corps sans être gouvernée ni enchaînée par eux : « L'âme du monde n'est pas elle-même enchaînée par les corps qui sont enchaînés par elle, car elle les domine » (7, 13-14). C'est pourquoi l'âme du monde donne la vie aux corps sans rien recevoir de lui. Elle reste tournée vers le divin, sans que le corps puisse y faire obstacle (7, 16-18). Cela va jusqu'au point où l'âme du monde ne se soucie pas de l'univers sensible : « Car si la totalité du feu disparaissait, l'âme de là-bas n'éprouverait rien, mais la composition du corps s'en ressentirait. Même s'il était possible qu'un monde existe avec les éléments qui restent, rien ne changerait pour l'âme de là-bas » (7, 24-27). L'âme du monde se trouve donc bien au-delà de la sphère d'influence du monde sensible. Les corps ne peuvent affecter une telle âme. Elle ordonne ainsi la réalité corporelle sans en subir le moindre dommage, qu'il s'agisse d'une sensation de fatigue ou de l'un quelconque des autres désagréments reliés à toute activité physique.

Il n'y a donc aucune raison pour que l'âme du monde cesse de diriger l'univers et qu'elle ne lui impose pas la permanence. D'une part, elle souhaitera toujours maintenir le monde sans que rien ne puisse l'en empêcher et, d'autre part, son gouvernement n'implique aucune fatigue susceptible de lui faire renoncer à l'exercice de ses fonctions.

Aperçu général (chapitre 5)

Plotin répond maintenant à l'une des interrogations qu'il avait posées à la fin du premier chapitre et qui s'énonçait comme suit : pourquoi les astres sont-ils immortels, mais non pas les vivants sublunaires (1, 37-39) ? La réponse se trouve à nouveau dans le *Timée*, où Platon affirme que les astres sont fabriqués par le Démiurge, alors que les vivants d'ici-bas sont façonnés par les dieux issus du Démiurge (41 c-d ; 69 c). Or, seules les œuvres directement produites par dieu ne périssent pas. Parce qu'ils viennent de dieu, les astres subsistent donc toujours. Les vivants d'ici-bas, quant à eux, demeurent seulement un certain temps, car ils voient le jour par l'intermédiaire des dieux subalternes. En termes plotiniens, cela signifie que les vivants mortels sont engendrés par une âme qui dérive de l'âme du monde. Cette image dégradée de l'âme de l'univers ne possède pas la puissance nécessaire pour produire des vivants immortels. Et les corps qu'elle met en composition sont de surcroît de piètre qualité et ne désirent pas subsister. C'est pourquoi naissent des vivants faibles et débiles, qui finissent par périr. Tel est le sort réservé à tous les vivants d'ici-bas, l'homme y compris. Une seule chose distingue en fait la race humaine des autres animaux, et c'est qu'aux parties inférieures de son âme vient s'ajouter une âme divine confectionnée par le Démiurge. Ainsi, même si nous venons à l'être sous l'action d'une âme déficiente, la partie intellective de notre âme apporte un peu de raison et de bien-être à notre existence.

La différence entre le ciel et la région sublunaire (5, 1-8)

Ce chapitre tente de résoudre l'une des apories qui a été énoncée au début du traité : pourquoi les corps célestes possèdent-ils une permanence individuelle, alors que les corps sublunaires ont seulement une permanence par l'espèce (1, 38-39 ; **5, 1-2**) ? Plotin répond que c'est parce que dieu engendre lui-même les astres **(5, 2-3)**, mais qu'il ne produit pas les vivants d'ici-bas qui, eux, sont produits par les dieux inférieurs **(5, 3-4)**. Or, seules les œuvres du Démiurge ne périssent pas **(5, 4-5)**. L'immortalité appartient donc uniquement aux astres.

Plotin n'hésite pas à dire que cette explication se trouve telle quelle chez Platon **(5, 2)**. Le Démiurge du *Timée* façonne le corps des astres (38 c) et il les dispose sur les cercles de l'âme du monde (38 d, 40 b). Il confie ensuite aux dieux célestes le soin de produire les autres espèces de vivants (41 c). Les astres viennent ainsi de dieu, tandis que les vivants d'ici viennent des dieux engendrés par ce dieu : « Et il devint lui-même le démiurge des vivants divins, tandis que la génération des vivants mortels, il confia à ses rejetons de l'accomplir » (69 c).

Ces deux étapes lors de la génération des vivants sont de toute première importance. Platon insiste bien sur le fait que si le Démiurge les fabriquait lui-même, les espèces mortelles deviendraient semblables aux dieux : « ... mais il faut que ces espèces mortelles naissent, si le ciel doit être suffisamment parfait. Or, si ces espèces venaient à l'être et participaient à la vie grâce à moi, ils deviendraient les égaux des dieux. Afin donc que ces espèces soient mortelles et que cet univers soit réellement tout, transformez-vous, selon votre nature, en démiurges de ces vivants (...) » (41 c). En d'autres mots, les astres sont immortels parce que les œuvres du Démiurge ne peuvent périr : « ... les œuvres dont je suis moi-même le Démiurge et le père deviennent grâce à moi indissolubles, parce que je ne désire pas les dissoudre » (41 a). Les produits issus des dieux subalternes sont pour leur part corruptibles, car ces dieux ne possèdent pas la même puissance que le Démiurge. Ils tentent certes de faire aussi bien que lui (41 c, 42 e), mais leurs pouvoirs sont limités. Ils ne peuvent notamment utiliser « ces liens indissolubles par lesquels eux-mêmes sont maintenus » (43 a). C'est pourquoi ils fabriquent des vivants inférieurs, qui ne subsistent pas toujours.

La réponse de Plotin se calque donc sur le *Timée* : parce qu'ils sont engendrés par le Démiurge, les corps célestes persistent toujours dans l'être, alors que les vivants d'ici-bas ne durent qu'un certain temps, parce qu'ils proviennent des dieux inférieurs. Voilà l'essentiel de l'explication proposée par Plotin en **5, 1-5**. Elle peut cependant être reformulée d'une autre manière. Plotin propose en effet une autre version de cet argument, mais en faisant intervenir cette fois une hiérarchie des âmes. Cette nouvelle formulation implique que le Démiurge produit l'âme céleste et nos âmes intellectives **(5, 5-6)**, alors qu'une image de l'âme céleste s'écoule de là-haut et vient produire les vivants qui peuplent la terre **(5, 6-8)**.

Ces lignes de Plotin s'inspire à nouveau du *Timée*. Le Démiurge platonicien produit en effet l'âme du monde (34 b-37 a) et la partie divine de notre âme (41 c). Il confie ensuite aux astres et aux dieux traditionnels la tâche de produire les parties inférieures de l'âme, c'est-à-dire la partie agressive et la partie désirante (41 d, 42 d, 69 c). Plotin connaît bien ce passage, puisqu'il en fait mention dans le traité 52 : « Et dans le *Timée*, le dieu artisan produit le principe de l'âme, tandis que les dieux qui se meuvent produisent les terribles et nécessaires passions (...) et ils fabriquent l'autre espèce d'âme, celle d'où proviennent ces passions » (II, 3 [52], 9, 6-10)[1].

1. Le traité 52 accorde aux seuls astres la production de l'âme inférieure (II, 3 [52], 9), quoique le passage du *Timée* auquel il renvoie mentionne aussi les dieux traditionnels, ceux qui se montrent quand ils le souhaitent (41 a).

Étant donné la complexité d'une telle hiérarchie, un certain nombre de commentaires additionnels semblent s'imposer au sujet : de l'âme céleste; du Démiurge; et de l'âme qui s'écoule d'en haut.

L'âme céleste

Plotin semble prendre pour acquis que l'âme céleste et l'âme du monde sont une seule et même âme. C'est du moins la conclusion à laquelle on arrive en comparant les paroles du traité 40 avec celles du *Timée*. Plotin affirme en effet, en **5, 5-6**, que l'âme céleste et nos âmes intellectives viennent du Démiurge. Or, Platon soutient dans le *Timée* que l'âme du monde et nos âmes divines sont fabriquées par le Démiurge (34 b-37 a, 41 c). Si la symétrie des deux expressions est conservée, ce que Platon appelle « l'âme du monde » est désigné sous le nom d' « âme céleste » chez Plotin. L'expression « âme céleste » apparaît rarement dans les *Ennéades*. Elle ne figure que dans les traités 40 et 50, dans lesquels, suivant les contextes, l'âme céleste correspond à l'âme du monde ou à l'âme hypostase.

Le traité 50 propose une exégèse du célèbre passage du *Banquet* sur les Aphrodites. Tout comme Platon, Plotin distingue deux Aphrodites : « Nous disons donc qu'Aphrodite est double. L'une est « Céleste », puisqu'elle est la fille d'Ouranos, l'autre naît de Zeus et de Dionè (...) » (III, 5 [50], 2, 14-17)[1]. Chaque Aphrodite correspondant à une âme (VI, 9 [9], 9, 31), il existe donc une âme céleste et une âme pandémienne. P. Hadot[2] a bien montré que Plotin identifie l'âme-Aphrodite Céleste avec l'âme hypostase, et l'âme-Aphrodite Vulgaire avec l'âme du monde. L'Aphrodite Céleste est en effet l'âme la plus divine, celle qui est pure et sans mélange (III, 5 [50], 2, 19-21), alors que l'autre Aphrodite « est l'âme du monde, c'est-à-dire qu'elle n'est plus seulement âme, ni absolument âme (...) » (3, 30-31). Bien qu'elle soit qualifiée de « céleste », l'âme divine n'est pas nécessairement l'âme du ciel. Dans le traité 50, Plotin précise que cette âme reste séparée du monde sensible, « même si nous avons dit que cette âme est la plus céleste »[3] (III, 5 [50], 3, 24-25). Il insiste bien sur ce fait : « cet Amour réside dans l'intelligible seulement, où l'âme est pure (...) » (3, 26-27). Hadot a donc raison d'affirmer que dans ce contexte « il ne faut pas confondre

1. C'est une citation du *Banquet* : « Comment n'y aurait-il pas deux Aphrodites ? L'une, qui est sans doute la plus ancienne et qui n'a pas de mère, c'est la fille d'Ouranos, que nous appelons évidemment la "Céleste". L'autre, la plus jeune, c'est la fille de Zeus et de Dionè, que nous appelons bien sûr la "Vulgaire" » (180 e).

2. *Traité 50 (III, 5)*, introduction, traduction, commentaire et notes par Pierre Hadot, Paris, Les Éditions du Cerf, 1990, p. 51-55.

3. Il n'existe pas moins de quatre raisons d'appeler cette âme « Céleste », sans qu'elle entretienne pour autant un rapport direct avec le sensible. Hadot les résume aux pages 170-171 de son commentaire au traité 50 : (1) cette âme est céleste parce qu'elle est fille d'Ouranos (2, 15; 17; 25; 34). (2) Parce qu'elle « regarde vers le haut » (2, 21; 30; 32-34; 3, 4-11; 20). (3) Parce que tout ce qui est divin et intelligible est qualifié de « Céleste » (V, 8 [31], 3, 31). (4) Parce que le ciel est illuminé le premier par l'âme (IV, 3 [27], 17, 3 *sq.* ; III, 5 [50], 3, 22-23).

l'âme-Aphrodite céleste, qui est séparée ou transcendante, avec l'âme céleste, ou âme du ciel (…) » (*Op. cit.*, p. 192).

Le traité 40 présente en revanche l'âme céleste comme l'âme qui gouverne le ciel sensible. Elle est l'âme des astres et le ciel lui-même (5, 18-19). Comme on l'a vu lors de notre commentaire à 4, 14, Plotin reprend la doctrine de Platon, qui « place les corps des astres sur les mouvements circulaires de l'âme du monde (…) » (IV, 8 [6], 2, 41-42). Les puissances de l'âme du monde se distribuent dans la sphère des planètes et dans la sphère des fixes (III, 4 [15], 6, 25-26). Puisque sa principale fonction est d'expliquer les mouvements des corps célestes, l'âme du monde peut donc aisément être assimilée à l'âme du ciel. Nous sommes ainsi en parfait accord avec Hadot, qui décrit l'âme céleste du traité 40 en ces termes : « En effet, l'âme du ciel dont il est question dans ces traités (par exemple 40 (II, 1), 5, 6-7 ; 14 (II, 2), 1-2) a une activité cosmologique que n'a pas l'âme transcendante, elle a un rapport avec le corps, même si c'est le corps du ciel. Elle est d'ailleurs probablement identique à l'âme du Tout ou de l'univers (…) » (*Ibid.*).

Le Démiurge

À l'instar de Platon, Plotin considère que le Démiurge produit l'âme du monde et nos âmes intellectives **(5, 5-6)**. Sa position à ce sujet n'a pas évolué depuis le traité 27 : « Or, Platon rend son opinion très claire dans le *Timée* : une fois que l'âme de l'univers est née, le Démiurge produit ensuite les autres âmes [*i.e.* les âmes intellectives] en faisant un mélange à partir du même cratère dans lequel il avait également fait l'âme du monde. Il les fait donc de même espèce que l'âme de l'univers et il leur donne pour seule différence le second ou le troisième rang » (IV, 3 [27], 7, 9-12). C'est pourquoi, par exemple, Plotin affirme que nos âmes et celle du monde sont des sœurs (II, 9 [33], 18, 16; IV, 3 [27], 6, 13). Considérées dans toute leur pureté, nos âmes ont en effet la même valeur que l'âme du monde (V, 1 [10], 2, 45-47).

La position soutenue par Plotin jusqu'à ce point est sans équivoque : notre âme intellective et celle du monde viennent du Démiurge. Certaines ambiguïtés apparaissent toutefois lorsque nous tentons de rapprocher le Démiurge platonicien de l'une des réalités intelligibles appartenant à la métaphysique plotinienne. D'un traité à l'autre, Plotin identifie le Démiurge tantôt à l'Âme, tantôt à l'Intellect.

D'après la séquence habituelle dans la production des réalités intelligibles chez Plotin, l'âme du monde et nos âmes intellectives viennent à la suite de l'Âme hypostase. Comme toutes les autres, l'âme du monde dérive de l'Âme divine : « … toutes les âmes, même celle de l'univers, proviennent de la même âme (…) » (IV, 3 [27], 8, 3); « … toutes les âmes viennent de cette unité [*i.e.* l'Âme], l'âme du monde ainsi que les autres (…) » (IV, 3 [27], 4, 16-17); « … toute âme vient à la suite de l'âme divine et dérive d'elle » (III, 5 [50], 3, 38). De ce point de vue, le Démiurge correspond donc à l'hypostase de l'Âme.

D'autres traités désignent en revanche l'Intellect et non pas l'Âme comme le Démiurge. Il faut à cet égard considérer en bloc les traités 5 et 52, puis examiner le traité 10.

Le troisième chapitre du traité 5 décrit les étapes qui mènent à la production du monde sensible. L'Intellect est le véritable artisan et démiurge (V, 9 [5], 3, 26), car il contient toutes les formes à l'état pur (3, 35-36). Ces formes, il les communique à l'Âme (5, 28-31) à l'état de *logoi*, c'est-à-dire en tant qu'images dégradées de la réalité (5, 36-37). L'Âme produit ensuite le monde à partir d'eux, en imposant la figure de l'univers aux quatre éléments (5, 27-28 ; 30) :

> Transportant les mêmes principes à l'univers, on remontrera là aussi à un Intellect, dont on fera le véritable créateur et démiurge. L'on dira que le substrat qui reçoit les formes, c'est le feu, l'eau, l'air et la terre, mais que ces formes lui viennent d'un autre être, et que cet être est l'âme. L'âme ajoute aux quatre éléments la forme du monde, dont elle leur fait don, mais c'est l'Intellect qui lui fournit les raisons (*logoi*). (V, 9 [5], 3, 24-31).

Une explication similaire, mais plus détaillée, se trouve également dans le traité 52 (II, 3). L'Intellect démiurge donne les formes à la partie supérieure de l'âme du monde (18, 14-15). Une fois cette partie de l'âme du monde remplie des intelligibles, une image des êtres se produit dans sa partie inférieure (18, 10-12). Cette âme fabrique alors les choses sensibles (18, 13). Les raisons (*logoi*) s'écoulent donc de l'Intellect dans l'Âme, puis de l'Âme à la partie inférieure de l'âme du monde (18, 20-21) [1].

Dans le traité 10, lorsqu'il démontre que sa théorie des hypostases existe déjà chez Platon, Plotin assimile encore une fois le Démiurge à l'Intellect. Les trois rois invoqués dans les *Lettres* [2] représentent pour lui les trois degrés de la réalité intelligible (V, 1 [10], 8, 1-4). Il y a au sommet le « père de la cause » [3], c'est-à-dire le Bien qui est au-delà de l'Intellect et de l'être [4] (8, 4 ; 7-8). L'Intellect, qui est la cause, vient en seconde place (8, 4). Et pour finir, l'Intellect, *qui s'identifie avec le Démiurge*, produit l'Âme (8, 5-6) [5]. Au moyen de cette exégèse, soutient Plotin, on peut voir que Platon sait que « l'Intellect vient du Bien et que l'Âme vient de l'Intellect » (8, 9-10).

On voit donc que Plotin considère tantôt l'Âme, tantôt l'Intellect comme le Démiurge. Il n'y a toutefois pas nécessairement de contradiction entre ces deux hypothèses. Lorsqu'il se conforme au mythe du *Timée* sur la production des âmes (41 a-d), Plotin assimile l'Âme hypostase au Démiurge. C'est elle qui produit en effet l'âme du monde et nos âmes intellectives. Mais d'un autre côté, cette Âme possède uniquement des *logoi* et non pas les réalités véritables. Toute sa

1. Ce processus est bien décrit par Luc Brisson dans « *Logos* et *logoi* chez Plotin, Leur nature et leur rôle », *Les Cahiers Philosophiques de Strasbourg* (8), 1999, 87-108.

2. *Lettres* 312 e.

3. *Lettres* 323 d.

4. *République* 509 b.

5. *Timée* 41 d.

puissance productrice dérive de l'Intellect, qui lui fait don de son *logos*. Lui seul possède les vraies formes, les êtres intelligibles pleins et entiers. Pour cette raison, l'Intellect est désigné comme l'authentique Démiurge (V, 9 [5], 3, 25-26). L'Âme et l'Intellect sont donc chacun un Démiurge, mais à des degrés différents et pour des raisons différentes : il y a d'abord l'Intellect, en tant qu'il possède les formes intelligibles ; et ensuite l'Âme, en tant qu'elle entre en contact avec la réalité sensible afin de façonner l'univers.

L'exégèse présentée dans traité 10, à propos des trois niveaux de la réalité intelligible, demeure cependant problématique, voire insoutenable. Car si l'Intellect est le seul Démiurge, il semble impossible d'adapter le mythe du *Timée* sur la production des âmes à la métaphysique plotinienne. Le Démiurge platonicien produit non pas une Âme hypostase, mais nos âmes et l'âme du monde. Voilà un détail passé sous silence dans le traité 10, car Plotin y dérive l'Âme hypostase de l'Intellect démiurge. L'âme du monde et l'hypostase de l'Âme sont pourtant différentes : « L'âme universelle, dont les parties sont de cette nature, ne sera pas l'âme de quelque chose, mais elle existera en elle-même. Elle ne sera donc pas l'âme du monde, celle-ci étant aussi l'une des âmes particulières » (IV, 3 [27], 2, 55-58). À strictement parler, Plotin ne peut donc identifier l'Intellect au Démiurge et, en s'autorisant du *Timée*, postuler ensuite que l'Intellect produit l'Âme. C'est pourtant ce qu'il fait dans le traité 10. Selon toute vraisemblance, en appelant Platon à la rescousse de sa propre doctrine, Plotin semble avoir pris des libertés avec l'enseignement du *Timée*.

L'âme qui s'écoule de là-haut

Plotin affirme que l'âme céleste engendre une autre âme, qui descend dans la région sublunaire et produit les vivants d'ici-bas **(5, 6-8)**. Nos âmes et l'âme du ciel sont fabriquées par le Démiurge, tandis que les autres âmes viennent de l'âme du ciel. Ces âmes inférieures donnent alors naissance aux vivants mortels avant que ceux-ci ne reçoivent leur âme intellective :

> Et nous, parce que nous avons été façonnés par l'âme que nous ont donnée les dieux célestes et le ciel lui-même, c'est aussi par cette âme que nous sommes associés à nos corps. L'autre âme, en effet, celle par laquelle nous sommes nous-mêmes, est la cause de notre bien-être et non pas de notre être. C'est du moins lorsque notre corps est déjà engendré que cette âme arrive en apportant une parcelle de raison à notre existence. (II, 1 [40], 5, 18-23).

Ce passage s'inspire à nouveau de l'enseignement de Platon. Le Démiurge du *Timée* façonne uniquement le corps du monde, l'âme du monde et la partie divine de notre âme (41 c-d). Les autres parties de l'âme et le corps des vivants sublunaires sont engendrés par les dieux subalternes issus du Démiurge (42 e-43 a ; 69 c). La partie agressive de l'âme humaine est placée dans la région du cœur ; la partie désirante, dans la région du ventre (69 e-71 a). L'âme intellective, fabriquée par dieu, est ensuite installée dans la tête (73 c-d).

Le traité 15 donne heureusement plus d'informations que le traité 40 sur la nature de l'âme inférieure qui produit les vivants d'ici-bas. Il s'agit en fait de l'âme végétative. L'Âme, dit Plotin, ne reste pas immobile, mais elle se meut pour engendrer la sensation et la puissance végétative (III, 4 [15], 1, 2). Lorsqu'elle vient perfectionner l'indétermination de la matière, cette dernière puissance produit un corps (1, 14-15). L'âme végétative correspond en effet à la forme du corps (1, 16-17). Ainsi, les plantes possèdent seulement l'âme végétative (1, 5), alors que les bêtes ont l'âme végétative et sensitive (2, 17-21). L'homme jouit pour sa part des trois sortes d'âmes : végétative, sensitive et intellective. C'est en revanche par la partie la plus élevée de son âme que l'homme atteint sa vraie nature : « C'est pourquoi l'homme fait partie des êtres sensitifs, car il possède des organes des sens et il est aussi sous beaucoup de rapports comme les plantes, car il a un corps qui s'accroît et qui engendre. De la sorte, toutes ces puissances agissent en lui, mais c'est par sa meilleure partie que l'homme atteint sa forme entière » (2, 8-11).

C'est donc à l'âme végétative qu'il revient de produire le corps de tous les vivants sublunaires. C'est elle qui s'engage dans la matière et qui engendre le corps (II, 3 [52], 17, 6-8). Elle s'écoule hors de l'âme du monde et elle prépare une demeure pour l'âme sensitive ou pour l'âme intellective qui vient s'ajouter afin de produire une bête ou un homme.

L'Infériorité des vivants sublunaires (5, 8-14)

Les vivants sublunaires sont mortels et inférieurs à cause de leur corps, du lieu qu'ils habitent et de leur âme.

Le corps

Afin de produire les vivants d'ici-bas, l'âme qui vient du ciel utilise un corps inférieur **(5, 9-10)**. Les corps sublunaires ne sont pas aussi purs ni excellents que les corps célestes (4, 8). Le feu d'ici, par exemple, est différent de celui qui compose les astres (4, 11-13). Il existe de ce fait une dissemblance entre les vivants selon qu'ils contiennent l'un ou l'autre type de feu. Un meilleur corps produit bien entendu un meilleur vivant. Le même principe réapparaîtra d'ailleurs dans le traité 52 : « ... non seulement l'âme produira selon les raisons qu'elle a reçues, mais quelque chose sera aussi engendré à partir d'elle et cela sera manifestement quelque chose d'inférieur. Ce sera un vivant, mais un vivant assez imparfait et qui supporte avec peine sa propre vie, attendu qu'il est inférieur, difficile à mouvoir, assurément grossier et fait d'une matière inférieure (...) » (II, 3 [52], 17, 20-23).

Plotin ajoute à cela que les corps dont se sert l'âme dans son travail de composition ne désirent pas subsister **(5, 10-11)**. L'écoulement des corps sublunaires ne permet pas aux vivants d'ici-bas d'être immortels, car, puisque leur substrat s'écoule toujours, l'homme, le cheval et les autres vivants ne demeurent pas individuellement ; seule leur espèce se perpétue (1, 24-27). Nous-mêmes, puisque nos parties corporelles s'écoulent toujours et partent vers l'extérieur, nous ne demeurons qu'un certain temps (3, 9-10). Il en va tout autrement du ciel, qui ne subit aucun écoulement (3, 16-18; 23; 8, 1-3; 22-23). Et c'est pourquoi il possède la permanence. Les corps d'ici se transforment donc continuellement à cause de l'instabilité intrinsèque de leurs composants, tandis que les corps célestes, qui sont dotés d'un corps immuable, restent en tout point identiques à eux-mêmes (8, 24-28).

Le lieu

Les vivants sublunaires ne persistent pas dans l'être, car l'âme qui les produit se trouve dans un lieu inférieur **(5, 10)**. Les parties de l'univers entretiennent en effet une différence qualitative : « ... les régions de l'univers sont différentes, il y en a de meilleures et de moins bonnes » (III, 2 [47], 17, 75-76). Chaque région n'a donc pas la même valeur. Comme on l'a vu, le ciel est la meilleure partie du monde sensible (II, 1 [40], 4, 9). C'est pourquoi, quand elles quittent l'intelligible, les âmes s'y dirigent en priorité :

> Or, qu'à partir de l'intelligible les âmes vont dans le ciel en premier lieu, on s'en convaincra par les considérations suivantes. S'il est en effet ce qu'il y a de meilleur dans le lieu sensible, le ciel est contigu aux derniers des êtres intelligibles. Les êtres célestes reçoivent donc les premiers une âme venant de là-haut (...) les choses terrestres sont les dernières (...) (IV, 3 [27], 17, 1-6).

Étant dans la région inférieure et dernière, les vivants sublunaires ne possèdent pas la permanence individuelle dont jouissent les dieux célestes. Les meilleurs vivants habitent une région supérieure, ils se composent des corps les plus excellents et possèdent l'immortalité. Quant aux vivants de second rang, ils habitent une région inférieure, se composent de corps de piètre qualité et ne vivent qu'un certain temps.

L'âme

C'est aussi à cause de leur âme que les vivants d'ici-bas ne peuvent subsister toujours **(5, 11-12)**. Leur corps est en effet dominé par une autre âme que celle qui gouverne les astres **(5, 12-14)**. Ne possédant pas la puissance de l'âme du monde, cette âme laisse donc s'écouler et périr les corps dont elle a la garde.

Comme on l'a vu au chapitre 4, la permanence du ciel dérive avant tout de la puissance de son âme. Puisqu'elle se trouve à la suite des plus éminentes réalités intelligibles, l'âme du ciel empêche les astres de s'évanouir dans le non-être (4, 14-16). Cette âme issue de dieu est le lien le plus fort qui soit (4, 17). Cela acquis, Plotin nous fait maintenant remarquer que l'âme inférieure qui produit les vivants sublunaires ne possède pas une aussi grande puissance que l'âme du monde **(5, 12-14)**. L'âme qui descend ici-bas ne parvient ni à contenir l'écoulement du corps qu'il gouverne, ni à lui imposer la permanence : « Mais dans l'univers, l'âme, comme si elle était posée au-dessus, le pousse à subsister, tandis qu'ici-bas, parce qu'ils s'écoulent, les vivants sont liés à leur propre ordre par un lien de second rang » (II, 9 [33], 7, 28-30).

De telles considérations s'inspirent de la hiérarchie des âmes que Plotin a présentée au début du chapitre 5 : nos âmes intellectives et l'âme du monde sont engendrées par le Démiurge, alors que l'autre espèce d'âme, celle qui produit les vivants sublunaires, vient des dieux subalternes (5, 5-8). D'après ce schéma, l'âme qui fabrique les vivants mortels est d'une origine inférieure à celle de l'âme du monde, car le Démiurge fabrique l'âme du monde, qui engendre à son tour l'âme végétative. Cette dernière âme se trouve donc au rang le plus bas dans la hiérarchie des âmes (III, 4 [15], 1, 16-17). Étant une image très affaiblie de l'intelligible, elle possède par conséquent moins de puissance et donne le jour à des vivants corruptibles. Autrement dit, Plotin applique ici les principes de la procession. Sa métaphysique admet en effet que tous les êtres viennent les uns à la suite des autres (II, 9 [33], 3, 11-12). Chaque puissance doit « aussi donner une part d'elle-même à un autre, sinon le Bien ne sera pas le Bien, l'Intellect ne sera pas l'Intellect, et l'âme ne sera plus elle-même, s'il n'y avait pas quelque vie après la vie première, c'est-à-dire une vie seconde qui dure autant que la première [*i.e.* le monde sensible] » (II, 9 [33], 3, 7-11). C'est ainsi qu'apparaissent, dans l'ordre, l'Un, l'Intellect, l'Âme et les espèces inférieures de l'âme[1]. Dans sa surabondance, l'Un produit une image de lui-même qui devient l'Intellect (V, 2 [11], 1, 7-13; V, 1 [10], 7, 1; V, 3 [49], 16, 38-40). De cet Intellect naît ensuite une nouvelle image, l'Âme (V, 2 [11], 1, 14-15). Puis cette Âme s'épanche à son tour en produisant cette troisième et dernière image qu'est la sensation et la puissance végétative (V, 2 [11], 1, 16-21 ; VI, 2 [43], 22, 33).

À chacune des étapes de ce processus qui mène de l'Un à l'âme végétative, il y a toujours la production d'une image. L'Intellect est une image de l'Un; l'Âme, une image de l'Intellect; la sensation et la puissance végétative, une image de l'Âme. Et toutes ces images s'avèrent inférieures à leur modèle : « Ils s'avancent donc du premier au dernier, chacun abandonnant à chaque fois son lieu propre. Or, ce qui est engendré prend un autre rang, un rang inférieur » (V, 2 [11], 2, 1-3); « Car, lorsqu'on est parfait, il faut engendrer, et une si grande puissance [*i.e.* celle de l'Intellect] ne doit pas rester stérile. Il n'est pas non plus possible, pas même dans ce cas-ci, que ce qui est engendré soit supérieur, mais, étant une image de son modèle, il est inférieur » (V, 1 [10], 7, 37-40). De l'Un jusqu'à l'âme végétative, il se produit donc une dégradation progressive de la puissance des réalités intelligibles.

1. Nous retenons ici l'ordre de succession des réalités intelligibles que Plotin accrédite le plus souvent, faisant fi de certaines variantes qui apparaissent çà et là dans les *Ennéades*, comme par exemple dans le traité 40, où il faut insérer l'âme du monde et nos âmes intellectives après l'Âme hypostase. Pour les besoins de la présente exposition, nous nous en tiendrons cependant à la succession la plus simple et la plus « scolaire » de la métaphysique plotinienne : l'Un, l'Intellect, l'Âme, les espèces inférieures de l'âme.

Dans le contexte du traité 40, quand l'âme du monde produit l'âme végétative, elle engendre une âme faible et débile, tout juste capable de former un corps en perpétuel écoulement. Du point de vue même de la métaphysique plotinienne, l'âme qui fabrique les vivants sublunaires incarne la limite inférieure de la réalité intelligible. De toutes les âmes, elle est la plus faible et la plus dégradée. Et si elle possède tout de même assez de puissance pour produire un vivant, elle engendre par conséquent un être inférieur et corruptible.

LE CIEL EN SON ENSEMBLE (5, 14-17)

Plotin répond dans cette courte section à l'une des interrogations qui fut énoncée dans le premier chapitre. Le début du traité a pris pour acquis que l'univers constitue un ensemble homogène obéissant aux mêmes règles. Cette hypothèse incita Plotin à formuler une double question : si les vivants sublunaires périssent, comment le ciel peut-il être immortel (1, 11-12) et, à rebours, si les astres sont immortels, comment les vivants d'ici-bas peuvent-ils être mortels (1, 39-40) ? Dans un univers homogène, la région sublunaire et la région supralunaire ne présenteraient aucune différente notable l'une par rapport à l'autre. De sorte que l'une de ces régions pourrait difficilement être immortelle sans que l'autre le soit. Malgré cette difficulté, Plotin persiste à croire que le ciel et les astres subsistent toujours **(5, 14-15)**. La question demeure donc tout aussi pertinente, même au chapitre 5 : comment les corps célestes peuvent-ils jouir d'une permanence que les vivants sublunaires n'ont pas **(5, 15-16)** ?

Plotin répond à cette question par la constatation suivante : les êtres qui habitent sous la sphère lunaire ne font pas partie du ciel, car le ciel s'arrête à la lune **(5, 16-17)**. Sa solution consiste donc à scinder l'univers en deux parties distinctes. Le monde se divise en une région supralunaire et une région sublunaire dans lesquelles des règles particulières s'appliquent. Alors que les vivants célestes possèdent un meilleur corps, une meilleure âme et qu'ils vivent toujours, les vivants sublunaires se composent d'un corps et d'une âme inférieurs qui restent unis seulement pour un certain temps. Si le monde n'est pas un tout homogène, il n'y a donc plus aucune difficulté à poser en lui différents types de permanence.

L'HOMME (5, 18-23)

Pour Plotin, l'homme fait l'objet d'une production en deux temps : son corps est produit par l'âme qui s'écoule de l'âme céleste **(5, 18-20)** et, par la suite, son âme intellective vient s'ajouter **(5, 20-23)**. Cette doctrine n'est pas particulière au traité 40, puisqu'elle remonte jusqu'au traité 27 dans lequel Plotin explique que l'âme du monde produit nos corps avant l'arrivée de nos âmes : « … et les âmes individuelles, l'âme qui commande étant comme leur sœur, se partagent par le sort les parties du corps, comme si l'âme du monde leur avait préparé d'avance des demeures » (IV, 3 [27], 6, 14-15). Nos âmes sont donc devancées par l'âme du monde (17-18) et elles descendent dans l'univers pour en administrer une partie qui a déjà été engendrée.

Tous ces passages s'inspirent encore une fois du *Timée*, où Platon dit que les dieux subalternes fabriquent le corps des vivants sublunaires et les parties inférieures de l'âme (42 e-43 a; 69 c), alors que le Démiurge confectionne la partie divine de leur âme (41 c). Une fois le corps humain, l'âme agressive et l'âme désirante confectionnés, les dieux reçoivent du Démiurge l'âme divine qu'ils enchaînent dans le corps : « Ils fabriquèrent pour chaque individu un seul corps et, dans ce corps soumis à un flux et à un reflux perpétuel, ils enchaînaient les révolutions de l'âme immortelle » (43 a). Platon croit donc lui aussi que l'homme reçoit son âme intellective à la toute fin, lorsque son corps a été fabriqué et qu'il est désormais pourvu d'une âme désirante et d'une âme agressive.

Avant de clore cette section, Plotin va toutefois plus loin et ajoute que l'âme intellective est la partie de l'âme par laquelle nous sommes vraiment nous-mêmes **(5, 20-21)**. Une telle affirmation n'a rien pour nous surprendre, car elle apparaît dans plusieurs traités plotiniens. L'homme véritable, dit Plotin, s'identifie à sa fonction supérieure (III, 4 [15], 2, 10-11). La réflexion, l'opinion et les notions intellectuelles représentent la meilleure part de l'homme : « … c'est évidemment là que nous sommes au plus haut point nous-mêmes. Les choses qui viennent avant celles-là sont nôtres [*i.e.* les fonctions de l'âme inférieure], mais de toute évidence nous sommes nous-mêmes à partir de ce qui est au-dessus de l'animal » (I, 1 [53], 7, 16-18). Le corps ne nous est certes pas étranger (IV, 4 [28], 18, 11-12), car notre âme s'en occupe, mais il ne correspond pas au « nous-mêmes » en son sens propre (18, 14-15).

L'âme humaine possède de la sorte deux parties principales. Il y a l'âme « que nous appelons divine, par laquelle nous sommes nous-mêmes, et l'autre âme, celle qui vient de l'univers » (IV, 3 [27], 27, 1-3). Nous tirons de l'âme inférieure notre caractère, nos actions et nos passions (II, 3 [52], 9, 10-14), mais, abstraction faite de tout cela, « il reste ce que nous sommes véritablement nous-mêmes, ce à quoi la nature donne la capacité de dominer les passions » (9, 14-16).

CHAPITRE III

LA COMPOSITION MATÉRIELLE DU CIEL

I. JUSTIFICATIONS DE LA NATURE PUREMENT IGNÉE DU CIEL

Aperçu général (chapitre 6)

Ce chapitre est l'occasion pour Plotin de réitérer sa position sur la constitution matérielle du ciel et de répéter que les astres contiennent seulement du feu. Cette doctrine s'harmonise toutefois assez mal avec celle du *Timée* pour lequel le monde entier se compose des quatre éléments que sont la terre, l'eau, l'air et le feu (31 b-32 b). Platon soutient en effet que l'univers possède de la terre afin d'être solide; du feu, afin d'être visible; de l'air et de l'eau, afin d'être un solide en trois dimensions. Puisqu'ils sont visibles et solides, les corps célestes devraient donc contenir non seulement du feu, mais aussi de la terre. Étant en désaccord avec Platon sur ce point, Plotin passe ainsi en revue les diverses relations qui peuvent unir les éléments entre eux. Il en arrive à la conclusion que chaque élément peut exister en lui-même, indépendamment des autres. Si l'eau, par exemple, arrive à coller la terre, c'est que la terre a une existence propre. De même, la terre n'a pas besoin d'une part d'air pour exister, ni d'une part de feu pour être visible. Il va sans dire que, dans le contexte du traité 40, Plotin s'intéresse surtout à l'indépendance du feu. Le feu doit pouvoir se passer des autres éléments, sinon les astres ne pourront jamais être purement ignés. Et comme de fait, au terme de son examen, Plotin constate que le feu existe bel et bien par lui-même. L'air et l'eau ne peuvent subsister dans une masse de feu et, même s'il ne contient pas de terre, le feu reste tout de même un corps en trois dimensions et possède la résistance. Rien n'empêche donc les astres de posséder un corps composé exclusivement de feu.

LE FEU ET LA TERRE (6, 1-12)

Il revient à Plotin, dans les chapitres 6 et 7, de démontrer que le ciel se compose uniquement de feu. Devant se mesurer à l'opinion professée par Platon à ce sujet, Plotin rappelle que, pour Timée, le corps de l'univers est fabriqué avec de la terre et du feu **(6, 2-3)**. La terre procure au monde sa solidité (στερρὸν, στερεὸν) ; le feu, sa visibilité **(6, 3-4)**. Afin d'être visibles et solides, les astres contiennent donc du feu et de la terre **(6, 5-6)**.

Le *Timée* professe en effet que le monde a pour caractéristiques premières d'être visible et tangible (31 b). Or, un corps n'est pas visible sans feu, ni tangible sans terre : « … sans feu rien ne deviendrait un jour visible, et rien ne serait tangible sans quelque chose de solide (στερεὸν). Et la solidité n'existe pas sans la terre » (31 b). Par conséquent, « c'est avec du feu et de la terre que le dieu, lorsqu'il commença à le constituer, fabriqua le corps du monde » (31 b).

Même s'il concerne l'univers au premier chef, ce raisonnement semble tout aussi bien s'appliquer au ciel. S'ils sont solides et tangibles, les corps célestes contiennent de la terre en plus du feu qui les rend brillants. Autrement dit, ils ne se composent pas seulement de feu. C'est justement ce que Platon sous-entend lorsqu'il écrit : « Quant à l'espèce divine, il la fabriqua à partir d'une plus grande part de feu (…) » (*Timée* 40 a). Une telle affirmation indique clairement que les astres ne sont pas purement ignés, mais qu'un ou plusieurs autres éléments participent également à leur constitution. Il y a donc de fortes chances que les astres contiennent aussi de la terre.

Confronté à cette difficulté, Plotin concède qu'il est vraisemblable de composer les astres avec du feu et avec de la terre. On peut dire qu'à première vue la sensation et le raisonnement viennent appuyer cette hypothèse : les sens de la vue et du toucher confirment la nature ignée des corps célestes **(6, 8-10)** ; le raisonnement démontre que les astres contiennent de la terre, puisqu'ils sont solides et que la solidité n'existe pas sans la terre **(6, 10-12)**.

La sensation

Deux de nos organes sensoriels donnent l'impression que le ciel se compose de feu. Il s'agit de la vue et du toucher.

En premier lieu, l'éclat des vivants supralunaires est perçu par le sens de la vue. Les astres brillent et leur scintillement est perceptible d'aussi loin que la terre. Puisque seul le feu nous procure ici-bas ce genre de sensation, nous en déduisons que les astres se composent eux aussi de feu. Tel est du moins le raisonnement suivi par Platon dans le *Timée* : « Quant à l'espèce divine, il la fabriqua à partir d'une plus grande part de feu, de manière à ce qu'elle fût le plus possible brillante et belle à voir (…) » (40 a). Pour être brillants, les astres doivent donc contenir du feu. En second lieu, la sensation du toucher perçoit la chaleur qui se dégage du soleil. Or, les rayons solaires stimulent notre peau de la même manière que le font les feux sublunaires, c'est-à-dire que le soleil nous affecte comme le ferait n'importe quel feu. Afin de produire un tel effet, le soleil et probablement le reste des astres doivent contenir du feu.

Cet argument qui fait appel au témoignage des sens devait avoir beaucoup de poids. Chacun de nous peut en effet constater par lui-même la chaleur qui se dégage du soleil et la lumière qui émane de tous les corps célestes. Afin d'expliquer la présence de ces phénomènes dans le ciel, la solution la plus simple consiste à le composer de feu. Les « physiciens » de l'Antiquité ont généralement cru que les astres sont ignés, pouvant ainsi justifier la chaleur et la lumière que produisent les astres. C'est d'ailleurs l'une des objections majeures que l'on peut adresser à la théorie aristotélicienne du cinquième corps. L'éther dont se compose, selon Aristote, la région supralunaire n'est par lui-même ni chaud ni lumineux. La chaleur et la lumière qui s'en dégagent doivent donc être expliquées par d'autres causes que la nature ignée du ciel. Les démonstrations d'Aristote à ce sujet se trouvent dans le *De Caelo* (II, 7, 289 a 20-35) et dans les *Météorologiques* (I, 3, 341 a 12-36). Il aborde la question d'un point de vue plus général dans le premier cas, alors qu'il se concentre sur la chaleur produite par le soleil dans le second cas.

D'après le Stagirite, « la chaleur et la lumière sont engendrées par les astres, parce que l'air subit un frottement dû au mouvement effectué par ces corps » (*De Caelo* II, 7, 289 a 19-21). Lorsqu'ils se meuvent, le bois, la pierre ou le fer peuvent en effet s'embraser. À plus forte raison, l'air dans lequel ils se déplacent deviendra lui aussi enflammé (22-23). Certains projectiles, tels des balles de plomb, s'embrasent quand ils sont lancés et ils en arrivent même parfois à se liquéfier. Il paraît tout à fait vraisemblable que l'air qui les environne subisse la même modification (24-26). Étant échauffés lors de leur passage dans l'air, ces objets s'enflamment et transforment en feu l'air qu'ils traversent (26-28). Il se produit donc le même phénomène en ce qui concerne le ciel et l'air qui se trouve à la limite de la région sublunaire. Cet air est chauffé par le mouvement des corps célestes, surtout à l'endroit où se trouve le soleil (28-32).

Nous pouvons constater qu'Aristote a bien mesuré, dans les *Météorologiques*, toute l'importance du problème que pose la chaleur du soleil pour sa doctrine de l'éther : « Et au sujet de la chaleur que fournit le soleil, il faut maintenant dire en vertu de quelle cause elle est engendrée par ces corps [*i.e.* les astres] qui ne sont pas chauds » (I, 3, 341 a 12-16). Même s'il ne l'a peut-être jamais rédigée, il promettait même une étude complète sur la question dans un traité *Sur la Sensation* (341 a 12-14). Sous sa forme actuelle, ce traité ne présente malheureusement rien de tel. Mais nous possédons heureusement des indications assez détaillées dans les *Météorologiques*.

Nous constatons, dit Aristote, que le mouvement d'un projectile réussit parfois à enflammer l'air. Lors d'un déplacement très rapide, cet objet dissout l'air qu'il traverse et il l'embrase (341 a 17-19). Le mouvement du soleil parvient de la même manière à échauffer l'air qui se trouve sous la lune et il produit ainsi une certaine chaleur (19-20). Seul le soleil provoque un tel effet, car les autres planètes sont trop éloignées, alors que la lune, malgré sa proximité, ne se déplace pas assez rapidement pour créer un embrasement de l'air sublunaire (21-23). Il n'y a donc que l'astre solaire qui se situe à la bonne distance et qui se meut avec suffisamment de vitesse pour dissoudre l'air et engendrer de la chaleur (23).

La chaleur produite à la limite de la région sublunaire et de la région supralunaire se propage jusqu'à la terre suivant deux processus. Tout d'abord, l'air entier devient chaud. La chaleur la plus forte est produite tout près du soleil, mais elle se communique à l'ensemble de l'air. Plus il se trouve à proximité de la terre, et plus cet air se refroidit. Il conserve toutefois assez de chaleur pour que nous en ressentions les effets (I, 3, 341 a 23-28). Ensuite, le feu qui entoure l'air est souvent désagrégé par le mouvement de rotation du ciel. Il se voit ainsi projeté vers le bas, réchauffant alors, par sa présence, le lieu qui entoure la terre (30-31).

Si nous résumons les doctrines présentées dans le *De Caelo* et dans les *Météorologiques*, la théorie d'Aristote sur la chaleur et la lumière qui sont dégagées par les astres s'énoncerait comme suit : lors de leurs révolutions circulaires, tous les corps célestes agissent sur l'air qui se trouve sous la lune. Selon leur vitesse et l'endroit qu'ils occupent dans l'univers, ils ne produisent pas tous le même effet. Parce qu'elle se déplace lentement, la lune n'engendre aucune chaleur, quoiqu'elle soit la planète la plus rapprochée de la terre. Se trouvant à la distance adéquate et se déplaçant avec célérité, le soleil produit beaucoup de chaleur. Puisqu'elles sont à de plus grandes distances de la terre que ne l'est le soleil, les autres planètes engendrent peu ou pas de chaleur. Quant à la lumière, il semble bien que tous les astres en produisent. C'est là l'influence minimale que peut avoir la translation des corps célestes sur l'air d'ici-bas.

Cette théorie est pour le moins ingénieuse et elle atteint presque son but. Un sérieux problème est toutefois posé par la lune. Suivant Aristote, chacun des astres engendre de la lumière et de la chaleur (*De Caelo* II, 7, 289 a 29-31), mais cela n'est pas possible en ce qui concerne la lune, sinon les éclipses et les phases de la lune n'existeraient plus. Même si la terre s'interposait entre le soleil et la lune, l'astre lunaire continuerait à briller par lui-même et il ne présenterait pas de zones d'ombres. Cette contradiction ne semble pas avoir été levée par le Stagirite, qui savait pourtant très bien comment se produisent les éclipses de lune (*De Caelo* II, 14, 297 b 24-30).

Nous pourrions également reprocher à cette démonstration sa trop grande complexité. Il semble en effet beaucoup plus simple de constituer les astres avec du feu que d'imaginer que la rotation des astres embrase l'air sublunaire. D'un point de vue théorique, l'hypothèse d'Aristote n'est pas économique, ni très convaincante. Il ne faut donc pas s'étonner que la plupart des philosophes postérieurs au Stagirite aient rejeté l'éther et s'en soient tenus à la conception d'un ciel composé de feu. Non seulement ils renoncent à la dure tâche de démontrer l'existence d'un cinquième corps, mais ils justifient très aisément la chaleur et la lumière qui proviennent des astres.

Le raisonnement

Le raisonnement démontre pour sa part que le ciel se compose aussi de terre. C'est que seule la terre possède la propriété d'être solide. S'ils n'en contiennent pas, les astres ne pourront donc être solides. Cette hypothèse étant absurde, il faut inclure une certaine quantité de terre dans leur composition **(6, 10-12)**.

Ces dernières lignes reprennent sans le modifier l'argument de *Timée* 31 b, à savoir que les astres doivent contenir de la terre afin d'être solides, car la solidité ne se produit pas sans la terre. En ce début du chapitre 6, Plotin donne ainsi raison à Platon, se joignant à lui pour dire que les astres semblent se composer d'au moins deux éléments, c'est-à-dire le feu et la terre. Si la sensation appuie la cause du feu, le raisonnement appuie celle de la terre.

L'EAU ET L'AIR (6, 12-21)

Après avoir survolé la question du feu et de la terre, Plotin se demande ensuite si les astres contiennent aussi de l'eau et de l'air **(6, 12)**. En vérité, répond-il, aucun de ces éléments ne se trouve dans le ciel, car l'eau ne peut subsister dans un tel feu **(6, 12-13)** et l'air se transforme en feu **(6, 13-14)**. Dans le premier cas, puisque le ciel se compose surtout de feu (6, 5-6), l'eau ne peut collaborer à la constitution des vivants célestes, car elle s'évaporerait en approchant d'un tel brasier **(6, 12-13)**. Cette remarque fait bien entendu appel au simple bon sens, puisqu'on observe qu'ici-bas une grande quantité de feu détruit une petite quantité d'eau. Pourquoi en irait-il autrement dans le ciel ? Il semble donc impossible que l'eau entre en composition avec une plus grande proportion de feu afin de constituer les astres. Dans le second cas, la nature ignée du ciel empêche également les astres de contenir de l'air. Emprisonné dans une pareille masse de feu, l'air présent dans les corps célestes se transformerait en feu **(6, 13-14)**. Même s'ils possédaient initialement une part d'air, les astres n'en profiteraient pas longtemps, car l'air finirait par se transformer en feu. De sorte qu'on peut tout aussi bien dire que l'air ne contribue pas à la composition du ciel.

Cette argumentation à propos de la transformation de l'air en feu n'est pas d'une extrême clarté. Plotin s'exprime ici à demi-mot, car il considère ses lecteurs comme de fins connaisseurs des enseignements du *Timée*. C'est que Platon y affirme que l'élément qui se trouve en plus grande quantité domine et corrompt les autres éléments. Si, par exemple, il rencontre de larges quantités de terre ou d'air, le feu est vaincu : « ... chaque fois que du feu en petite quantité, entouré par de l'eau et par de la terre en grande quantité, soumis au mouvement des éléments qui l'enveloppent, livrant combat et finalement vaincu, est mis en pièce (...) » (56 e) ; « ... quand des particules [de feu] plus petites en petit nombre, se trouvant enveloppées par des particules plus grandes en grand nombre, sont mises en pièces et s'éteignent (...) » (57 a-b). Quels que soient les éléments en cause, la masse de l'élément dominant détruit celle de l'élément minoritaire. Dans la mesure où les astres contiennent une plus grande proportion de feu, cet élément contraint donc les autres à se transformer. Ces diverses transformations obéissent à des règles très strictes, qui sont également décrites dans le *Timée*.

La transmutation des éléments s'exprime pour Platon en termes mathématiques. Il associe en effet chaque élément à un polyèdre régulier : le feu, au tétraèdre ; l'air, à l'octaèdre ; l'eau, à l'icosaèdre ; la terre, au cube (54 d-56 a)[1]. Ces polyèdres se composent de triangles élémentaires qui sont scalènes (le feu, l'air et l'eau) ou isocèles (terre). Et c'est en calculant le nombre de triangles dont se compose chacun de ces quatre solides que Platon peut formuler les équations qui régissent la transformation des éléments : le feu contient 24 triangles ; l'air, 48 ; l'eau, 120. On peut alors dire que deux particules de feu (2 x 24 triangles), lorsqu'elles se dissocient, peuvent produire une particule d'air (48 triangles) (56 e); ou une particule de feu (24 triangles) plus deux particules d'air (2 x 48 triangles) donnent une particule d'eau (120 triangles) (56 d). Suivant ces mêmes règles, lorsque de l'air (48 triangles) est décomposé, il produit deux particules de feu (2 x 24 triangles) : « les particules d'air, à partir d'une seule particule dissoute, engendreraient deux corpuscules de feu » (56 e). Voilà pourquoi Plotin déclare qu'une fois arrivé dans le feu céleste, l'air devient du feu **(6, 13-14)**. En accord avec les équations fournies par Platon, Plotin suppose que chaque particule d'air qui atteindrait le ciel se transformerait en deux particules de feu.

Qu'en est-il toutefois des autres éléments, c'est-à-dire de l'eau et de la terre, par rapport à ces transformations élémentaires ? La réponse mérite d'être soulignée.

Puisqu'il se compose surtout de feu, le ciel n'admet pas d'eau en son sein. Sous l'action corruptrice du feu, l'eau se transforme en effet en air et en feu (56 d-e). L'air ainsi généré, on l'a vu, sera ensuite transformé en feu. L'eau s'assimilera donc en dernier ressort au feu, qui est l'élément dominant. Il en va tout autrement pour la terre, car celle-ci ne participe pas au cycle des transformations, puisque le polyèdre qui la constitue n'est pas de la même nature que ceux des autres éléments. Le cube se compose de triangles isocèles, alors que les trois autres solides élémentaires sont formés à partir de triangles scalènes. Lorsqu'elle se décompose en triangles isocèles, la terre ne fournit pas des triangles aptes à reformer les figures propres aux autres éléments : le feu, l'air et l'eau naissent par l'agencement de triangles scalènes et non pas isocèles. La terre ne peut donc que se décomposer et se recomposer elle-même (56 d). Cette caractéristique propre à la terre met alors Plotin dans l'embarras pour cette raison que le feu céleste ne parviendra jamais à éliminer la terre qui entre dans sa composition. S'ils contiennent de la terre, les astres ne pourront la transformer en feu comme ils ont la capacité de le faire avec l'eau et l'air. La terre peut subsister dans le feu céleste, sans subir aucune transformation. C'est pourquoi Plotin met tant l'accent sur la présence ou l'absence de terre dans la composition des corps célestes. Si de la terre se trouve là-haut, le feu ne pourra rien contre elle.

Malgré ses objections générales contre la présence de l'eau et de l'air dans le ciel, Plotin n'a pas encore abordé la position platonicienne à ce sujet. Si Platon soutient que tous les corps doivent, outre du feu et de la terre, contenir aussi de l'air et de l'eau, c'est afin qu'ils possèdent l'étendue dans les trois dimensions

1. Ce sujet a été abordé lors de notre commentaire à 3, 5-6.

(*Timée* 32 b). Tout corps à trois dimensions se compose nécessairement, à son avis, de quatre éléments. Considérons brièvement les étapes qui mènent Platon à cette conclusion.

Le monde doit contenir de la terre et du feu afin d'être visible et tangible (*Timée* 31 b). Et il faut un lien qui unit ces deux éléments. Si l'univers était une surface, un seul intermédiaire viendrait s'ajouter (32 a). En termes mathématiques, une proportion devrait s'établir entre les deux extrêmes représentés par la terre et le feu : a/x = x/b ou feu/x = x/terre. Cette équation à une seule inconnue se résout alors par l'extraction de la racine carrée de a x b. Mais l'univers étant en réalité un solide et non pas une surface, il doit y avoir deux intermédiaires entre la terre et le feu (32 b). L'équation devient en effet a/x = x/y = y/b ou feu/x = x/y = y/terre. Les deux inconnues, x et y, sont trouvées par l'extraction de la racine cubique de a^2b et ab^2. Grâce à ces considérations mathématiques, Platon justifie dès lors l'existence des quatre éléments dans l'univers : « Ainsi le dieu, ayant placé l'eau et l'air entre le feu et la terre, et ayant introduit entre eux, autant que possible, le même rapport, (…) a constitué un ciel [*i.e.* un monde][1] visible et tangible » (32 b). Tout corps en trois dimensions présente alors une part d'air et une part d'eau qui servent à lier la terre et le feu suivant une proportion géométrique.

Nous avons vu qu'au début du chapitre 6 Plotin accorde temporairement à Platon qu'il puisse exister du feu et de la terre dans le ciel (6, 8-12). Une fois cette concession faite, Plotin doit toutefois s'interroger sur la suite du raisonnement platonicien : l'air et l'eau sont-ils indispensables à l'union du feu et de la terre dans un corps physique ? Plotin répond par la négative, soutenant que les corps physiques n'obéissent pas aux mêmes règles que les entités mathématiques. Lorsqu'ils sont en position d'extrêmes, deux nombres solides[2] ont certes besoin de deux moyens termes afin de les unir **(6, 14-15)**. Mais il n'en va probablement pas de même pour les corps naturels **(6, 16)**, étant donné que l'on peut mélanger de la terre à de l'eau sans avoir besoin d'intermédiaires **(6, 16-17)**.

La faiblesse de la démonstration platonicienne concernant l'air et l'eau résiderait ainsi dans son caractère purement mathématique. Quand bien même les spéculations mathématiques de Platon seraient exactes, un simple appel à l'expérience sensible prouve qu'aucun intermédiaire n'est nécessaire pour unir la terre et l'eau. Rien n'empêche qu'il en aille de même entre le feu et la terre.

La position adoptée par Plotin est assez similaire à celle professée par Aristote dans le *De Caelo* (III, 7). Le Stagirite y rejette l'idée platonicienne selon laquelle nous pouvons associer les éléments à des polyèdres qui se résolvent en surfaces et

1. Sur l'homonymie qui existe entre les mots « ciel » et « monde » chez Platon, consulter notre introduction § 1.

2. Le mot στερεός **(6, 14)** possède une signification à la fois en géométrie et en arithmétique. Il désigne soit un solide, soit l'opération mathématique consistant à élever un nombre au cube ou à en extraire la racine cubique. En parlant de nombres solides, Plotin renvoie aux explications du *Timée* qui impliquent l'extraction de la racine cubique (32 b).

en triangles. Il dénonce en particulier l'une des conséquences qui découle d'une telle hypothèse, à savoir l'impossibilité pour Platon d'inclure la terre dans la transformation des éléments les uns dans les autres : « Car il n'est pas rationnel qu'un seul élément ne participe pas à cette transformation et ce n'est pas ce qui apparaît à la perception sensible, mais tous les éléments se transforment pareillement les uns dans les autres » (III, 7, 306 a 3-4). Aristote raille les platoniciens en disant que ceux-ci préfèrent s'en tenir à leurs théories géométriques des éléments, aussi farfelues soient-elles, plutôt que de se conformer aux données de l'expérience :

> Et ceux-ci, par attachement à leurs principes, semblent faire la même chose que ceux qui gardent leurs thèses dans les limites de la raison. Ils en acceptent en effet toutes les conséquences comme s'ils possédaient les vrais principes, comme s'il ne fallait pas que certains principes soient jugés d'après leurs résultats et surtout de leur résultat final. Or, ce résultat final est (...), dans la science de la nature, ce qui apparaît toujours véritablement à la perception sensible. (III, 7, 306 a 13-17).

À l'instar du Stagirite, Plotin accorde donc plus d'importance à la perception sensible qu'aux considérations mathématiques. Même si le modèle platonicien se prononce en faveur de l'existence d'un intermédiaire pour unir deux éléments, l'expérience concrète démontre que la terre et l'eau se mélangent sans qu'un autre élément n'intervienne pour les lier. L'air et l'eau n'existent pas nécessairement dans le ciel, car le feu et la terre qu'on imagine trouver là-haut n'ont besoin, eux aussi, d'aucun moyen terme pour se mélanger.

En dépit de toutes ces réfutations, Plotin tente malgré tout un dernier effort afin de secourir Platon. Il met en scène un dialogue qui oppose un platonicien acculé au pied du mur à un néoplatonicien triomphant. Dans un ultime soubresaut, le platonicien propose que « les autres éléments sont déjà contenus dans la terre et dans l'eau » **(6, 17-18)**. Cela ne règle malheureusement rien, rétorque le néoplatonicien, car même s'ils sont présents dans la terre et dans l'eau, le feu et l'air ne servent pas de liens entre les éléments qui se rapprochent **(6, 19-20)**. On peut dire tout au plus que la terre et l'eau sont déjà liées dans chaque particule **(6, 20-21)**. À court d'arguments, le platonicien doit alors s'avouer vaincu.

Face à ce dénouement prévisible, Plotin se montre inflexible sur la question des éléments intermédiaires : deux éléments peuvent s'unir sans l'intervention d'un autre corps élémentaire.

L'INDÉPENDANCE DES ÉLÉMENTS (6, 21-54)

L'exposé de Plotin sur la nature purement ignée du ciel n'est pas encore complet. Une ultime démonstration reste à faire : si la région supralunaire se compose seulement de feu, les éléments doivent être indépendants les uns des autres. Et puisque Platon affirme que rien n'est visible sans feu ni solide sans terre (*Timée* 31 b), Plotin doit vérifier si la terre est visible sans feu et si le feu est solide sans terre **(6, 21-22)**. Dans la négative, peut-être qu'aucun élément n'existe en lui-même, mais qu'ils sont tous mélangés **(6, 22-24)**. La terre, par exemple, ne peut se passer de l'eau, car elle n'a pas de consistance si l'eau n'est pas présente en vue de coller ses parties **(6, 25-26)**. Les différents composés ne pourront donc être identifiés qu'en vertu des composants qui dominent en eux. Dans l'hypothèse où tous les éléments sont mélangés, seul l'élément qui domine dans chaque mélange permettra de distinguer un élément d'un autre **(6, 24)**.

Lors de la présentation de cet argument, Plotin compte à nouveau sur l'érudition de ses lecteurs et s'exprime sans mentionner ses sources. Bien qu'il n'y paraisse pas, ses considérations sur le mélange des éléments et sur la terre qui nécessite une part d'eau renvoient à Numénius et à Aristote.

Numénius[1]

Allant contre l'avis de la plupart des commentateurs, nous croyons que le passage de **6, 22-24** sur le mélange des éléments vise Numénius et non pas Anaxagore. Dans leurs travaux sur Plotin, R. Beutler et W. Theiler[2], à l'instar de P. Henry et H.-R. Schwyzer[3], voient en ces lignes un rappel de la thèse du mélange de toutes choses, thèse qui aurait été soutenue par Anaxagore. Même si elle nous paraît erronée, cette hypothèse mérite la plus grande attention.

Aristote dit d'Anaxagore qu'il se joignait aux physiciens pour affirmer que les choses « paraissent différentes et sont désignées comme des choses différentes les unes des autres, à cause de ce qui domine le plus parmi la multitude des composants qui se trouvent en nombre infini dans le mélange. Car il n'y a rien à l'état pur, rien qui soit entièrement blanc, noir, doux, ou qui soit de la chair ou de l'os. Mais le composant que chaque être possède en plus grande quantité, voilà quelle semble être la nature de la chose » (*Physique* I, 4, 187 b 2-7). Ce compte-rendu fait par le Stagirite semble exact dans la mesure où certains des fragments d'Anaxagore conservés par Simplicius livrent la même doctrine : « toutes choses se trouvent en tout et chaque chose est caractérisée par ce qui domine en elle » (fr. B1 DK) ; « ... toutes choses se trouvent en toutes et chacune est caractérisée par ce qui domine en elle. Ce qui a beaucoup d'or en lui semble en effet être de l'or, même si en vérité toutes choses s'y trouvent » (fr. A41 DK).

On ne peut nier qu'il existe une parenté indéniable entre le passage de Plotin en **6, 23-24** et ces fragments d'Anaxagore. Mais si l'idée générale semble être la même, les considérations de détail divergent. Anaxagore considère que tout se trouve dans tout pour l'ensemble de la réalité. Il ne parle pas seulement des éléments. Le fragment 4 énumère ce qui se trouve dans ce mélange : « ... l'humide et le sec, le chaud et le froid, le lumineux et le sombre, et il y a beaucoup de terre dans le mélange (...) » (B4 DK). Anaxagore considère que

1. Cette section est reprise et augmentée dans notre article « *Ennéades* II, 1 [40], 6, 23-24, Anaxagore ou Numénius ? », *Dionysius* (18), décembre 2000, 39-44.

2. *Plotins Schriften*, Band IVb, p. 406.

3. *Editio minor*, III, p. 328.

toutes ces choses se trouvent les unes dans les autres et cela inclut même les composés : « Comment donc un cheveu pourrait-il provenir de ce qui n'est pas un cheveu, ou de la chair provenir de ce qui n'est pas de la chair ? » (fr. B10 DK). Cette théorie est une tentative par laquelle Anaxagore veut nier l'existence de la génération et de la corruption. Seules la composition et la dissolution existent véritablement : « Les Grecs croient à tort en la génération et en la destruction, car aucune chose n'est générée ni détruite, mais elles sont composées et dissoutes à partir des choses qui existent » (fr. B17 DK). S'il n'y a jamais génération d'une chose nouvelle, il faut par conséquent que toutes les choses se trouvent déjà en chaque chose. Chacune contient non seulement les éléments ou les opposés, mais aussi les substances naturelles.

Il se trouve que Plotin n'a pas l'intention d'aller aussi loin. Il se demande simplement si un corps élémentaire peut exister tout seul, sans contenir une part d'un autre élément. Il n'envisage pas qu'il y ait de l'or ou de la chair, du chaud ou du froid dans chaque être, ni dans chaque élément. La question qui l'intéresse consiste tout bonnement à savoir si tous les éléments sont des mélanges d'éléments **(6, 23-24)** et non pas s'il existe une part de tout en tout. Plotin se demande si la terre contient nécessairement aussi du feu, de l'eau et de l'air. En aucun cas une autre entité quelconque comme le chaud, le froid ou la chair n'entre en ligne de compte. Bref, s'il s'agit néanmoins ici de la thèse d'Anaxagore, la version proposée en est fort édulcorée.

Nous croyons que Plotin s'adresse plutôt à Numénius. Lorsqu'il commente *Timée* 31 b, Proclus évoque en effet une interprétation semblable à celle de Plotin et qu'il associe à Numénius :

> Numénius, du moins, puisqu'il estime que tous les éléments sont mêlés, croit qu'aucun d'eux n'existe à l'état pur. (*Commentaire sur le* Timée, II, 9, 4-5, Diehl ; Cf. Numénius, fr. 51 É. des Places).

Comme on l'a vu en 6, 14-16, Platon démontre en *Timée* 31 b-32 b que tout corps physique étendu dans les trois dimensions doit se composer de quatre éléments. Le monde doit d'abord contenir de la terre et du feu afin d'être visible et tangible : « Mais sans feu rien ne deviendrait un jour visible, et rien ne serait tangible sans quelque chose de solide » (31 b). Et il faut ensuite un lien pour unir ces deux éléments. Si l'univers était une surface, un seul intermédiaire viendrait s'ajouter (32 a), mais puisque l'univers est un solide et non pas une surface, il doit y avoir deux intermédiaires entre la terre et le feu (32 b). L'air et l'eau servent donc à lier la terre et le feu suivant une proportion géométrique.

En ce qui concerne Numénius, ce dernier semble croire que ce passage du *Timée* implique autant les éléments que les autres corps : en tant que corps sensibles, visibles et tangibles, chaque élément doit contenir également tous les autres. Il n'y a pas de régime d'exception pour les particules élémentaires. C'est pourquoi Numénius affirme que tous les éléments sont mélangés les uns avec les autres et qu'aucun n'existe à l'état pur.

Cette opinion de Numénius est probablement visée par Plotin en **6, 23-24**. Tout le début du chapitre 6 fait grand cas du discours tenu par Timée en 31 b, en en résumant d'abord le contenu : afin qu'il soit visible et tangible, l'univers doit contenir du feu et de la terre (6, 2-3); puis en en critiquant l'aspect trop mathématique, car même si, comme Platon le souligne, deux nombres extrêmes nécessitent deux moyens termes, rien ne prouve qu'il en va de même pour les corps physiques (6, 14-16); et finalement en se demandant si vraiment la terre n'est pas quelque chose de visible sans feu et si le feu n'est pas quelque chose de solide sans terre **(6, 21-22)**. Vient alors l'objection qui nous intéresse : si le feu ne peut se passer de terre, ni la terre se passer du feu, tous les éléments sont mélangés et aucun n'existe en lui-même **(6, 22-24)**. À l'instar de Numénius, Plotin suppose donc que le passage de *Timée* 31 b implique le mélange réciproque des éléments et l'impossibilité pour eux d'exister à l'état pur. La position de Plotin et celle de Numénius coïncident parfaitement.

Plotin ajoute toutefois qu'un élément reçoit sa dénomination à partir de l'élément qui domine en lui **(6, 24)**. Même si elle ne figure dans aucun de nos fragments de Numénius, cette dernière proposition faisait peut-être partie de sa doctrine. Notre connaissance de l'enseignement de Numénius étant lacunaire, Plotin peut en fournir ici une version plus complète que celle conservée par Proclus. Il est en revanche tout aussi possible que Plotin s'inspire d'Anaxagore ou d'Aristote, car Anaxagore prétend qu'un mélange tire son nom de l'élément qui domine en lui (fr. B1 DK); et Aristote soutient qu' « on désigne les choses d'ici par l'élément qui domine dans le mélange » (*De la Génération et de la Corruption* 321 a 35-321 b 1). Faute de documentation appropriée, la question reste ouverte.

Il n'en demeure pas moins que l'influence de Numénius sur le traité 40 est historiquement très plausible. Numénius est considéré au troisième siècle de notre ère comme le représentant en titre du platonisme[1] et il joue un rôle important dans l'école de Plotin. Ses œuvres, par exemple, sont lues pendant les cours (*VP* 14, 12). Amélius, l'un des plus importants disciples de Plotin, a mis par écrit presque toutes les doctrines de Numénius et il les connaît par cœur (3, 44-45). En outre, afin de répondre à ceux qui accusent son maître de plagiat, Amélius a composé un traité intitulé *Sur la différence des dogmes de Plotin et de Numénius* (17, 1-6). Tous ces faits réunis, il semble que la doctrine du fragment 51 de Numénius a difficilement pu échapper à Plotin.

Aristote

Nous avons découvert que le passage de **6, 24-25** est une citation du traité aristotélicien *De la Génération et de la Corruption.* Plotin nous apprend en effet que « la terre, sans quelque chose d'humide, ne peut avoir de consistance » **(6,**

1. Numénius faisait autorité en matière de platonisme à cette époque. Il est connu à Rome par Plotin, à Athènes par Longin et à Alexandrie par Clément. C'est également lui qu'Eusèbe a choisi comme représentant de la pensée platonicienne. Sur le sujet, voir H.D. Saffrey, « Un lecteur antique des œuvres de Numénius : Eusèbe de Césarée », dans *Forma futuri. Studi in onore del cardinale Michele Pellegrino*, Torino, Bottega d'Erasmo, 1975, p. 145-153.

25). Cette phrase reprend presque mot pour mot celle du Stagirite, qui prétend que « même la terre, sans quelque chose d'humide, ne peut conserver sa consistance » (*De la Génération et de la Corruption*, II, 8, 335 a 1-2). Plotin écrit οὐδὲ τὴν γῆν ἄνευ ὑγροῦ φασι συστῆναι δύνασθαι, alors qu'Aristote écrit ἔτι δὲ καὶ τὴν γῆν ἄνευ τοῦ ὑγροῦ μὴ δύνασθαι συμμένειν. Il y a peu de différences entre les deux passages. Chez Plotin, l'article τοῦ disparaît sans grande conséquence ; la négation devient objective et change de place, ce qui ne modifie pas le sens de la phrase ; et, finalement, l'infinitif συστῆναι est substitué à συμμένειν, ce qui représente une modification mineure, puisque ces deux verbes sont synonymes et signifient « rendre compact, solide, consistant ». Les similitudes restantes donnent à penser que c'est bien le Stagirite qui se cache derrière le φασί impersonnel employé par Plotin. Non seulement les deux énoncés signifient la même chose, mais la séquence des mots varie à peine. L'essentiel est conservé, c'est-à-dire le τὴν γῆν ἄνευ ὑγροῦ, et il importe peu que la négation vienne au début de la phrase et que le verbe qui dépend de δύνασθαι soit posé avant ou après lui.

Si notre hypothèse se tient et qu'Aristote intervient bel et bien en **6, 25**, la suite du texte doit être lue sous un jour nouveau. Plotin affirme dans les lignes suivantes que « l'humidité de l'eau est une colle pour la terre » (25-26). Le Stagirite semble encore une fois se cacher derrière ces paroles. Nous pensons que Plotin continue ici à dialoguer avec Aristote. Délaissant le traité *De la Génération et de la Corruption*, il s'engage sur le terrain des *Météorologiques*.

Aristote soutient dans les *Météorologiques* que « tous les corps qui sont délimités ici-bas ne peuvent l'être sans terre et sans eau (...) c'est la terre et l'eau qui constituent la matière des corps » (382 a 4-8). C'est qu'un corps existe à partir d'un mélange de sec et d'humide, à la manière de la colle dont parlait Empédocle et qui s'obtient en mélangeant de l'eau à de la farine (381 b 29-31, 382 a 1-2). L'humide et le sec font office de colle l'un envers l'autre : « ... l'humide est pour le sec la cause qui le détermine, et chacun est pour l'autre comme une colle » (381 b 31-32). Et il s'avère pour Aristote que l'humide correspond à l'eau, et la terre, au sec : « Parmi les éléments, c'est à la terre que s'applique plus spécialement le terme de sec, et à l'eau, celui d'humide » (382 a 3-4). Il faut donc, pour obtenir un corps, qu'il y ait primitivement un mélange d'humide et de sec, c'est-à-dire d'eau et de terre. L'eau sert en effet à coller les particules de terre et vice versa. Voilà sans doute la position à laquelle pense Plotin en **6, 25-26**, lorsqu'il écrit que « l'humidité de l'eau est une colle pour la terre ».

Toutes les remarques qui précèdent à propos du mélange des éléments constituent seulement une introduction au problème. En **6, 21-26**, Plotin n'a fait que mettre en relief les difficultés auxquelles il va s'attaquer par la suite et qui consistent à savoir si les éléments peuvent exister indépendamment les uns des autres. Certains, comme Numénius, nous diraient que les éléments ne sont jamais purs, mais que chacun d'eux contient tous les autres. C'est pourquoi, à partir de **6, 26**, Plotin commence une démonstration systématique de l'indépendance des éléments.

Son examen se déroule en deux parties : la terre n'a besoin d'aucun autre élément pour exister et aucun élément n'a besoin de la terre pour subsister.

L'indépendance de la terre

La terre et l'eau

Plotin soutient que la terre peut exister sans contenir d'eau. La position d'Aristote, à savoir que la terre a besoin d'eau pour exister, ne va pas en effet sans difficultés. Deux objections lui sont adressées.

La première objection tient dans le fait contradictoire d'admettre que la terre existe en elle-même, mais qu'elle existe seulement si elle est mélangée à de l'eau **(6, 26-28)**. On semble dire ainsi que la terre existe par elle-même, bien qu'elle ne soit rien prise en elle-même **(6, 29)**. Si l'eau ne venait pas la coller, la terre n'existerait pas. Elle n'a donc aucune réalité propre, ce qui est inadmissible **(6, 29-31)**.

Plotin s'interroge ici sur la nature ou la quiddité de la terre **(6, 29-30)**. Que reste-t-il en effet de cet élément si aucune partie de terre n'est de la terre à moins qu'elle ne contienne aussi de l'eau **(6, 30-31)** ? En parlant de quiddité, Plotin emprunte au vocabulaire aristotélicien sa célèbre formule du τὸ τί ἦν εἶναι. Cette expression doit être mise en parallèle avec celle de la ligne 23, qui parle de la substance, de l'οὐσία : « ... aucun élément ne possèderait en lui-même sa propre *substance* ». Plotin voit donc dans le mélange des éléments un danger pour leur quiddité et leur substance même. S'ils existent uniquement sous forme de mélanges, les corps élémentaires, considérés en eux-mêmes et isolément, sombrent dans le néant. Ceux qui n'admettent aucun élément à l'état pur ne font, en définitive, que rendre contradictoire la notion même d'élément.

Cette critique rappelle en fait un principe essentiel, celui selon lequel un mélange existe uniquement si ses constituants existent en eux-mêmes. Autrement dit, il n'y a pas de composé sans éléments premiers : « ... si un composé existe, chacune de ses parties existe » (VI, 3 [44], 4, 22-23) ; « ... et si le simple n'existe pas, le composé n'existe pas non plus » (V, 6 [24], 3, 15) ; « ... puisque aucune d'elles [les particules élémentaires simples] n'est capable, en elle-même, d'avoir une réalité substantielle, ni de s'offrir elle-même pour s'unir à une autre, parce qu'elle n'a pas du tout d'être, comment y aurait-il un composé à partir de toutes ces choses, un composé qui naîtrait à partir de ces non-êtres (...) ? » (V, 6 [24], 3, 17-20). Un composé est par définition formé d'un ensemble d'éléments simples. Et s'il ne contient pas d'éléments premiers, aucun mélange ne peut donc voir le jour.

Cette dernière constatation mène tout droit à la seconde objection exposée par Plotin : si la terre n'est rien en elle-même, l'eau n'a rien à coller **(6, 31-32)**. Si elle ne possède aucune grandeur, une particule de terre ne peut se joindre à une autre particule de terre pour former un tout continu. En l'absence de toute grandeur, rien n'est collé par l'eau **(6, 34-35)**. Pour être collée, la terre doit donc avoir une grandeur quelconque. Et si elle possède une grandeur, la terre existe en elle-même, sans l'eau **(6, 32-34)**.

Plotin fait ici appel au simple bon sens, rappelant que deux corps ont besoin d'exister indépendamment l'un de l'autre afin de pouvoir s'unir. Si la terre n'a pas de grandeur, autrement dit si elle n'a aucune existence physique, comment l'eau pourrait-elle la coller ? Pour être collée, la terre doit posséder une grandeur. Elle devient ainsi un corps et existe en elle-même.

En résumé, s'ils se mélangent, l'eau et la terre doivent nécessairement bénéficier d'une existence propre en dehors de tout mélange.

La terre et l'air

Plotin se demande ensuite si la terre a besoin d'air pour exister **(6, 35-36)**. Cette question reste toutefois en suspens, ce qui ne signifie pas qu'elle reste sans réponse. Le silence même de Plotin nous semble à ce sujet très significatif, et l'ironie avec laquelle il formule son interrogation est éloquente : l'air ne contribue pas à l'existence de la terre.

La terre et le feu

Le feu n'est pas responsable de l'existence de la terre, mais seulement du fait qu'elle soit visible **(6, 37-38)**. Plus précisément, c'est la lumière qui rend les choses visibles **(6, 38-39)**. La terre peut ainsi devenir visible sans contenir de feu, car il suffit qu'elle soit éclairée **(6, 41-42)**. Prenons en effet un objet très froid, la neige par exemple : elle brille même si elle ne possède aucune part de feu **(6, 42-43)**.

Comme on peut l'observer, cette solution repose entièrement sur la théorie plotinienne de la lumière. Il devient donc impératif de rappeler succinctement quelles en sont les grandes lignes.

Plotin considère la lumière comme un élément primordial de la vision, car rien n'est visible sans la présence de la lumière. C'est pourquoi, puisqu'elle est une absence de lumière, l'obscurité ne peut être vue **(6, 39-40)**[1]. L'obscurité est un obstacle à la vision (IV, 5 [29], 2, 58-59) et, sans lumière, « il n'est pas possible de voir, mais seulement de ne pas voir » (I, 8 [51], 9, 21-22). Un corps doit donc posséder de la lumière afin d'être vu. Cette lumière peut lui être présente de deux manières différentes : soit elle est l'acte propre de ce corps, soit elle est empruntée.

En premier lieu, les corps ignés sont leur propre source de lumière, puisque la lumière « appartient à chaque corps igné et brillant (…) » (IV, 5 [29], 6, 8-9). Elle est en effet un acte second qui émane du corps lumineux et qui excède les limites de ce corps : « Or, l'acte qui se trouve en lui est comme la vie surabondante de ce corps lumineux et comme le principe et la source de cet acte. Et l'acte second, qui dépasse la limite du corps et qui est une image de l'acte intérieur, n'est pas séparé de l'acte premier » (7, 13-17). Par suite, plus son acte est puissant et plus ce corps éclaire loin. La lumière qu'il émet peut même être perceptible à une grande

1. Cette remarque vise peut-être les stoïciens Sphairos et Chrysippe, qui affirment que l'obscurité est vue, cf. H. Diels, *Doxographi Graeci*, Berolini, 1879, 405-406, p. 637 ; *SVF* II, 869.

distance (7, 19-20). La lumière est un acte qui appartient primitivement aux corps lumineux et qui correspond à la forme d'un tel être (IV, 5 [29], 7, 35-37). Tant qu'il existe, ce corps brille. Même s'il se déplace, sa lumière l'accompagne et se diffuse partout où rien ne lui fait obstacle (7, 7-10). Il existe donc des corps qui produisent leur propre lumière, cette propriété faisant partie de leur essence même.

En second lieu, certains corps ne brillent pas d'eux-mêmes, mais ils reçoivent une lumière venue de l'extérieur. Ils subissent simplement une affection quand des objets lumineux viennent à passer (IV, 5 [29], 6, 26-27). La lumière les frappe et les rend brillant. Cet éclat est toutefois temporaire, car il ne subsiste pas dans l'objet éclairé une fois que la source lumineuse est partie (6, 21-22). C'est que l'acte qui émane du sujet lumineux ne se transfère pas au sujet éclairé. Le corps lumineux agit à distance, de manière superficielle, en procurant aux autres corps un éclat éphémère (6, 26).

Nous retenons de cela qu'il existe deux sortes de corps : ceux qui sont lumineux et ceux qui ne le sont pas. Les premiers contiennent du feu et émettent de la lumière (V, 9 [5], 6, 21), alors que les seconds réfléchissent la lumière qu'ils reçoivent des corps ignés.

Le plus important dans toute cette description nous semble résider dans l'action à distance exercée par le feu. Lorsqu'il décrit l'acte des corps lumineux, Plotin emploie en effet à plusieurs reprises l'expression « agir à distance » (εἰς τὸ πόρρω) : « ... son acte s'exerce à distance, tantôt plus loin, tantôt moins loin. Et il existe des actes faibles et obscurs, et aussi des actes qui nous échappent, alors que d'autres sont puissants et agissent à distance. Et lorsqu'il agit à distance, il faut admettre que l'acte existe là où se trouve ce qui agit et exerce sa puissance, et là où par ailleurs s'étend aussi son influence » (IV, 5 [29], 7, 19-22). Un corps n'a donc pas besoin de contenir du feu afin d'être visible. Le feu ne doit pas nécessairement se mélanger à un corps pour le rendre brillant, car il peut agir à distance sur ce corps. Il est vrai que rien n'est visible sans feu, mais un corps peut profiter momentanément de la lumière du feu sans s'approprier le feu lui-même.

Afin de confirmer sa théorie, Plotin donne alors l'exemple de la neige et de certains objets très froids, qui parviennent à briller sans pour autant contenir du feu **(6, 42-43)**. Il faut admettre dans de tels cas que ces corps acquièrent leur luminosité d'une autre façon, sans s'approprier du feu. S'ils brillent, c'est qu'ils reflètent la lumière provenant des corps ignés.

Dans un ultime effort, dit Plotin, quelqu'un pourrait toutefois prétendre qu'après être entré dans ces objets froids afin de leur donner leur éclat, le feu s'est ensuite retiré **(6, 43-44)**. De sorte qu'un corps, même s'il est froid, serait brillant à cause du feu qu'il a contenu auparavant. Cette objection ne commandant chez Plotin aucune réponse, on peut penser qu'il ne la trouve pas contraignante. Le présent examen concerne en effet le mélange actuel des éléments et non pas un mélange qui a eu lieu dans le passé. Si le feu entre dans un objet et en repart aussitôt, il n'est plus possible de parler de mélange. Puisqu'elle brillerait encore après le départ du feu, la neige n'a pas besoin de contenir actuellement du feu pour être visible. La difficulté soulevée par cet interlocuteur est donc nulle et non avenue, car elle ramène toute la problématique à son point de départ : tous les corps doivent-ils contenir du feu pour être visibles ? Non, répond Plotin, car la lumière suffit **(6, 42)**.

Plotin clôt son examen de l'indépendance de la terre vis-à-vis des autres éléments sur cette dernière remarque, ayant démontré que la terre n'a pas besoin d'eau **(6, 24-35)**, ni d'air **(6, 35-36)**, ni de feu **(6, 37-44)** pour exister.

Aucun élément n'a besoin de terre pour exister

L'eau et la terre

Plotin se demande maintenant si l'eau doit contenir de la terre pour exister **(6, 44-45)**. Encore une fois, il ne répond pas à la question qu'il a posée, mais son silence semble à nouveau sous-entendre la négative : l'eau peut exister sans contenir de terre.

L'air et la terre

L'air ne contient pas de terre, car il est inconsistant **(6, 45-46)**. La qualité première de la terre étant la solidité (6, 4), l'air qui est mou et n'offre aucune résistance se trouve à l'opposé de la solidité de la terre. L'air ne peut donc avoir une part de terre en lui.

Le feu et la terre

Si le feu contient de la terre, c'est afin d'acquérir la continuité et l'étendue dans les trois dimensions **(6, 46-48)**. Le feu doit en effet posséder la résistance propre à tous les corps physiques et que seule la terre, semble-t-il, peut lui procurer **(6, 48-50)**. Mais en vérité, rétorque Plotin, il est tout à fait possible qu'un corps devienne solide sans pour autant admettre de la terre dans sa composition. L'or, par exemple, qui est une espèce d'eau, acquiert sa solidité par simple densification et non pas en s'appropriant une part de terre **(6, 50-52)**. Seule la dureté est la propriété propre et exclusive de la terre **(6, 50)**.

La difficulté dont il est présentement question est la suivante : si la solidité appartient seulement à la terre (6, 4) et que le feu existe sans la terre, le feu n'a aucune solidité (6, 22). Mais puisque les corps célestes, même s'ils se composent de feu, semblent bien posséder la solidité (6, 6), il faut que le feu ait une quelconque solidité sans pour autant contenir de la terre.

Afin d'esquiver cette difficulté, Plotin distingue plusieurs espèces de solidité, de sorte que le feu aura une certaine solidité, mais pas celle qui est propre à la terre. Plotin énumère ainsi trois acceptions de la solidité (στερεότης) : l'étendue dans les trois dimensions **(6, 46-48)**, la résistance **(6, 48-50)** et la dureté **(6, 50)**. Nous examinerons dans l'ordre ces différentes définitions.

La première espèce de solidité concerne l'étendue dans les trois dimensions. On constate de prime abord que Plotin joue ici sur les mots, car il existe en fait une différence entre les expressions « être un solide » et « être solide ». La première renvoie à l'aspect tridimensionnel d'un corps sensible ; la seconde, à la résistance [1]. Il semble donc un peu abusif de prendre une expression pour l'autre et de définir la solidité par la tridimensionnalité. Malgré tout, suivant cette première acception de la solidité, Plotin suppose que s'il ne contient pas de terre, le feu n'a pas de continuité ni d'étendue en trois dimensions **(6, 46-48)**. Il rejette toutefois cette définition préliminaire, car la tridimensionnalité, croit-il, peut exister sans la terre. Si elle est assez puissante, l'âme peut en effet donner une constitution propre [2] au feu **(6, 52-54)**. Il existe par exemple des démons ignés [3] parmi les vivants **(6, 54)**. Puisque même l'âme qui gouverne le corps des démons est assez puissante pour donner consistance à un corps uniquement constitué de feu, comment donc pourrait-il en être autrement pour les astres, eux qui sont gouvernés par l'âme du monde ? Étant l'âme la plus puissante de toutes (4, 14-17), l'âme du monde donne nécessairement au feu céleste une consistance, même en l'absence de tous les autres éléments. En vertu de la puissance de leur âme, les astres deviennent alors des corps ignés tridimensionnels.

La seconde espèce de solidité concerne la résistance (ἀντέρεισις). Il semble en effet que cette qualité appartient à tous les corps physiques, permettant entre autres de distinguer un corps physique d'un corps mathématique, car si le caractère propre des corps matériels était l'étendue dans les trois dimensions, il faudrait aussi y inclure les corps mathématiques (VI, 1 [42], 26, 20-21). C'est pourquoi la résistance (ἀντιτυπία) doit être ajoutée à la tridimensionnalité afin d'obtenir un corps naturel (26, 21-22). La corporéité et la résistance sont donc étroitement liées. Par sa solidité et sa résistance, la terre illustre bien la nature des corps : « Et comment la nature des corps n'existerait-elle pas et comment serait la matière pour la nature des choses telles que les montagnes, les rochers et la terre entière, avec sa solidité (στερεὰ) ? Et tous ces objets résistants (ἀντίτυπα) et qui se heurtent violemment en se donnant des coups témoignent de leur réalité » (III, 6 [26], 6, 34-36). En revanche, les êtres incorporels comme l'âme ou l'intelligence ne pressent pas sur nous, ils ne heurtent personne, n'offrent aucune résistance (ἀντίτυπα) et sont invisibles (6, 37-38). Chaque corps physique se doit donc de posséder la résistance **(6, 49-50)**.

Quand bien même les corps peuvent être résistants sans contenir de la terre, encore faut-il expliquer l'origine de leur solidité. Plotin donne l'exemple suivant en guise de réponse : même s'il est une espèce d'eau, l'or acquiert de la densité sans s'approprier une part de terre, mais par condensation et coagulation **(6, 50-52)**.

1. Platon distingue ces deux acceptions dans le *Timée* : la terre est solide afin de rendre le monde tangible et résistant (31 b), alors qu'il faut quatre éléments dans la constitution du monde afin qu'il ne soit pas une surface, mais un solide en trois dimensions (32 a-b). Quand il affirme que rien n'est solide sans terre (31 b), Platon désigne ainsi la résistance.

2. Avoir une constitution propre, c'est posséder une grandeur continue et, pour un corps, s'étendre dans les trois dimensions, cf. 6, 26-34 et **6, 47-48**.

3. Les démons peuvent s'ajouter des corps sensibles comme l'air ou le feu (III, 5 [50], 6, 38-39 ; 42-43 ; IV, 3 [27], 1, 22-23 ; 9, 5-6).

Il tire cette explication du *Timée*, de ce passage où Platon décrit l'or comme une espèce d'eau solidifiée (59 b). La densité acquise par l'or s'explique par la filtration qu'il subit lorsqu'il passe au travers des pierres : « ... c'est l'or qui, filtré à travers les pierres, s'est condensé » (59 b). La solidité de l'or vient donc pour Platon d'une contraction de ce corps sur lui-même et non pas d'un ajout de terre à sa composition. Plotin voit dans cette explication une preuve de sa propre théorie, c'est-à-dire qu'un corps peut devenir résistant par suite d'une condensation de ses parties, sans que la terre n'intervienne dans le processus. C'est dire que les astres, même s'ils se composent uniquement de feu, possèdent la résistance.

La troisième et dernière espèce de solidité concerne la dureté (σκληρότης). Sans plus d'explications, Plotin la désigne comme la solidité caractéristique de la terre **(6, 50)**. Peut-être s'inspire-t-il à nouveau du *Timée* qui affirme en effet que le cuivre, qui s'apparente à l'or, est d'une grande densité et qu'il « possède un léger soupçon de terre, de sorte qu'il est plus dur (σκληρότερον) que l'or » (59 b). Ce passage indique clairement que le cuivre est plus dur que l'or en raison de la plus grande proportion de terre contenue en lui. Il n'y a qu'un pas à franchir pour admettre que la dureté appartient ainsi en propre à la terre. Et il existe également dans le *Timée* un autre endroit où la terre est considérée comme l'élément le plus résistant : « Or, l'élément qui a pour bases des carrés [*i.e.* la terre] forme, parce qu'il a une assise ferme, l'espèce la plus résistante (...) » (62 b-c). Ayant ces textes en mémoire, Plotin considère sans doute que le point culminant de la résistance, incarné par la terre, s'identifie à la dureté. Tous les autres éléments sont résistants, mais seule la terre atteint le niveau de résistance le plus élevé, à savoir la dureté.

Telles sont donc les trois définitions plotiniennes de la solidité : l'étendue dans les trois dimensions, la résistance et la dureté. La dureté étant la propriété exclusive de la terre, la proposition « rien n'est solide sans terre » devient « rien n'est dur sans terre ». S'il ne contient pas de terre, le feu céleste n'a donc aucune dureté. Mais grâce à la puissance de l'âme du monde, il possède l'étendue dans les trois dimensions et, suite à un phénomène de condensation ou de coagulation, il présente aussi de la résistance.

IL N'Y A PAS DE TERRE DANS LE CIEL (6, 54-60)

Suite à l'examen effectué dans la section précédente, Plotin peut dorénavant soutenir avec confiance que le ciel se compose seulement de feu, les astres n'ayant besoin ni d'air, ni d'eau, ni de terre dans leur constitution. Mais cela remet en cause « l'opinion selon laquelle le Vivant-Total se compose de tous les éléments » **(6, 54-55)**. Plotin pense évidemment ici au *Timée*, dans lequel on apprend que l'univers est entièrement fabriqué à partir des quatre éléments (32 b-c). Le corps de l'univers et de tout ce qu'il contient nécessite d'après Platon la combinaison de tous les éléments. Telle est également sa doctrine dans le *Philèbe* : « Nous observons en quelque manière que les éléments immanents dans la constitution des corps de tous les vivants sont le feu, l'eau, l'air et la terre » (29 a). Mais d'un point de vue plotinien, puisque les vivants célestes ne contiennent que du feu, tous les vivants ne se composent pas des quatre éléments. Sans aller jusqu'à renier Platon, Plotin met donc un bémol aux affirmations du *Timée* et du *Philèbe*. C'est qu'en vérité seuls les vivants sublunaires renferment les quatre éléments **(6, 55-56)**, les astres ne se constituant que de feu.

En établissant une différence de composition entre la région sublunaire et la région supralunaire, Plotin ne fait pas figure de pionnier. Aristote avait soutenu bien avant lui la même position, croyant lui aussi que tous les corps sublunaires contiennent les quatre éléments : « Et tous les corps mixtes, tous ceux qui sont dans le lieu du centre, sont constitués à partir de tous les corps simples » (*De la Génération et de la Corruption* II, 8, 334 b 30-31), alors que le ciel n'en contient qu'un seul, à savoir l'éther (*Météorologiques* I, 2, 339 a 11-13, b 17-30). Abstraction faite de son refus de l'éther (2, 12-15), Plotin propose donc une vision bipartite de l'univers assez semblable à celle d'Aristote. Tous deux s'entendent pour dire que la région supralunaire ne ressemble pas à celle qui se trouve sous la lune. Les vivants de l'une ne se comparent pas à ceux de l'autre, car leur composition ne requiert pas le même nombre d'éléments. Plotin et Aristote s'opposent alors à Platon et à sa conception d'un univers homogène dans lequel les astres et les vivants sublunaires se composent des mêmes quatre éléments.

Plotin considère ainsi que les astres ne contiennent pas d'autres éléments que le feu. Il a certes démontré que le feu n'a pas besoin des autres éléments pour exister, mais il doit également prouver que les autres éléments ne peuvent demeurer dans le ciel. La raison en est que même s'il est indépendant de l'air, de l'eau et de la terre, rien n'empêche le feu céleste de posséder une part de ces éléments. Plotin a jusqu'ici réglé cette question pour l'air et l'eau : ils ne peuvent survivre dans une masse de feu (6, 12-14). Il ne reste donc que le cas de la terre à examiner. Pour ce faire, Plotin présente trois arguments susceptibles de nous convaincre que la terre n'appartient pas non plus à la région supralunaire : cela s'oppose aux prescriptions de la nature; la translation du ciel est trop rapide; la luminosité du ciel est trop vive.

Les prescriptions de la nature

Élever la terre jusqu'au ciel est contre nature et contraire à l'ordre qui règne dans l'univers **(6, 56-57)**.

Puisque son lieu propre se trouve au centre du monde, la terre ne demeure pas dans le ciel. Elle se dirige naturellement vers le bas (3, 13-14), c'est-à-dire qu'elle se meut vers le centre et non pas vers la circonférence de l'univers. Si elle se trouve dans les astres, la terre adopte donc un état contraire à sa nature. Une telle hypothèse s'avère toutefois inadmissible au motif que tout dans notre monde sensible « est conforme à la nature de l'univers et à l'exigence des choses bellement disposées » (4, 21-22). Il n'existe donc pas de terre là-haut.

Cette argumentation s'appuie pour l'essentiel sur les considérations d'Aristote relatives au mouvement naturel des éléments. Comme on l'a vu dans notre commentaire en 3, 13-14, chaque élément possède pour Aristote un mouvement naturel vers son lieu propre. En ce qui concerne la terre, celle-ci se dirige par nature vers le centre de l'univers, là où se trouve son lieu propre : « le feu se dirige vers le haut en ligne droite, et les corps terrestres en bas, vers le centre » (*De Caelo* I, 2, 269 a 26-27). La terre se meut toujours en effet vers le bas (I, 1, 269 a 18, b 5 ; II, 2, 284 b 34-35), et tout autre mouvement serait contraire à sa nature et forcé (I, 2, 269 a 12 ; III, 2, 300 a 23). Aristote insiste bien sur ce point : « ... il est impossible qu'aucune partie de terre, quelle qu'elle soit, se meuve à partir du centre si elle n'y est pas forcée » (II, 14, 296 a 29-30). La terre n'a donc pas sa place dans le ciel, car son lieu naturel se trouve au centre de l'univers. Même si elle était transportée de force jusqu'à la région supralunaire, la terre redescendrait à la première occasion. Les lois de la nature rendent ainsi impossible la présence de la terre dans la composition des astres.

La translation du ciel

Le mouvement circulaire du ciel est trop rapide pour que l'on puisse supposer qu'il transporte des corps terreux **(6, 57-58)**.

Plotin évoque cette fois une autre propriété de la terre : la lenteur de son mouvement. Il considère que la terre est difficile à mouvoir et qu'elle ne quitte pas volontiers le lieu où elle se trouve (IV, 4 [28], 22, 27). Elle n'est pas complètement immobile, mais son corps résiste au déplacement (26, 8-9). La terre ne pouvant se déplacer assez vite pour suivre le mouvement rapide du ciel, les astres ne contiennent donc pas de terre.

Le nerf de l'argument est là encore d'inspiration platonicienne. Le *Timée* présente une classification des éléments selon leur plus ou moins grande mobilité dans le but d'associer un solide élémentaire à chaque élément. L'élément considéré comme le plus lent reçoit la figure la moins mobile ; celui qui est un peu plus rapide se voit attribuer une figure plus rapide ; et ainsi de suite. Suivant cette classification, puisque la terre est l'élément le moins mobile, elle reçoit la figure qui possède les bases les plus stables, c'est-à-dire celle du cube (*Timée* 55 d-e). Il y a donc fort à parier que lorsqu'il prétend que la terre est lente et difficile à déplacer, Plotin renvoie à ces passages du *Timée*.

On notera toutefois que le vocabulaire employé par Plotin à l'égard du mouvement des éléments diffère un peu de celui du *Timée*. Platon affirme que la terre est ἀκινητοτάτη (55 d) ; l'eau, δυσκινητότατον (56 a) ; le feu, εὐκινητότατον (56 a). Mais il se trouve que Plotin n'admet pas que la terre soit ἀκίνητον (IV, 4 [28], 26, 9). Elle est plutôt δυσκίνητον (IV, 4 [28], 22, 27). Cette dernière remarque corrige donc la description platonicienne de la terre. Il ne faut pas laisser croire que la terre est parfaitement immobile, dit Plotin, car, même si elle est réfractaire au mouvement, la terre en possède certainement un.

La luminosité du ciel

Si elle demeurait dans le ciel, la terre amoindrirait la luminosité du feu céleste **(6, 59-60)**.

Il est communément admis que les corps denses et terreux sont un obstacle pour la vue et qu'ils nous empêchent de voir (IV, 5 [29], 1, 19-20). Une vision claire se produit uniquement si le milieu intermédiaire entre l'œil et l'objet est diaphane, comme l'air, car plus le milieu est subtil, mieux nous voyons (1, 2-3; 20-21). Si donc des corps terreux circulaient dans le ciel, les astres ne brilleraient pas d'une manière aussi constante. Tantôt l'un, tantôt l'autre serait immanquablement caché par les corps opaques qui passeraient devant lui. La clarté inhérente au ciel ne s'accorde donc pas avec la densité et l'opacité de la terre, deux propriétés qui neutralisent l'action des corps lumineux [1].

II. SECONDE VERSION DE LA THÈSE

Aperçu général (chapitre 7)

Plotin a suggéré dans le chapitre précédent que le feu céleste peut être solide par lui-même, sans aucune intervention de la terre. Cette solution le laisse toutefois insatisfait, car elle s'oppose trop radicalement aux paroles de Platon : « rien n'est solide sans terre » (*Timée* 31 b). Une nouvelle démonstration s'impose donc, qui précisera que la terre est indispensable à la solidité des corps, mais qu'elle peut agir à distance. Tout comme le feu rend la terre visible sans entrer en composition avec elle, la terre rend un corps solide sans pour autant se mélanger à lui. Le ciel est ainsi solide grâce à la terre, même s'il n'en contient pas. Loin de se contenter de cette théorie aventureuse, Plotin poussera l'audace jusqu'à soutenir que telle est aussi la véritable position de Platon. Faisant en effet remarquer que le *Timée* décrit le soleil comme une lumière, il y voit la preuve que le soleil chez Platon se compose uniquement de feu. Fort de ce qu'il considère comme une confirmation de la part du *Timée*, Plotin poursuit son exposé en précisant qu'il ne s'agit pas là de n'importe quel feu : le feu céleste ne ressemble pas à la flamme sublunaire, car il brûle avec douceur et possède un corps. Puisqu'elle contient de la terre et s'éteint progressivement à mesure qu'elle s'élève, la flamme d'ici-bas ne dépasse jamais la sphère lunaire, de sorte que le feu supralunaire reste pur et sans mélange, seul de son espèce dans le ciel. Cette région supérieure est entièrement remplie de ce feu, même l'espace qui se trouve entre chaque astre. L'obscurité observée entre les astres s'explique par la subtilité

1. Si le ciel entier se compose de feu et qu'il est diaphane, comment Plotin expliquera-t-il alors les éclipses de soleil ? Nous l'ignorons, car le traité 40 ne donne aucune précision à ce sujet. Les physiciens de l'Antiquité expliquaient pourtant les éclipses de soleil par le passage de la lune devant l'astre solaire.

de la lumière céleste et non point par une absence de feu à cet endroit. Étant donné sa subtilité, le feu interstellaire ne produit aucune lumière et ne reflète pas non plus celle qui vient des astres.

NOUVELLE LECTURE DE *TIMÉE* 31 B (7, 1-6)

Du point de vue plotinien, même s'il affirme en *Timée* 31 b que le monde entier est solide et résistant **(7, 1-3)**, Platon considère en réalité que sa démonstration vaut uniquement pour la région sublunaire. Ce passage met en effet l'accent sur la solidité de la terre et sur celle des vivants qui séjournent sur elle. Puisqu'elle sert de support aux êtres qui circulent sur elle, la terre est nécessairement résistante **(7, 3-4)**. De plus, parce qu'ils ne s'étalent pas en une masse informe à la surface de la terre, les vivants sublunaires ont eux aussi une certaine résistance **(7, 4-6)**.

Plotin donne ici une interprétation très personnelle de *Timée* 31 b-32 b : toutes les considérations développées par Platon en cet endroit concernent uniquement les corps sublunaires. Autrement dit, seuls les corps d'ici-bas ont besoin de terre pour être solides, puis d'air et d'eau pour être étendus dans les trois dimensions.

Une telle lecture de *Timée* 31 b-32 b est très contestable, voire fallacieuse. Il ne fait aucun doute à nos yeux que Platon nous entretient vraiment à cet endroit du monde entier : « Ainsi, le dieu, ayant placé l'eau et l'air entre le feu et la terre, et ayant introduit entre eux, autant que possible, le même rapport (…) a constitué un ciel [*i.e.* un monde] visible et tangible » (32 b). C'est donc en dépit du bon sens que Plotin suggère d'interpréter ce passage comme si ce dernier s'adressait seulement à la région sublunaire. Cet entêtement n'est cependant pas sans raisons, car Plotin ne peut accepter telle quelle la position platonicienne, puisqu'elle l'obligerait à admettre la présence de tous les éléments dans le ciel. En affirmant que le monde entier se compose de quatre éléments, Platon inclut évidemment la région supralunaire dans son calcul. Et au lieu de suggérer que Platon se trompe du tout au tout dans ce passage, Plotin préfère réduire la portée de l'argumentation platonicienne au seul monde sublunaire. Les quatre éléments n'appartiennent ainsi qu'aux vivants d'ici-bas (6, 55-56).

On notera que cette « trahison » du *Timée* présente un double avantage : elle évite à Plotin de prononcer une condamnation en règle de l'exposé présenté en 31 b-32 b, et elle lui permet d'harmoniser les affirmations de Platon avec l'idée que le ciel se compose uniquement de feu. En forçant un peu la note, Plotin gagne ainsi sur tous les tableaux.

LA TERRE ET LA COMMUNAUTÉ DES ÉLÉMENTS (7, 6-19)

Plotin nous révèle enfin le véritable statut de la terre. Il commence par résumer trois des conclusions atteintes dans le chapitre 6 : la terre possède en elle-même la continuité (**7, 6-7**, cf. 6, 31-34) ; elle est illuminée par le feu (**7, 7**, cf. 6, 41-42), et l'eau sert à coller les particules de terre les unes aux autres (**7, 7-9**, cf. 6, 25-26; 34-35). Le seul élément dont la relation par rapport à la terre n'a pas été élucidée dans le chapitre 6, c'est l'air. Plotin s'est contenté jusqu'ici d'affirmer que l'air ne contribue pas à l'existence de la terre (6, 35-36). Il comble toutefois cette lacune dans le chapitre 7 en déclarant que l'air « allège les masses [1] de terre » (**7, 9**).

Plotin ne compte nullement s'en tenir à un simple résumé des points forts du chapitre précédent. Il va plutôt nous entretenir du rôle joué par la terre dans la constitution des corps célestes.

La terre, maintient toujours Plotin, ne se mélange pas au feu supralunaire (**7, 10-11**). Toutefois, même s'ils ne contiennent pas de terre, les astres possèdent la solidité et la densité de la terre (**7, 18-19**). C'est que les propriétés des éléments peuvent se transférer de l'un à l'autre (**7, 17-18**), un corps s'appropriant les caractéristiques d'un autre corps sans prendre ce corps lui-même (**7, 13-15**). Par exemple, la terre acquiert la luminosité du feu sans contenir de feu (**7, 16-17**). De même, le feu céleste emprunte la solidité de la terre sans posséder une part de terre (**7, 11-12**). S'ils sont engendrés dans le même monde, les éléments peuvent profiter les uns des autres grâce à la communauté qui règne dans l'univers (**7, 14-15**). Si tel est le cas, les astres possèdent la solidité de la terre, mais non pas l'élément terrestre lui-même.

Toute cette argumentation s'appuie sur un seul postulat : une communauté existe entre les parties de l'univers. Plotin croit que les corps agissent les uns sur les autres et peuvent mettre leurs propriétés en commun. Le feu, par exemple, rend les corps brillants, alors que la terre les rend solides. Ces échanges ne sont possibles, semble-t-il, qu'en vertu de la communauté universelle qui relie entre eux la totalité des corps sensibles. Malgré les apparences, l'idée d'une communauté des corps n'est pas nouvelle chez Plotin. Elle apparaît à maintes reprises

1. Le terme ὄγκος, *masse*, désigne ici un groupe de particules individuelles. C'est le sens que Platon lui donne aussi dans le *Timée* : « ... tous ces corps [*i.e.* les éléments] doivent être imaginés si petits que, chacun pris individuellement dans chaque genre, aucun ne nous est perceptible à cause de sa petitesse, mais que, si plusieurs s'agrègent, les masses (ὄγκους) qu'ils forment deviennent visiblesl» (56 b-c). Le mot « masse » désigne dans ce contexte le rassemblement d'un certain nombre de particules numériquement distinctes. En collant la terre, l'eau unit en effet plusieurs particules de terre afin de former un tout.

Pour d'autres considérations sur l'ὄγκος chez Plotin, consulter l'étude de L. Brisson, « Entre physique et métaphysique. Le terme ὄγκος chez Plotin, dans ses rapports avec la matière (ὕλη) et le corps (σῶμα) », dans *Études sur Plotin*, sous la direction de M. Fattal, Paris-Montréal, L'Harmattan, 2000, 87-111.

dans ses écrits, quoique sous une figure différente, celle qui porte le nom de « sympathie »[1].

Les *Ennéades* accordent à la sympathie deux caractéristiques fondamentales : elle suppose un monde unique et elle permet l'action à distance.

L'unicité du monde

Il est clair que pour Plotin la sympathie ne peut avoir lieu qu'entre les parties d'un même monde : « Nous avons soutenu que le monde est un animal unique et, parce qu'il est ainsi, qu'il fallait nécessairement qu'il soit en sympathie avec lui-même » (IV, 4 [28], 35, 8-10) ; « L'univers étant un vivant et parvenant à l'unité, aucune de ses parties n'est en un lieu si éloigné qu'elle ne lui soit proche, parce que la nature d'un vivant unique tend à produire la sympathie » (IV, 4 [28], 32, 20-22).

Loin d'être purement théorique, l'unité qui règne au sein du Vivant-Total a une influence bien réelle sur le déroulement de certains processus physiques. Dans le phénomène de la vision, par exemple, Plotin applique strictement le principe selon lequel la sympathie n'agit qu'à l'intérieur du même monde. Il pose en effet la question suivante dans le traité 29 : « … s'il y avait un autre monde et un autre vivant qui n'appartiendrait pas à notre monde et qu'un œil était situé sur la voûte du ciel, il faut se demander s'il verrait ce monde à partir d'une distance convenable ou s'il n'aurait rien pour lui à voir de ce côté-là. Mais on discutera de cela plus tard » (IV, 5 [29], 3, 22-25). Plotin répondra, au chapitre 8 du même traité, qu'un œil appartenant à notre univers ne verrait pas un autre univers, car la sensation n'est possible que pour un animal qui sympathise avec lui-même (8, 18-20). Étant donné qu'un objet qui ne se trouve pas dans notre monde n'a aucune sympathie avec lui, puisque la sympathie a lieu au sein d'un même animal (8, 3-4), un objet qui ne fait pas partie de notre univers n'est pas visible pour nous : « Eh bien, si la sympathie entre les êtres sentants et les êtres sentis vient de l'unité du vivant, les sensations mêmes n'auraient pas lieu dans ce cas, si ce corps extérieur n'est pas une partie de ce vivant-ci (…) » (8, 4-7). Toutes les sensations dépendent donc de la sympathie, qui n'existe qu'à l'intérieur d'un même vivant.

Cet exemple concernant la vision montre bien que la sympathie n'est pas pour Plotin une notion sans importance. Elle apparaît dans le traité 29 et ailleurs également dans les *Ennéades*[2]. Le traité 40 ne fait donc pas appel à un artifice fumeux afin de sauver *in extremis* toute son argumentation.

1. Nous traduisons le mot συμπάθεια par « sympathie ». Il s'agit de l'influence exercée par les corps les uns sur les autres. C'est une notion courante chez les stoïciens, cf. *SVF* II, 475 ; 532 ; 534 ; 546.

2. La sympathie explique l'action des astres sur la région sublunaire (IV, 3 [27], 7 ; IV, 4 [28], 34, 11), la magie (IV, 4 [28], 26, 4 ; 40, 1 ; IV, 9 [8], 3), le pouvoir de la prière (IV, 4 [28], 41) et l'engourdissement provoqué par les poissons appelés « torpilles » (IV, 5 [29], 1, 35).

L'action à distance

La nature de la sympathie est bien illustrée par la métaphore qu'emploie Plotin à propos de la lyre. Le passage le plus éloquent à ce sujet est assez long, mais il mérite quand même d'être cité :

> Les choses conformes à nos prières se réalisent parce qu'une partie de l'univers est en sympathie avec une autre partie, comme dans une seule corde tendue : même si c'est en bas qu'elle vibre, la corde se met aussi en mouvement en haut. Mais souvent aussi une corde vibre lorsqu'une autre corde est mise en mouvement, comme si elle en prenait connaissance par le biais d'un accord et d'une harmonie qui se produirait dans un seul et même instrument. Et si le mouvement se transporte aussi d'une lyre à une autre, cela est dû à la sympathie (...) (IV, 4 [28], 41, 1-6).

La sympathie consiste donc en un type spécial d'affection. L'acte d'une partie de l'univers peut se propager aux autres sans qu'il y ait le moindre contact. Ainsi, lorsqu'elle vibre, la corde d'une lyre met en mouvement les autres cordes de cette lyre et même celles qui appartiennent à une autre lyre. On peut presque dire que la sympathie permet à un être d'en faire *vibrer* un autre à distance. Et il faut insister sur cette particularité que la sympathie implique une action à distance. Plotin en donne un bon exemple en IV, 4 [28], 32, 16-19 :

> Mais même si un intervalle est laissé libre et reste dépourvu d'affections, les êtres pâtissent de ce qui ne se trouve pas près d'eux. Les choses semblables, même si elles ne viennent pas à la suite les unes des autres, mais qu'elles sont séparées par un intervalle, sympathisent en effet en vertu de leur ressemblance. Et il est nécessaire que ce qui agit sans être à proximité parvienne à ses fins à distance (εἰς τὸ πόρρω).

Pour le dire simplement, la sympathie présuppose donc que le monde est un, et elle permet d'expliquer l'action à distance que les êtres exercent les uns sur les autres. Or, ces deux caractéristiques sont énumérées dans le chapitre 7 du traité 40 : le feu profite de la solidité de la terre à distance **(7, 18-19)**, car tous les éléments sont engendrés dans le même univers **(7, 11)**. C'est précisément ce que Plotin appelle « la communauté qui règne dans le monde » **(7, 14-15)**. Il devient alors possible, par son entremise, de justifier la solidité des astres, tout en leur refusant une part de terre.

Voilà tout de même une façon très détournée d'interpréter l'affirmation de Platon : « rien n'est solide sans terre » (*Timée* 31 b). Même si elle procure la solidité à tous les corps, comprend maintenant Plotin, la terre n'entre pas nécessairement en composition avec les êtres qu'elle rend solides. Force est donc de constater que Plotin change d'idée d'un chapitre à l'autre. Alors qu'il suppose au chapitre 6 que la terre doit se mélanger aux choses pour leur transmettre sa solidité, il soutient au chapitre 7 que la terre agit à distance et donne sa solidité aux autres corps sans se mélanger à eux. Tout se passe ainsi à l'exemple du feu : le feu agit à distance et fournit la lumière aux corps qui ne sont pas brillants par nature. La lumière suffit en effet à rendre éclatants les corps qui ne contiennent pas de feu (6, 41-42). Et c'est à l'instar du feu que la terre peut rendre les autres éléments solides à distance, sans qu'il y ait le moindre contact.

Aussi osée soit-elle, cette solution a été reprise par Proclus dans son *Commentaire sur le* Timée. Ce dernier soutient non seulement que le ciel se compose uniquement de feu, mais que les autres éléments s'y trouvent aussi de manière causale, c'est-à-dire en transférant au feu céleste leurs propriétés sans pourtant se mélanger à lui :

> ... il vaut mieux dire que tout le ciel est fait de feu comme élément dominant, mais qu'il contient aussi, de manière causale, les propriétés des autres éléments, par exemple la solidité et la stabilité de la terre, la capacité de coller et d'unifier de l'eau, la subtilité et la transparence de l'air. De même, en effet, que la terre contient tous les éléments de manière terrestre, de même le ciel les contient tous de manière ignée, de sorte que se trouvent contenus en lui l'élément unique qui domine et, de manière causale, les autres. (II, 43, 22-27, Diehl).

Même s'ils semblent audacieux, les développements de Plotin à propos de la communauté des éléments n'ont pas été considérés si absurdes par Proclus. Il les a en fait jugés suffisamment pertinents pour les intégrer à son commentaire sur le *Timée*.

L'AUTORITÉ PLATONICIENNE (7, 19-33)

Plotin tente de nous convaincre que Platon croit lui aussi à la nature purement ignée des astres. Certains de ses dialogues affirment en effet que « le dieu alluma une lumière dans la deuxième orbite à partir de la terre » et que « le soleil est très lumineux » **(7, 20-22)**. Ces remarques, dit Plotin, viseraient à nous détourner de l'opinion selon laquelle les astres se composent de d'autres éléments que le feu **(7, 23-24)**. Fort de cet appui, Plotin soutient alors que le feu céleste est d'une nature spéciale, car il est une lumière qui ne chauffe pas avec la violence d'une flamme, mais avec douceur **(7, 24-26)**. Cette lumière est de surcroît un corps, alors que la lumière d'ici-bas est incorporelle et vient du feu céleste **(7, 26-30)**. Ceux qui croient que Platon inclut de la terre dans la composition des astres ne font simplement pas preuve d'une grande subtilité, car ils restreignent à tort le sens du mot « terre » à ce qui est terrestre **(7, 30-31)**, même si Platon distingue plusieurs espèces de terre **(7, 33)**. Une fois cette grossière erreur dissipée, la véritable doctrine platonicienne devient évidente. Ainsi, lorsqu'il prétend que tous les corps sensibles ont besoin de terre, Platon ne désigne pas l'élément terrestre, mais la solidité **(7, 31-32)**.

Nous voyons que Plotin tente avec plus ou moins de succès de retrouver chez Platon sa propre théorie sur les corps célestes. Pour ce faire, il aborde successivement quatre points : le ciel se compose seulement de feu ; le feu céleste est une lumière pure ; cette lumière est un corps ; la polysémie du mot « terre ».

La nature ignée du ciel

Les citations présentées par Plotin en **7, 20-23** sont tirées du *Timée* et du *Théétète* : « ... le dieu alluma une lumière dans la seconde des orbites à partir de la terre – celle précisément que nous avions appelée tout à l'heure "soleil" » (*Timée* 39 b) ; « ... le soleil est le plus lumineux des astres qui parcourent le ciel autour de la terre » (*Théétète* 208 d). Se basant sur ces deux passages, Plotin suppose que pour Platon aussi le ciel est purement igné. S'il est extrêmement lumineux, le soleil ne peut en effet contenir de la terre, car la terre l'empêcherait de briller si fort (6, 58-60). En affirmant que le soleil est très lumineux, Platon veut donc « nous empêcher de croire qu'il se compose d'un autre élément que le feu » **(7, 23-24).**

Le projet de Plotin est pour le moins téméraire : il veut nous faire lire chez Platon une doctrine qui ne s'y trouve pas. La lecture du *Timée* ne laisse en effet aucun doute sur le fait que les astres se composent surtout de feu, mais qu'ils contiennent aussi d'autres éléments (40 a). Ainsi s'explique le peu de citations platoniciennes que Plotin parvient à présenter à l'appui de sa thèse. Il en a découvert deux, mais elles ne vont pas sans difficultés. Les passages cités n'implique en effet que le soleil et non pas l'ensemble des astres. C'est de manière arbitraire que Plotin étend l'exemple de l'astre solaire à tous les autres corps célestes. Mais il n'a malheureusement pas d'autres choix, car Platon ne peut lui fournir aucun argument détaillé sur une thèse qu'il n'a pas lui-même défendue. Faute de mieux, Plotin insiste donc sur le caractère lumineux du soleil et veut y voir la preuve de la nature ignée du ciel tout entier.

Le feu céleste est une lumière pure

Plotin trouve ensuite dans le *Timée* une description qui correspond, croit-il, à celle du feu supralunaire. Platon y distingue en effet trois sortes de feu : (1) la flamme, (2) la lumière qui émane de la flamme et (3) le rougeoiement qui subsiste dans les corps après que la flamme s'y soit éteinte (58 c). Deux de ces espèces ne conviennent pas d'après Plotin aux corps célestes **(7, 24).** Il s'agit de la flamme et du rougeoiement des braises. La lumière est en revanche parfaitement adaptée aux astres. C'est que le *Timée* décrit la lumière comme un type de feu qui ne brûle pas (58 c) et qui présente une grande douceur (45 b). Cette lumière remplit à merveille la fonction que Plotin lui destine, car pour lui « le feu céleste est constant, modéré et adapté à la nature des astres » (4, 12-13). Jamais le feu de là-haut ne commet les excès de celui d'ici-bas (4, 12-13). Telle qu'elle est définie par Platon, la lumière paraît donc être l'élément le plus digne d'entrer dans la constitution des astres **(7, 25-26).**

Ce second appel à l'autorité platonicienne trahit moins cette fois la pensée de Platon. Plotin fait état avec raison de l'existence de trois types de feu dans le *Timée*. Le compte-rendu qu'il fait de la nature de la lumière semble également véridique. Mais il faut bien voir que jamais Platon n'a assigné un type particulier de feu au ciel. Il existe certes pour lui une plus grande proportion de feu dans les astres

(*Timée* 40 a), mais jamais, à notre connaissance, il n'a préféré une espèce à l'autre. Si Plotin laisse entendre le contraire, c'est assurément afin d'étayer sa propre thèse.

Cette lumière est un corps

Platon affirme également dans le *Timée* que la lumière du jour possède un corps (45 b). Ne reculant devant rien, Plotin se sert de cette déclaration ambiguë et l'intègre à sa description du feu céleste : le soleil est une lumière corporelle d'où émane la lumière incorporelle dans laquelle baigne la région sublunaire **(7, 26-30)**.

Même si elle émane d'un corps (IV, 5 [29], 7, 41), la lumière d'ici-bas est incorporelle (IV, 5 [29], 4, 6). Elle n'est appelée une lumière que par homonymie, car elle ne peut prétendre être l'égale de celle qui se trouve dans le ciel. Il existe donc un corps réellement brillant, le feu supralunaire, d'où la lumière incorporelle tire son existence. Le soleil lui-même ne descend pas ici-bas, mais une lumière succède à une autre jusqu'à ce que la terre soit éclairée : « On ne peut donc concéder que la lumière du soleil, celle qui entoure le soleil lui-même, existe en elle-même, puisqu'elle émane de lui et qu'elle reste autour de lui. Cependant, une lumière sort toujours d'une autre lumière qui vient avant elle, jusqu'à ce qu'elle arrive à nous et à la terre » (V, 3 [49], 9, 10-13).

Même en faisant fi de leur ambiguïté, les paroles de *Timée* 45 b ne semblent pas pouvoir se plier à l'interprétation que Plotin veut leur imposer ici. La lumière du jour dont il est question dans ce passage du *Timée* ne concerne pas seulement le ciel, mais aussi la région sublunaire. L'univers entier baigne en vérité dans cette douce lumière qui ne brûle pas. Si tel n'était pas le cas, Platon estimerait que la vision est impossible, car le rayon lumineux qui permet à la vue de se produire sort de nos yeux à cette condition qu'il peut s'unir à la lumière du jour qui lui est apparentée (45 b-d).

S'il paraît donc déjà douteux que Platon croit en une réelle corporéité de la lumière qui éclaire l'univers entier, il semble hors de doute que la corporéité qu'il lui attribue ne concerne pas exclusivement le ciel et les astres.

La polysémie du mot « terre »

Plotin tente également de sauver son interprétation de *Timée* 31 b en faisant appel à la polysémie du mot « terre » : lorsqu'il affirme qu'un corps a besoin de terre pour être solide, Platon ne veut pas dire que ce corps doit contenir l'élément lui-même. De ce point de vue, la « terre » ne désigne pas l'élément terrestre, mais plutôt la solidité **(7, 31-32)**. Pour être solide, un corps contient de la terre en tant que « solidité » et non pas en tant que corps élémentaire.

Tout un changement d'optique s'effectue entre les chapitres 6 et 7. L'analyse de *Timée* 31 b présentée dans le chapitre 6 reposerait sur une méprise, car les multiples acceptions du mot « terre » n'y ont pas été prises en considération : la terre a été identifiée sans aucun procès et par étourderie à la particule élémentaire qu'est la terre. Cette lecture simpliste du *Timée* assimile la terre qui se trouve là-haut à de la pierre ou à quelque chose de similaire. C'est pourquoi il fallait examiner si la terre, en tant que corps élémentaire, pouvait se trouver dans le ciel. Mais Plotin fait volte-face dans le chapitre 7 et corrige sa bévue en affirmant que la terre supralunaire s'apparente plus à la solidité de la terre qu'à l'élément lui-même. En d'autres termes, il n'existe pas de terre dans le ciel, sinon sous la forme d'une « solidité ». Le feu céleste profite par conséquent de la résistance de la terre sans pour autant contenir cet élément.

La nouvelle lecture faite par Plotin du passage 31 b du *Timée* est donc la suivante : l'élément qu'est la terre donne lui-même aux vivants sublunaires leur solidité, alors que la solidité suffit à elle seule afin de permettre aux vivants célestes d'être solides. La terre procure à tous les êtres de l'univers leur corporéité, mais il faut distinguer la sorte de terre qui est en cause suivant la région concernée. La terre elle-même existe ici-bas ; seule la solidité de la terre existe en revanche dans le ciel.

Il va sans dire que cette interprétation présente certaines difficultés. Platon distingue certes plusieurs sortes de terre en *Timée* 60 b-e (la pierre, la brique, le nitre et le sel), mais il n'a jamais compté la solidité parmi elles. L'énumération du *Timée*, allant de la pierre jusqu'au sel, se base toujours sur un mélange de terre avec une certaine quantité d'eau. Par exemple, la pierre est de la terre filtrée à travers l'eau (60 b), et la brique est un mélange semblable à de la pierre, mais dont le feu a retiré l'eau (60 c). On voit que dans chaque cas l'élément terrestre demeure au fondement de l'espèce décrite : la pierre, la brique ou le sel contiennent de la terre. Il est donc improbable, voire même impossible, que Platon accepterait l'idée qu'une sorte de terre ne contienne pas de terre. En outre, le passage de *Timée* 31 b n'identifie pas la terre à la solidité pure. Il y est question des éléments et non pas de leurs seules propriétés : la terre possède la solidité, mais elle n'est pas la solidité. Elle ne se réduit pas à ses qualités, car Platon précise bien que sa discussion porte sur les « éléments qui présentent ces propriétés et qui sont au nombre de quatre » (32 b-c). D'un point de vue platonicien, la terre ne peut donc être une qualité qui porte le nom d'un élément, quoi que Plotin en dise.

LE FEU SUBLUNAIRE (7, 33-43)

Le feu céleste, cette lumière si pure, reste par nature dans le ciel **(7, 33-35)**. Tel n'est pas le cas de la flamme sublunaire, qui n'atteint jamais la région supralunaire **(7, 35-36)**. Lors de son ascension, elle rencontre en effet un plus grand nombre de particules d'air et celles-ci provoquent son extinction **(7, 36-38)**. De plus, étant montée avec une part de terre dans sa constitution, elle ne peut monter plus haut que la lune **(7, 38-39)**. Parvenue en cet endroit, la flamme est donc rendue plus subtile par l'air de là-haut et, si elle subsiste, elle perd le bouillonnement qui est le sien et brille uniquement grâce à la lumière céleste **(7, 40-43)**.

Ce développement constitue une correction des propos qui ont été tenus dans le chapitre 3 du présent traité et dans le traité 14. Plotin prétendait dans le traité 14 que le feu terrestre s'élève jusqu'à la sphère ultime de l'univers : le feu monte en ligne droite jusqu'à la sphère des fixes, qui l'oblige à se recourber et à se mouvoir circulairement (II, 2 [14], 1, 20-23; 27-28). Comme on l'a vu, le chapitre 3 du traité 40 a repris l'essentiel de cette conception, lorsque Plotin affirme que le feu s'élève jusqu'au lieu qui lui convient (3, 14-15) et qu'il s'arrête sous la dernière sphère, car il ne peut monter plus haut (3, 16-17). Mais en admettant dorénavant qu'un feu particulier entre dans la composition du ciel, Plotin ne peut plus rester sur les mêmes positions. Puisque le feu terrestre et le feu céleste sont différents et ne se mélangent sous aucun prétexte, le feu d'ici-bas ne doit plus franchir la sphère lunaire. Il faudra donc expliquer ce qu'il advient de ce feu lors de son ascension. Pourquoi en effet ne monte-t-il pas plus haut que la lune ? Ce sont l'air et la terre, soutient Plotin, qui empêchent le feu de s'élever jusqu'à la limite extrême de l'univers. Tout d'abord, la grande quantité d'air qui se trouve dans l'atmosphère affaiblit le feu et peut même l'éteindre **(7, 37-38)**. Le feu devient plus subtil sous l'action de l'air et, s'il subsiste, le feu perd son ébullition et s'installe sous la lune **(7, 40-42)**. Ensuite, le feu sublunaire n'est pas pur, mais il contient une part de terre. Et puisqu'elle se meut naturellement vers le centre (3, 14-15), la terre tire le feu vers le bas et l'empêche de monter au-delà de la lune **(7, 38-39)**.

Ces explications semblent s'inspirer des *Météorologiques*. Le Stagirite dit en effet que le feu est un excès de chaleur et une ébullition (I, 3, 340 b 23-24), et qu'à mesure qu'il progresse vers le haut, le feu se refroidit parce qu'il « s'élève plus loin dans l'air qui est au-dessus de la terre » (I, 9, 346 b 28-29). Il perd en fait tellement de vigueur qu'il cesse de bouillonner et n'est plus vraiment du feu : « ... autour de la terre et de l'eau, et contigus à eux, se trouvent l'air et ce que nous appelons, par habitude, le feu. Mais ce n'est pas du feu, car le feu est un excès de chaleur et une sorte d'ébullition » (I, 3, 340 b 21-24). La substance inflammable qui se trouve sous la lune est ainsi appelée du feu par simple homonymie : « Tout d'abord, en effet, au-dessous de la translation circulaire se trouvent le chaud et le sec que nous appelons « feu », car ce qui est commun à toute évaporation fumeuse n'a pas reçu de nom. Cependant, parce qu'un tel corps est par nature le plus inflammable de tous, il est alors nécessaire d'utiliser ces dénominations » (I, 4, 341 b 13-18).

Si notre hypothèse s'avère exacte, Plotin emprunte donc sa description du feu sublunaire aux *Météorologiques*[1]. La flamme d'ici-bas est, d'après lui (et ce sont là ses propres termes, empruntés au Stagirite) « une sorte d'ébullition et un feu qui fait rage avec violence, comme par excès » (4, 11-12, Cf. *Météorologiques* I, 3, 340 b 24; 341 b 21). Mais durant son trajet vers la circonférence de l'univers, cette flamme s'éteint progressivement sous l'effet de l'air qu'elle rencontre sur son passage **(7, 37-38)**. Une fois la sphère lunaire atteinte, elle est trop subtile pour briller par elle-même, grâce à un bouillonnement, mais elle emprunte sa clarté à la lumière céleste **(7, 42-43)**.

1. La complémentarité entre les *Météorologiques* et le *Timée* devient alors évidente : les *Météorologiques* fournissent à Plotin la description du feu sublunaire, alors que le *Timée* lui fournit celle du feu supralunaire (7, 19-33).

LE FEU SUPRALUNAIRE ET L'APPARENCE DU CIEL (7, 43-49)

En dépit des apparences, affirme Plotin, le même type de lumière remplit toute la région supralunaire. Tout d'abord, les différences de couleur et de grandeur entre les astres s'expliquent par les proportions variées de feu contenues dans chaque corps céleste **(7, 43-45)**. Ensuite, le reste du ciel se compose lui aussi de lumière, mais son corps est si subtil et transparent qu'il demeure invisible **(7, 46-48)**. La grande distance qui nous en sépare ne laisse d'ailleurs aucune chance à nos faibles yeux de le percevoir **(7, 48-49)**.

Puisque le ciel contient seulement du feu et d'une seule espèce, Plotin doit expliquer pourquoi les astres ne sont pas identiques et comment l'obscurité peut exister entre chacun d'eux.

La différence entre les astres

Les corps célestes diffèrent les uns des autres, car ils ne contiennent pas tous la même quantité de feu. Leurs couleurs et leurs grandeurs dépendent en effet de la proportion de feu qui entre dans leur composition **(7, 43-45)** [1].

Cette solution est sans doute valable pour les couleurs, mais elle ne s'applique pas aux grandeurs, car même s'il contient plus de feu, un astre n'apparaît pas nécessairement plus grand. Plotin aborde ici un problème d'optique assez complexe, puisque la grandeur réelle d'un corps n'est pas seule en jeu. Il faut également tenir compte de la grandeur apparente produite par la distance d'un corps céleste par rapport à la terre. S'il se trouve à l'extrémité de l'univers, un astre immense paraît plus petit qu'un astre de taille inférieure situé près de la terre.

Même s'il n'aborde pas le sujet dans le traité 40, Plotin n'ignore pas tout à fait cette difficulté d'optique, puisque le traité 35 (II, 8) s'intitule *Pourquoi les objets vus de loin paraissent-ils plus petits ?* Il y affirme notamment que le ciel est plus grand qu'il ne le paraît à l'œil : « … mais sa grandeur est plusieurs fois celle qui apparaît dans le ciel, qui semble beaucoup moins grand qu'il n'est (…) » (II, 8 [35], 2, 15-17). Plotin ne semble pourtant pas vraiment conscient de toutes les implications du problème. Tout en admettant que le ciel, vu de loin, présente des dimensions inférieures à la réalité, il passe sous silence les grandeurs relatives des astres entre eux. Si les planètes étaient toutes à la même distance de la terre, leur différence de masse expliquerait en effet leur inégalité de grandeur. Mais les corps célestes étant disposés sur des sphères ou des cercles concentriques qui s'échelonnent de la lune aux étoiles fixes [2], non seulement la masse d'un astre varie de l'un à l'autre, mais la distance qui sépare chacun du centre de l'univers varie elle aussi. Ces deux variables, la masse et la distance, doivent donc être évoquées afin

1. Plotin pense peut-être au dixième livre de la *République*, dans lequel Platon assigne des couleurs aux planètes (616 e-617 a).

2. Plotin accepte l'enseignement du *Timée* sur les sphères célestes, c'est-à-dire qu'il admet que les astres se distribuent suivant une série de cercles concentriques qui s'éloignent progressivement de la terre, cf. II, 1 [40], 2, 3 ; II, 2 [14], 2, 11 ; 3, 4 ; III, 4 [15], 6, 25-26 ; III, 7 [45], 8, 14 ; 16 ; 18-19.

de justifier adéquatement l'apparence du ciel. Plotin ne mentionne pourtant que la proportion de feu [1].

L'espace interstellaire

Si l'intervalle qui sépare chaque corps céleste les uns des autres est plongé dans l'obscurité, c'est que le feu qui s'y trouve ne produit aucune lumière et qu'il ne peut non plus refléter celle des astres **(7, 47-48)**. Ce feu est trop subtil pour fournir un éclat perceptible et sa transparence ne retient pas la clarté des corps célestes. Il se trouve ainsi dans le même cas que l'air qui est, en lui-même, si subtil (7, 16) que s'il ne contient en lui aucun corps étranger, il devient invisible **(7, 47)**. L'air ne se manifeste en effet à nous que lorsqu'il contient de la poussière : en se mélangeant à l'air, la poussière bloque la lumière et rend l'air obscur et impur (IV, 5 [29], 6, 31-33). C'est la seule façon que nous ayons de « voir » l'air. Mais on ne peut malheureusement user d'un tel expédient en ce qui concerne le feu céleste. Ce dernier reste toujours parfaitement pur (4, 8 ; 7, 34), car il ne reçoit jamais en lui quelque chose qui fait obstacle à la lumière. Il demeure donc invisible en toutes circonstances.

On observe ainsi trois degrés de subtilité dans le feu : (1) la flamme sublunaire et le feu contenu dans les astres sont suffisamment concentrés pour produire leur propre lumière (7, 30) ; (2) le feu qui s'arrête sous la lune est rendu plus subtil par l'air qu'il a rencontré lors de son ascension (7, 40). Il ne brille plus par lui-même, sous l'effet d'une ébullition, mais en reflétant la lumière céleste ; (3) le feu interstellaire est encore plus subtil, car il ne brille pas du tout, ni par lui-même, ni en réverbérant le feu céleste **(7, 47-48)**. De sorte que le feu interplanétaire reste parfaitement invisible, étant trop subtil pour briller et se trouvant à une trop grande distance de la terre pour être visible même s'il émettait un peu de lumière **(7, 49)**. Quand bien même on supposerait qu'il émet de la lumière, sa luminosité n'aurait jamais la puissance nécessaire pour franchir la distance qui le sépare de nous. C'est pourquoi, lorsque nous contemplons le ciel, les astres ressemblent à des points lumineux qui circulent sur une toile de fond noir.

1. Telle est aussi la solution préconisée par Épicure, qui affirme que la grandeur apparente des astres est peu ou prou leur véritable grandeur, quelles que soient leurs distances par rapport à la terre (*Lettre à Pythoclès* 91).

CHAPITRE IV

L'ÉCOULEMENT ET LA NOURRITURE DES ASTRES

(CHAPITRE 8)

Aperçu général

Cet ultime chapitre met un point final à la description de la région supralunaire. Plotin commence par montrer que le feu ne s'écoule pas hors du ciel, puisqu'il n'a aucune tendance naturelle à se déplacer vers le bas et que rien ne peut le forcer à descendre. Ni l'air ni le feu sublunaire n'ont en effet la capacité d'agir sur le feu céleste afin de le corrompre. C'est pourquoi le ciel ne perd aucune de ses parties corporelles et n'a également besoin d'aucune nourriture. Le feu de là-haut est autosuffisant : il subsiste par lui-même et il accomplit son mouvement de rotation autour du centre de l'univers sans l'aide d'aucun autre corps. Il ne faut donc pas comparer les corps célestes avec ceux d'ici-bas, puisque les astres ont une âme supérieure, qu'ils habitent une région supérieure et qu'ils ne subissent aucun écoulement. Les vivants supralunaires se distinguent ainsi des vivants sublunaires dont l'âme est si faible qu'elle laisse périr les corps qu'elle gouverne.

LA LUMIÈRE CÉLESTE NE S'ÉCOULE PAS (8, 1-15)

Si la lumière céleste ne s'écoule pas en-dehors du ciel, c'est que sa nature lui donne toutes les raisons possibles de demeurer là-haut. Plotin en énumère quatre : (1) elle est dans son lieu propre **(8, 1-1-3)**; (2) il n'est pas dans sa nature de se mouvoir vers le bas et rien ne peut l'expulser violemment de la région supralunaire **(8, 3-5)** ; (3) l'âme du ciel la retient là-haut **(8, 5-7)** ; (4) seuls l'air ou le feu peuvent s'attaquer au feu céleste **(8, 7-8)**, mais l'air n'a aucune influence sur lui et le feu qui se trouve sous la lune est trop faible pour le modifier **(8, 8-11)**. Le mouvement du ciel est de surcroît trop rapide pour que le feu sublunaire ait le temps d'agir sur lui **(8, 10)** et, de toute manière, aucun feu ne peut affecter un corps qui est déjà chaud **(8, 11-15)**.

Lorsqu'il démontre que le feu céleste ne peut s'écouler hors du ciel, Plotin considère ainsi la question de deux points de vue : celui du ciel lui-même, avec son corps et son âme ; et celui de la région sublunaire.

Le ciel lui-même

En ce qui concerne le corps constituant la région supralunaire, Plotin affirme que la lumière céleste ne subit en elle-même aucun écoulement : parce qu'il est dans sa nature de se trouver là-haut et parce que rien ne peut la forcer à descendre. En premier lieu, le feu ne se dirige pas vers le bas de manière naturelle **(8, 3-4)**. N'ayant donc aucune propension à descendre, il reste en haut (3, 17-18 ; 3, 22-23). En second lieu, puisque les parties du ciel n'exercent pas de violence les unes sur les autres, il est tout aussi impossible que le feu céleste s'écoule contre son gré **(8, 4-5)**. La région supralunaire se compose en effet d'un feu « constant, modéré et adapté à la nature des astres », et non pas d'un feu semblable à ceux d'ici-bas, qui font rage avec violence (4, 12-13). Étant parfaitement pacifique et ordonné, le feu céleste ne se retournera jamais contre lui-même et ne se fera jamais violence. Il ne contraindra donc jamais l'une ou l'autre de ses parties à quitter le ciel.

En ce qui concerne l'âme dominant la région supralunaire, Plotin rappelle que le corps du ciel est gouverné par une âme et qu'il n'est pas abandonné à son sort **(8, 5-7)**. Même s'il appartient à la nature du corps de s'échapper et de s'écouler toujours (1, 7-8 ; 25 ; 3, 1), l'âme céleste possède la puissance nécessaire pour prévenir tout épanchement de feu hors de la région supralunaire. Il ne faut pas craindre que le feu céleste tombe du ciel, car l'âme le domine et le retient là-haut (3, 20-22). Sa puissance est telle qu'aucun des êtres contenus en elle ne peut échapper à son emprise (4, 14-16). Et puisque l'âme du ciel ne lui permet pas de s'écouler, le feu céleste reste donc toujours là-haut.

La région sublunaire

Deux éléments tout au plus peuvent s'approcher du ciel, et il s'agit de l'air et du feu **(8, 7-8)**. Eux seuls réussissent en effet à monter jusqu'à la sphère lunaire, sous laquelle ils s'arrêtent (7, 39-40). Mais ni l'un ni l'autre n'a le pouvoir de corrompre le feu céleste, puisque l'air est tout à fait inoffensif **(8, 8)**, et que le feu n'a pas l'opportunité d'entrer en contact avec le ciel ni ne présente une nature qui lui permet d'agir sur les corps célestes **(8, 8-9)**.

Plotin ne soumet pas d'autre explication à propos de l'air que de dire qu'il est inoffensif, mais il se montre plus loquace en ce qui regarde le feu. Il nous propose trois démonstrations.

En premier lieu, la rotation du feu supralunaire est si vive que le feu sublunaire n'a pas le temps de s'attacher à lui pour le faire pâtir **(8, 10)**. Étant donné sa vitesse, la lumière céleste dépasse le feu d'ici-bas avant même de sentir sa présence. C'est que tandis que les astres tournent, le feu sous la lune n'adopte pas un mouvement circulaire, car soit il demeure au repos (7, 39), soit il retombe (7, 38). Lorsqu'il s'installe là-haut, le feu sublunaire ne fait donc jamais face à la même partie du feu céleste, puisqu'il n'accompagne pas le ciel dans sa révolution. Restant immobile, il regarde le ciel passer à toute allure sans pouvoir l'attaquer.

En deuxième lieu, le feu qui monte jusqu'à la lune n'a plus la puissance des feux restés près de la terre **(8, 11)**. À mesure qu'elle s'élève, la flamme sublunaire s'éteint progressivement sous l'action de la plus grande quantité d'air circulant dans les hauteurs (7, 37-38). Et s'il survit à son ascension, ce feu devient tellement subtil qu'il ne brille plus par lui-même, mais par les rayons qu'il reçoit du feu céleste (7, 40-43). Il ne fait plus rage avec violence comme les feux d'ici-bas (4, 12). Le feu reposant sous la lune s'avère donc beaucoup trop faible pour corrompre le ciel.

En troisième lieu, puisqu'il est fait de feu, le ciel ne peut être ni brûlé ni détruit par le feu sublunaire **(8, 11-15)**. Un corps ne périt en effet sous l'action du feu qu'à condition d'être chauffé et d'atteindre ainsi un état contraire à sa nature **(8, 13-15)**. Mais le ciel étant déjà chaud par lui-même **(8, 12-13)**, le feu d'ici-bas n'a donc aucune influence sur lui, car il ne parvient pas à le chauffer.

Comme le soupçonnait donc Plotin, le feu céleste reste toujours là-haut, sans jamais s'écouler ici-bas. Ce feu ne souhaite pas descendre et rien ne peut non plus l'y forcer.

L'AUTOSUFFISANCE DU FEU CÉLESTE (8, 15-19)

Le ciel n'a besoin d'aucun autre corps afin de survivre ou de se déplacer autour du centre de l'univers (**8, 15-16**). En effet, le feu céleste reste par nature au repos ou il se meut circulairement, car s'il adoptait un mouvement rectiligne, ce serait contre sa nature et sous la contrainte (**8, 17-19**).

Malgré leur brièveté, ces remarques répondent à deux questions importantes concernant d'abord la nourriture des astres, et ensuite le mouvement du ciel.

La nourriture des astres

Le début du chapitre 6 énumérait trois questions qui devaient encore être résolues d'ici la fin du traité : (1) si le ciel contient seulement du feu ; (2) si quelque chose s'écoule de là-haut ; (3) si les astres ont besoin de nourriture (6, 1-2). Les deux premières ont reçues leurs solutions, car Plotin soutient, on l'a vu, que le ciel se compose uniquement de feu (chap. 6-7) et que rien ne s'écoule hors du ciel (8, 1-5). Mais la troisième difficulté est toujours en attente d'une réponse. Plotin la résout maintenant sans plus tarder en disant que si aucun corps ne s'écoule hors de la région supralunaire, le ciel n'a pas besoin de nourriture. C'est qu'un vivant se nourrit parce qu'il perd certaines de ses parties corporelles. Nous-mêmes, puisque notre corps ne conserve pas sa constitution, nous sommes obligés d'ingérer des corps étrangers (3, 24-25). Et ce raisonnement vaut tout autant pour le ciel : « Si toutefois les parties des astres ne s'écoulaient pas de là-haut, elles n'auraient besoin d'aucune nourriture, mais si du feu s'écoulait de là-haut en s'éteignant, il faudrait qu'un autre feu s'y allume. Et s'il contenait un autre élément et que ce dernier s'écoulait de là-haut, le feu en aurait également besoin d'un autre pour remplacer ce qui s'est écoulé » (3, 26-29, voir aussi 4, 2-3). Étant donné que le ciel ne subit aucun écoulement, comme Plotin l'a montré en 8, 1-5, les astres ne nécessitent donc aucune nourriture. Bref, si rien ne sort du ciel, rien ne peut y entrer.

Le mouvement du ciel

La cosmologie plotinienne ne laisse que deux choix au feu céleste : rester immobile ou se mouvoir en cercle (**8, 18**). Le mouvement rectiligne ne lui convient point par nature, car il ne peut monter plus haut ni descendre vers la région sublunaire (3, 16-18). Mais ce mouvement ne peut non plus lui être imposé contre sa nature, puisque le feu céleste est non-violent et ne subit aucune influence extérieure (8, 1-5 ; 7-15). S'il se meut, le ciel tourne donc autour du centre de l'univers.

Le chapitre 8 n'accorde au feu céleste que le mouvement circulaire. En faisant une telle remarque, Plotin oppose radicalement la rotation du feu céleste à la translation rectiligne du feu sublunaire. Le feu d'ici-bas se meut en effet d'une seule façon, c'est-à-dire en ligne droite. Il s'élève dans l'atmosphère jusqu'à ce qu'il atteigne la sphère lunaire et, s'il continue d'exister à cette hauteur, il redescend ensuite vers la terre (7, 35-40). Quant au feu supralunaire, il se meut exclusivement en cercle (**8, 18**).

En accordant au feu céleste un seul mouvement, celui autour du centre de l'univers, Plotin se rapproche ainsi de la position d'Aristote. Le *De Caelo* admet en effet que le ciel se compose uniquement d'éther, ce cinquième élément qui se meut nécessairement en cercle : « ... il est de toute nécessité qu'il existe un corps simple dont la nature soit de se mouvoir selon la translation circulaire, conformément à sa propre nature » (I, 2, 269 a 5-6). Malgré son refus radical de l'éther (2, 14), Plotin conserverait tout de même l'une des caractéristiques fondamentales de cet élément, à savoir qu'il se meut par nature d'un mouvement circulaire. Même s'il s'agit ici de feu et non pas d'éther, ces deux corps élémentaires possèdent la même propriété et ont pour l'objectif commun d'expliquer le mouvement circulaire des astres. Le rejet de la position aristotélicienne n'est donc pas aussi complet que Plotin veut bien le faire croire.

Une observation dans le même ton a déjà été faite par G.H. Clark : « ... but his [Plotinus] rejection of Aristotle's fifth body is nullified by the distinction between the fire of this region and the celestial fire. So different are these two that the latter might as well be listed as a fifth element »[1]. Clark laisse entendre que le feu céleste défini par Plotin se distingue trop du feu sublunaire pour appartenir à la même classe d'élément. La lumière supralunaire, même dans l'optique plotinienne, devrait donc être considérée comme un cinquième corps aux côtés de

1. G.H. Clark, « Plotinus on the Eternity of the World », *Philosophical Review*, 1949 (58), 130-140, p. 137.

la terre, de l'eau, de l'air et du feu. Cette position de Clark nous paraît tout à fait légitime, à ceci près qu'il faut lui apporter quelques précisions. Il faut garder à l'esprit que le traité 40 rejette tout de même l'éther de manière très explicite (2, 12-14). Il ne faudrait pas imaginer que Plotin condamne l'éther et qu'il se rétracte par la suite. S'il admet un autre élément, ce n'est certainement pas le cinquième corps aristotélicien. Plotin fait preuve de beaucoup d'ingéniosité afin de démontrer que le feu céleste est vraiment du feu et non pas un autre élément qui se cache derrière le même nom. Il utilise notamment la division platonicienne entre les espèces de feu (7, 24-25) afin de montrer que la lumière céleste est du feu en bonne et due forme. En fait, dit Plotin, cette lumière se distingue des feux sublunaires, mais elle possède la plupart des propriétés du feu : elle chauffe (7, 25-26), elle diffuse ses rayons (7, 26-27) et elle éclaire la région inférieure (6, 42-43). C'est un feu supérieur appartenant à une région supérieure (4, 8-10).

Les efforts fournis par Plotin sur ce point demeurent toutefois en deçà de nos espérances. Ne dit-il pas lui-même que la lumière céleste n'est pas comparable à celle que l'on retrouve ici-bas (8, 10-11) ? Comme le soutient Clark, le feu supralunaire se distingue suffisamment des éléments sublunaires pour être compté comme un cinquième élément. Il semble donc que même s'il dénie toute existence à l'éther aristotélicien, Plotin admet quand même le principe qui préside à son adoption : le mouvement circulaire et la permanence du ciel nécessite la présence, dans la région supralunaire, d'un élément plus noble que ceux dont se composent les vivants d'ici-bas. La lumière céleste telle que décrite dans le traité 40 n'est sans doute pas l'éther d'Aristote, mais elle fait tout autant office de cinquième élément, le seul dont les astres sauraient se constituer.

Conclusion (8, 19-28)

Plotin n'hésite pas à répéter que les corps célestes n'ont pas besoin de nourriture (**8, 19-20**). Il affirme que leur nature n'est pas comparable à celle des vivants d'ici-bas, car (1) ils ne possèdent pas le même type d'âme (**8, 21**), (2) ils n'habitent pas la même région de l'univers (**8, 22**) et (3) leurs corps ne s'écoulent pas (**8, 22-23**). Étant donné la faiblesse de leur âme, les vivants sublunaires se transforment, subissant le devenir et la génération (8, 23-27). Le ciel demeure quant à lui toujours le même, quoique ce ne soit pas de manière aussi complète que les intelligibles (**8, 27-28**).

Ce passage révèle chez Plotin un grand esprit de synthèse. Il résume les résultats de ses recherches en seulement trois points :

En premier lieu, le corps des astres n'est pas gouverné par le même type d'âme que les vivants sublunaires (**8, 21**). L'âme du ciel vient en effet directement de dieu, c'est-à-dire de l'Âme, tandis que nos âmes dérivent des dieux engendrés par ce dieu (5, 2-4). Or, ce qui est gouverné par l'âme céleste ne périt jamais (5, 4-5), alors que les vivants soumis à une âme inférieure ne persistent pas toujours dans l'être (5, 8-9). L'âme du monde est l'âme la plus puissante qui soit (4, 14-15), le lien le plus fort qui existe (4, 16-18), tandis que nos âmes n'en sont qu'une copie impuissante (5, 7-9) et ne parviennent pas à dominer les corps (5, 12-13). Autrement dit, l'âme du monde et les âmes d'ici-bas ne sont tout simplement pas du même rang. Le traité 33 est très clair sur ce point : « Mais partir de notre âme et lui assimiler l'âme de l'univers, c'est comme si, en pensant aux professions de potier et de forgeron dans une ville bien administrée, on blâmait la ville entière à cause d'eux. Mais il faut saisir les différences (...) » (II, 9 [33], 7, 4-8); « Mais dans l'univers, l'âme, comme si elle était posée au-dessus, le pousse à subsister, tandis que les vivants d'ici-bas, parce qu'ils s'écoulent, sont liés à leur propre ordre par un lien de second rang » (II, 9 [33], 7, 28-30).

En deuxième lieu, les astres n'habitent pas la même région de l'univers (**8, 22**). Ils se meuvent dans sa meilleure partie (4, 9-10), alors que les autres vivants se trouvent dans un lieu de qualité inférieure (5, 10).

En troisième lieu, l'écoulement qui contraint les vivants sublunaires à absorber de la nourriture n'existe pas là-haut (**8, 22-23**). La lumière céleste ne s'écoulant pas en-dehors de la région supralunaire (8, 1-5; 15-16), les astres n'ont donc besoin d'aucune nourriture (8, 15-16; 8, 19-20).

Plotin considère ainsi qu'il existe trop de différences entre la région sublunaire et la région supralunaire pour pouvoir les comparer. C'est pourquoi il ne faut pas « se baser sur les corps d'ici pour disserter sur ceux de là-bas » (**8, 20-21**). Le traité avait donc commencé sur le mauvais pied, car Plotin, d'entrée de jeu, s'était demandé si la transformation des éléments et la corruption des vivants sublunaires s'appliquaient à l'univers entier (1, 5-7). Il essayait alors de porter un jugement sur le ciel à partir des phénomènes observables sur la terre. C'était là une grave erreur méthodologique, apprend-on maintenant, car les vivants sublunaires ne ressemblent pas assez aux vivants supralunaires pour qu'une telle comparaison soit valable.

En faisant cette dernière remarque, Plotin vise peut-être les héraclitéens, qui prétendent que tous les corps contenus dans l'univers s'écoulent. Il pense sans doute à la critique suivante d'Aristote :

> Mais il vaut encore la peine d'adresser un reproche à ceux [Héraclite et Cratyle] qui pensent ainsi : parce qu'ils voient un petit nombre de choses sensibles se comporter de telle façon, ils déclarent qu'il en va de la même manière pour le ciel entier [*i.e.* le monde entier]. La région du sensible autour de nous persévère en effet dans la corruption et la génération, étant la seule dans ce cas, mais cette région n'est pas, pour ainsi dire, une partie de l'univers. De la sorte, il serait plus juste d'absoudre la région d'ici-bas à cause du monde céleste que de condamner le monde céleste à cause de la région d'ici-bas. (*Métaphysique* Γ5, 1010 a 26-33).

L'erreur des héraclitéens consiste à comparer la région supralunaire à la région sublunaire. C'est en voyant la corruption qui règne ici-bas qu'ils se croient autorisés à étendre ce phénomène à l'univers entier. Un tel principe méthodologique devait être répandu dans l'Antiquité, car on le trouve également chez Épicure : « C'est en examinant de quelle manière se passent sur terre et près de nous les phénomènes semblables qu'il nous faut raisonner sur les causes des phénomènes célestes et, en général, sur tous les faits dont les causes ne nous apparaissent pas » (*Lettre à Hérodote*, 80, 3-5). Plotin s'insurge donc contre ceux qui adhèrent au principe selon lequel les propriétés des corps célestes s'expliquent par les mêmes causes que pour les corps d'ici-bas. En vérité, les vivants d'ici sont inférieurs à ceux de là-bas. Leur infériorité dérive tout d'abord des matériaux dont ils se composent. Lorsqu'elle produit les vivants sublunaires, l'âme doit en effet utiliser des corps de nature inférieure, qui appartiennent à un lieu inférieur et ne désirent pas subsister (5, 9-11). Leur infériorité dérive ensuite de leur âme. Si elles étaient aussi fortes que l'âme du ciel, les âmes sublunaires pourraient empêcher les corps de s'écouler et pourraient les maintenir ainsi dans l'être. Mais dans les faits, l'âme qui façonne un vivant sublunaire est faible et ne parvient pas à imposer son pouvoir. N'étant qu'une image de l'âme qui vient avant elle (5, 7), elle tente d'imiter cette âme, mais elle ne parvient qu'à produire des êtres qui sont en perpétuel devenir et persistent uniquement par le biais de la conservation de leur espèce (8, 26-27).

Il faut donc admettre que seuls les vivants célestes possèdent une permanence individuelle. Mais cela n'implique nullement que les astres restent en tout point identiques, à la manière des intelligibles (**8, 27-28**). C'est qu'aucun corps ne conserve une individualité parfaite : « Il n'est pas possible que rien ne demeure en tout point identique, si toutefois l'univers s'occupe de demeurer en mouvement, même s'il a la capacité de subsister » (IV, 4 [28], 32, 51-53). La permanence individuelle des astres est donc moins complète que celle des intelligibles, car les astres se meuvent. Ceux-ci changent de place, décrivant des danses dans le ciel, avançant et rétrogradant, ne restant jamais immobiles, alors que les intelligibles, étant incorporels, ne présentent aucun mouvement local. Ces derniers sont donc parfaitement stables et déterminés : « Et il faut par ailleurs que les êtres demeurent stables, que les intelligibles restent identiques à eux-mêmes et que chacun soit numériquement un. C'est ainsi qu'il sera un être déterminé » (IV, 3 [27], 8, 22-24 ; voir aussi III, 7 [45], 3, 10).

La toute fin du traité nous livre ainsi le portrait complet des types de permanence. Il y a la permanence par l'espèce pour les vivants sublunaires, la permanence individuelle pour les astres et, finalement, l'éternité immuable des intelligibles.

BIBLIOGRAPHIE

Cette bibliographie est sélective. Elle comprend les titres qui ont été mentionnés dans l'Introduction, les Notes à la traduction et le Commentaire. Les ouvrages qui ont contribués de manière significative à l'élaboration du présent travail y sont également consignés. Pour de plus amples renseignements bibliographiques, le lecteur peut consulter notre Plotinus : A Bibliography 1950-2000, Leiden, Brill, 2002. *Pour les notices après 2000, voir notre bibliographie plotinienne sur Internet : rdufour.free.fr/BibPlotin.*

1. *Éditions, traductions, études critiques du traité 40 (II, 1)*

ARMSTRONG, A.H., *Plotinus*, II, Loeb Classical Library, Cambridge, Harvard Univ. Pr. & London, Heinemann, 1966.

BOUILLET, M.N., *Les* Ennéades *de Plotin*, I, Paris, Hachette, 1857. Ce volume a été réimprimé chez Vrin en 1981.

BRÉHIER, É., *Plotin*, Ennéades, II, Paris, Les Belles Lettres, 1924.

CLARK, G.H., « Plotinus on the Eternity of the World », *Philosophical Review*, 1949 (58), p. 130-140.

DUFOUR, Richard, « *Ennéades* II, 1 [40], 6, 23-24, Anaxagore ou Numénius ? », *Dionysius* (18), décembre 2000, 39-44.

FAGGIN, G., *Plotino,* Enneadi, *Porfirio,* Vita di Plotino, Milano, Rusconi, 1992.

HARDER, R., BEUTLER, R., THEILER, W., *Plotins Schriften*, II, Hamburg, Felix Meiner Verlag, 1962.

HATHAWAY, Ronald F., « Plotinus and the Possibility of Natural Science », dans *Neoplatonism and Nature, Studies in Plotinus'* Enneads, Michael F. Wagner Editor, International Society for Neoplatonic Studies, vol. 8, Albany, State University of New York Press, 2002, 5-21.

HENRY-SCHWYZER (H.-S.[1]), *Plotini Opera* (editio maior), I, Paris-Bruxelles, Museum Lessianum, Series Philosophica XXXIII, 1951.

HENRY-SCHWYZER (H.-S.[2]), *Plotini Opera* (editio minor), I, Oxford, Clarendon Press, 1964.

HENRY-SCHWYZER (H.-S.[3]), « Addenda et corrigenda ad textum et apparatum lectionum », dans H-S[2], t. III, p. 304-325.

HENRY-SCHWYZER (H.-S.[4]), « Corrigenda ad Plotini textum », *Museum Helveticum* (44), 1987, p. 191-210.

IGAL, J., *Porfirio,* Vida de Plotino. *Plotino,* Enéadas I-II, Madrid, Editorial Gredos, Biblioteca clásica Gredos, 1982.

KÉLESSIDOU, A., « Plotin et la thèse de l'incorruptibilité du monde », *Philosophia* (Ath.) (23-24), 1993-94, p. 320-324 ou *Diotima* (21), 1993, p. 133-136.

MACKENNA, St., *The* Enneads, 4th edition revised by B.S. Page, London, Faber & Faber, 1969.

2. *Traductions et études critiques des* Ennéades

HADOT, P., *Plotin, Traité 50 (III, 5)*, introduction, traduction, commentaire et notes, Les Éditions du Cerf, 1990.

HENRY, P., *Les états du texte de Plotin*, Études plotiniennes I, Paris/Louvain, Desclée de Brouwer, 1938 ; seconde édition sans changement en 1961.

LEROUX, G., *Plotin. Traité sur la liberté et la volonté de l'Un (VI, 8 [39])*, introduction, traduction, commentaire et notes, Paris, Vrin, 1990.

NARBONNE, J.-M., *Plotin, Traité 25 (II, 5)*, introduction, traduction, commentaire et notes, Paris, Les Éditions du Cerf, 1998.

Nous avons utilisé les traductions parues chez Loeb (A.H. Armstrong), aux Belles Lettres (É. Bréhier), chez Felix Meiner (Harder-Beutler-Theiler), chez Vrin et aux Éditions du Cerf.

3. *Éditions et traductions d'auteurs anciens en dehors de Plotin*

ALEXANDRIE, Philon (d'), *De Aeternitate Mundi*, traduction par J. Pouilloux, Édition du Cerf, 1969.

APHRODISE, Alexandre (d'), *Quaestiones*, ed. I. Bruns, *Alexandri Aphrodisiensis praeter commentaria scripta minora, Commentaria in Aristotelem Graeca*, suppl. 2.2. Berlin, Reimer, 1892, 1-116.

– *Quaestiones 1.1-2.15*, translated by R.W. Sharples, Ithaca, N.Y., Cornell Univ. Pr., 1992.

ARISTOTE, *Traité du Ciel*, traduction et notes par J. Tricot, Paris, J. Vrin, 1990.

Les œuvres du Stagirite ont été consultées dans les volumes publiés aux Belles Lettres ou chez Vrin.

ARNIM, H. (von), *Stoicorum Veterum Fragmenta*, Leipzig, 1905-1924. Cité *SVF* en abrégé.

BRÉHIER, É., *Les Stoïciens*, textes traduits par Émile Bréhier, Bibliothèque de la Pléiade, 1962. Contient notamment une traduction française du second livre du *De Natura Deorum* de Cicéron et le *Des notions communes contre les Stoïciens* de Plutarque. Notre travail était malheureusement achevé lorsque parurent de nouvelles traductions françaises de cesœuvres aux Belles Lettres, en 2002.

DAMASCIUS, *Traité des premiers principes I, De l'ineffable et de l'Un*, texte établi par L.G. Westerink et traduit par J. Combès, Paris, Belles Lettres, 1986.

DIELS, H., *Doxographi Graeci*, Berlin, 1879.

DUMONT, J.-P., *Les écoles présocratiques*, Paris, Gallimard, 1991.

EUSÈBE, *Praeparatio evangelica*, éd. K. Mras, *Eusebius Werke, Band 8 : Die Praeparatio evangelica, Die griechischen christlichen Schriftsteller*, Berlin, Akademie-Verlag, 1954-1956.

GALIEN, *De libris propriis liber*, éd. J. Marquardt, I. Müller and G. Helmreich, *Claudii Galeni Pergameni scripta minora*, vol. 2. Leipzig, Teubner, 1891 (réimpr. Amsterdam, Hakkert, 1967), 91-124.

HÉRACLITE, *Héraclite, Fragments [Citations et témoignages]*, traduction et présentation par Jean-François Pradeau, Paris, Flammarion, 2002.

LAËRCE, D., *Vies et doctrines des philosophes illustres*, traduction française sous la direction de Marie-Odile Goulet-Cazé, introductions, traductions et notes de J.-F. Balaudé, et *al.*, Librairie Générale Française, 1999.

– *Diogenis Laertii vitae philosophorum*, éd. H.S. Long, 2 vol., Oxford, Clarendon Pr., 1964 (réimpr. 1966).

NUMÉNIUS, *Fragments*, éd. et trad. par É. des Places, Paris, Belles Lettres, 1973.

PHILOPON, J., *Against Aristotle, on the Eternity of the World*, translated by Christian Wildberg, Duckworth, 1987.

PLATON, *Le Timée*, traduction inédite, introduction et notes par Luc Brisson, Paris, Garnier-Flammarion, seconde édition, 1995.

– *Le Timée*, texte établi et traduit par A. Rivaud, Paris, Belles Lettres, 1985.

– *Plato's Cosmology. The* Timaeus *of Plato*, translated with a running commentary by F.M. Cornford, London, Routledge & Kegan Paul, 1937.

Les dialogues platoniciens ont été consultés dans les traductions parues aux Belles Lettres et chez Garnier-Flammarion.

PLUTARQUE, *De communibus notitiis adversus Stoicos* (1058 e-1086 b), éd. R. Westman (post M. Pohlenz), *Plutarchi moralia*, vol. 6.2, seconde éd., Leipzig, Teubner, 1959, 62-122.

PORPHYRE, *La Vie de Plotin*, introduction, traduction, études et commentaires par L. Brisson *et al.*, 2 vol., Paris, 1982 et 1992.

PROCLUS, *Commentaire sur le* Timée, traduction et notes par A.-J. Festugière, 5 vol., Paris, Vrin, 1966-1968.

SIMPLICIUS, *In Aristotelis quattuor libros* De Caelo *commentaria*, éd. J.L. Heiberg, *Simplicii in Aristotelis* De Caelo *commentaria*, *Commentaria in Aristotelem Graeca*, 7, Berlin, Reimer, 1894, 1-361, 365-731.

4. *Travaux complémentaires*

BRISSON, L., *Le Même et l'Autre dans la structure ontologique du* Timée *de Platon*, Paris, Klincksieck, 1974 ; réimp., Academia Verlag, 1998.

– « *Logos* et *logoi* chez Plotin, Leur nature et leur rôle », *Les Cahiers Philosophiques de Strasbourg* (8), 1999, p. 87-108.

– « Plato's Theory of Sense Perception in the *Timaeus* : How it Works and What it Means », *Proceedings of the Boston area colloquium in ancient philosophy*, XIII, Brill, 1999, p. 147-176.

– « Entre physique et métaphysique. Le terme ὄγκος chez Plotin, dans ses rapports avec la matière (ὕλη) et le corps (σῶμα) », dans *Études sur Plotin*, sous la direction de M. Fattal, Paris-Montréal, L'Harmattan, 2000, p. 87-111.

DIHLE, A., *The Theory of Will in Classical Antiquity*, Sather Classical Lecture, v. 48, Berkeley, Los Angeles, London, Univ. of California Pr., 1982.

DREYER, J.L.E., *A History of Astronomy from Thales to Kepler*, Dover Publications, 1953.

KIRK, G.S., *Heraclitus, the cosmic fragments*, Cambridge, Cambridge University Press, 1962.

KIRK, G.S., RAVEN, J.E., SCHOFIELD, M., *The Presocratic Philosophers*, second edition, Cambridge, Cambridge Univ. Pr., 1983. Ce livre existe aussi en traduction française : *Les philosophes présocratiques*, Suisse, Éditions universitaires Fribourg/Paris, Éd. du Cerf, 1983.

LERNER, M.-P., *Le monde des sphères I, Genèse et triomphe d'une représentation cosmique*, Paris, L'âne d'or, Belles Lettres, 1996.

LONG, A.A. et Sedley, D.N., *Les philosophes hellénistiques*, 3 vol., traduction par J. Brunschwig et P. Pellegrin, Paris, Flammarion, 2001.

MORAUX, P., « Quinta essentia », *Paulys Realencyclopädie des classischen Altertumswissenschaft*, XXIV, col. 1171-1263.

– « Xenarchos [5] », *Paulys Realencyclopädie des classischen Altertumswissenschaft*, IX, A2.

O'BRIEN, D., *Theory of Weight in the Ancient World. II. Plato. Weight and Sensation*, Paris, Les Belles Lettres/Leiden, Brill, 1984.

SAFFREY, H.D., « Un lecteur antique des œuvres de Numénius : Eusèbe de Césarée », dans *Forma futuri. Studi in onore del cardinale Michele Pellegrino*, Torino, Bottega d'Erasmo, 1975, p. 145-153.

SAMBURSKY, S., *The Physical World of Late Antiquity*, London, Routledge et Kegan Paul, 1962.

SCHWYZER, H.-R., « Plotinos », *Paulys Realencyclopädie des classischen Altertumswissenschaft*, XXI, 1, 1951, col. 471-592.

INDEX GREC

Le lecteur trouvera dans cet index les principaux mots grecs employés par Plotin dans le traité 40. Les chiffres entre parenthèses renvoient aux chapitres et aux lignes du traité. Les mots accompagnés d'un astérisque n'apparaissent nulle part ailleurs dans les Ennéades.

1. ἀεί, « toujours » (1, 1. 10. 11. 12. 23. 24. 31. 37 ; 2, 3. 6. 22 ; 3, 2. 6. 9. 12 ; 4, 20. 28. 29 ; 5, 12 ; 8, 23)

2. ἀὴρ, « air » (3, 6 ; 6, 12. 13. 36. 45 ; 7, 9. 16. 38. 39 ; 8, 7. 8)

3. ἀντέρεισις, « résistance » (6, 49)

4. ἄνω, « en haut » (3, 14 ; 5, 7 ; 7, 10. 34. 39. 43 ; 8, 1)

5. ἀπαλότης*, « subtilité » (7, 16)

6. ἀπαραλλάκτως*, « de manière tout à fait identique » (2, 9-10) (*République* 530 b 2-3)

7. 'Αριστοτέλης, « Aristote » (2, 12 ; 4, 11)

8. ἄστρον, « astre » (1, 17 ; 4, 13 ; 5, 15. 16. 17 ; 6, 5 ; 7, 10. 44)

9. αὐχμηρός*, « sécheresse » (7, 8)

10. ἄφθαρτος, « immortel » (2, 21)

11. βούλησις, « volonté » (1, 2. 7. 34. 37 ; 2, 27)

12. γῆ, « terre » (1, 5. 29 ; 3, 5. 13 ; 5, 8 ; 6, 3. 4. 11. 12. 16. 18. 22. 25. 26. 29. 30. 33. 36. 37. 45. 46. 50. 51. 56 ; 7, 3. 6. 9. 11. 12. 16. 18. 21. 32. 33. 38)

13. δημιουργός, « démiurge » (5, 5)

14. διαμονή*, « permanence » (2, 25)

15. εἶδος, « forme » (1, 6. 9. 10. 11. 19. 24. 25. 39 ; 2, 3 ; 7, 24)

16. ἕξις, « disposition » (2, 24)

17. εὔθρυπτος*, « inconsistant » (6, 46)

INDEX DES TEXTES D'AUTEURS ANCIENS EN DEHORS DE PLOTIN

INDEX DES TEXTES DE PLOTIN

INDEX DES AUTEURS MODERNES

TABLE DES MATIÈRES

ACHEVÉ D'IMPRIMER
EN AVRIL 2003
PAR L'IMPRIMERIE
DE LA MANUTENTION
A MAYENNE
FRANCE
N° 121-03

Dépôt légal : 2e trimestre 2003